中国经济林产业发展报告系列丛书

中国枣产业发展报告

1949～2007

全国枣产业发展协作组　主持
刘孟军　主编

中国林业出版社

图书在版编目(CIP)数据

中国枣产业发展报告：1949～2007/刘孟军主编．－北京：中国林业出版社，2008.9
(中国经济林产业发展报告)
ISBN 978-7-5038-5309-8

Ⅰ.中… Ⅱ.刘… Ⅲ.枣－林业经济－经济发展－研究报告－中国－1949～2007 Ⅳ.F326.23

中国版本图书馆 CIP 数据核字(2008)第 140013 号

出版 中国林业出版社(100009 北京市西城区德内大街刘海胡同 7 号)
E-mail：cfphz@public.bta.net.cn 电话：(010)66184477－2029
网 址：www.cfph.com.cn
发行 新华书店北京发行所
印刷 中国农业出版社印刷厂
版次 2008 年 9 月第 1 版
印次 2008 年 9 月第 1 次
开本 787mm×1092mm 1/16
印张 13
字数 325 千字
印数 1～2000 册

定价 35.00 元

China Economical Forestry Development Report

China Jujube Development Report

(1949 ~ 2007)

Sponsored by Chinese Cooperation Group for Jujube Industry

Editor in Chief: Mengjun Liu

China Forestry Publishing House

《中国经济林产业发展报告》丛书

编 委 会

《中国枣产业发展报告（1949～2007）》

编 委 会

总 序

经济林是指以生产果品、饮料、药材、食用油料、食用调料和工业原料等为主要目的的林木。经济林集生态效益、经济效益、社会效益于一身。发展经济林对于改善生态环境、发展农村经济和建设社会主义新农村具有重要意义。据统计，目前我国经济林总面积已达4亿多亩，总产量1亿多吨，总产值2000多亿元，占林业总产值的近1/4，从业农民达2亿多，并从中获得巨大效益。

经过近20年的推动发展，我国经济林的品种化、规模化、集约化、标准化、品牌化水平不断提高，基地建设和结构调整成效显著，加工、贮藏保鲜能力普遍提高，一大批经济林的龙头企业如雨后春笋般成长起来。目前，全国经济林加工企业已发展到2万多家，专业产品市场近万个，涉及经济林产业的各种协会等中介组织6700多个。随着社会经济的发展，经济林在许多地区已成为林业生态文化建设的重要内容，并呈现出繁荣发展之势。以经济林为核心内容的经济文化节活动，如红枣节、板栗节、核桃节、香榧节等不仅传承了历史文化、丰富了群众生活、促进了交流与合作，而且提高了经济林产品的社会知名度和产业水平。

我国经济林及其产品的快速发展已为世界所瞩目。在品种、技术、管理、机制等方面也产生了一大批创新成果。为引导和鼓励经济林产业发展，自2001年以来，国家林业局先后出台了一系列措施。制定了全国经济林产业发展规划，逐年扶持建设了一批名特优新经济林产业基地，在全国命名了303个"中国名特优经济林之乡"和40个"全国经济林产业化龙头企业"。制修订了一批经济林培育和产品标准，组织成立了由生产、加工、流通、教学、科研、中介、媒体、政府部门等各个方面组成的全国性经济林产业发展协作组，目前已成立了枣、核桃、树莓、蓝莓、香榧、山核桃、枸杞等7个树种的全国产业发展协作组，为转化科研成果、引导产业方向、沟通信息和技术、服务企业和农民，搭建起有效的平台。为了更好地引导经济林产业又好又快发展，国家林业局依托全国各经济林产业发展协作组专家组的力量，组织全国相关领域的知名专家和管理人员编写了《中国经济林产业发展报告》系列丛书，旨在全面总结我国经济林产业发展取得的巨大成就，客观分析存在的问题和发展趋势，并有针对性地提出发展思路和对策。我相信，此套丛书的付梓出版，将大有益于经济林产业的发展，也一定会受到广大读者的欢迎。

专此为序。

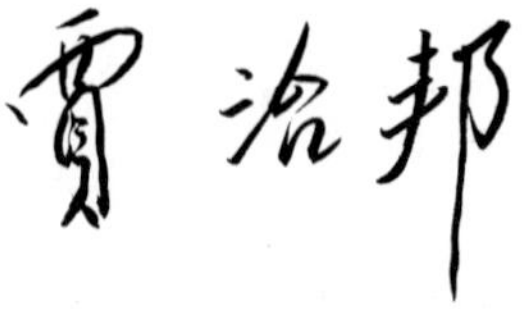

2008年9月

前　言

枣树是我国第一大干果树种和最具代表性的民族果树之一。枣产业是一个具有巨大发展潜力的朝阳产业，一个有着广阔出口创汇前景的民族产业，一个滋补强壮13亿中国人和世界人民的健康产业，一个事关全国贫困地区1000多万农民生计的致富产业，一个在山、沙、碱、旱贫困地区破解经济与生态协调发展难题、建设社会主义新农村的抓手产业。

枣树原产我国，栽培历史悠久。早在7000多年前的新石器时代，我国的先民就已开始采摘和利用枣果；距今3000年前的西周时期，已有枣树栽培的文字记载；2500年前的战国时期，枣已成为重要的果品和常用中药，并与桃、杏、李、栗并称为我国的“五果”；距今2000年前的汉朝，枣树栽培已经遍及南北各地；距今1500年的后魏时期，传统的枣树栽培技术体系已经建立起来，其中许多技术一直沿用至今。千百年来，枣树一直长盛不衰。1949年新中国成立后，我国枣产业取得前所未有的发展，目前现代化枣业的雏形已经建立起来。

近年来，枣树以其特产我国、抗逆性强、早果速丰、管理容易、营养丰富，以及可兼顾农民增加经济收入和国家改善生态环境双重效益等独特优势，成为我国经济林发展中一个新的热点，每年以超过10%的速度高速发展，在农业产业结构调整、西部大开发、退耕还林和出口创汇中发挥着越来越重要的作用。目前，我国除黑龙江外，各省(自治区、直辖市)均有枣树栽培，全国栽培面积已达2000多万亩，年产量30亿千克以上，枣产业年总产值近约200亿元人民币。在河北太行山区，河北、山东环渤海盐碱区，陕北黄土高原，山西吕梁山区，河南黄河故道风沙区以及新疆、宁夏、云南、广西等地的许多国家级贫困县、革命老区和民族地区，枣树收入占农民总收入的50%以上。全国枣区人口约2000万人，其中主要分布于山、沙、碱、旱等贫困地区。在国际上，已有亚、非、拉、美、欧和大洋洲六大洲的40多个国家先后直接或间接地引种了我国的枣树，其中韩国形成了规模化的商品栽培，但其产量尚自己不足。目前，全世界近99%的枣树面积、产量和全球近100%的枣产品国际贸易仍集中在我国。

在经过了20多年的快速发展以后，枣树已成为我国栽培面积最大、产量最高的干果树种，虽然仍有广阔的发展前景，但也开始面临许多新的问题和严峻挑战。比如，枣产业的生存正面临枣疯病的毁灭性威胁，近年来枣疯病日趋猖獗，每年导致3% ~5%的枣树死亡，如不采取有效措施，20年后很多枣区将不复存在或失去其经济和生态功能。裂果和缩果病近年来也愈演愈烈，常导致大面积枣树有产无收，2007年河北、山东、山西、陕西等产枣大省由于枣成熟期连阴雨导致裂果大爆发，浆烂损失高达50% ~80%，仅河北省沧州枣区的直接损失就达12亿元人民币。从总体上看，这些年我国枣产业的发展数量大有成效，但发展质量急需提高，市场开拓仍严重滞后，历史上曾是全国最有名气、品质最好、价格最高的金丝小枣，如今几乎成了我国最便宜的制干枣品种，五、六年前还曾是全国最有人气、品质最好、价格最高的冬枣，现在也几乎成为了中国最便宜的鲜食枣品种。当前，我国枣产业正面临从规模扩张型向质量效益型转变的关键时期，迫切需要总结经验教训，科学分析未来发展方向，以保障枣产业又好又快的发展。

《中国枣产业发展报告(1949 ~2007)》是《中国经济林产业发展报告》系列丛书的第一部。该书正是为了适应枣产业发展的新形势和客观需要，在国家林业局的直接指导和大力支持下，由全国枣产业发展协作组组织全国枣业知名专家和枣区管理人员编写而成，旨在为枣产业的持续健康发展提供借鉴和有益指导。该书在简要总结我国枣树生产历史和国外枣产业发展状况的基础上，全面展示了我国特别是改革开放以来枣产业各个方面取得的巨大成就，深入分析了我国枣产业的竞争优势和发展趋势，以及存在的问题、面临的挑战等，并有针对性地提出了对策建议，书后还附录了枣产业的相关数据和发展大事记。

本书在编写过程中力求内容丰富系统、数据翔实可靠、分析深入准确、建议切实可行，以期为枣树生产、科研、教学、经营和管理等有关人员提供基础资料和有益参考。但限于时间和水平以及第一手资料的不充分，不妥之处在所难免，敬请同行和读者批评指正。

刘益军

2008年9月

目　录

序
前言

第一章　绪　论 …… (1)
第一节　枣产业在国民经济中的重要地位 …… (2)
第二节　中国枣产业发展史 …… (6)
第三节　世界枣产业现状 …… (10)

第二章　生产现状 …… (13)
第一节　栽培面积和产量 …… (14)
第二节　区域布局 …… (18)
第三节　品种结构 …… (24)
第四节　繁殖和栽培技术 …… (42)
第五节　采后处理与加工 …… (45)
第六节　贸易与消费 …… (46)
第七节　成本效益 …… (50)

第三章　发展趋势展望 …… (55)
第一节　产业竞争优势和发展机遇 …… (56)
第二节　产业发展趋势 …… (59)

第四章　存在问题与对策建议 …………………………………………………… (63)
第一节　存在的主要问题 ……………………………………………………………… (64)
第二节　面临的挑战和危机 …………………………………………………………… (66)
第三节　对策与建议 …………………………………………………………………… (68)

第五章　主要产枣区的枣产业现状 ……………………………………………… (71)

第一节　主要产枣省份 ………………………………………………………………… (72)
第二节　全国重点产枣县 ……………………………………………………………… (92)

附　录 ……………………………………………………………………………………… (125)
一、中国枣产业大事记 ………………………………………………………………… (126)
二、1973 ~2006 年全国及各省(自治区、直辖市)枣产量统计 ……………………… (128)
三、主要产枣省份枣产业基本情况调查表(2007) …………………………………… (132)
四、主要产枣县(市)枣产业基本情况调查表(2007) ………………………………… (151)
五、国家林业局命名的中国枣之乡 …………………………………………………… (192)

主要参考文献 ……………………………………………………………………………… (193)

CONTENTS

Preface
Foreword

Chapter 1 GENERAL INTRODUCTION ······ (1)
A. The Role of Jujube Industry in National Economics ······ (2)
B. The Developing History of Chinese Jujube Industry ······ (6)
C. The Present Status of Jujube in the World ······ (10)

Chapter 2 PRESENT STATUS OF PRODUCTION ······ (13)
A. Growing Area and Production ······ (14)
B. Regional Distribution ······ (18)
C. Cultivar Structure ······ (24)
D. Propagation and Culture Technology ······ (42)
E. Post-harvest Treatment and Processing ······ (45)
F. Trade and Consumption ······ (46)
G. Cost and Benefit ······ (50)

Chapter 3 DEVELOPING TREND ······ (55)
A. Competition Predominance and Developing Opportunity ······ (56)
B. Developing Trend of Jujube Industry ······ (59)

Chapter 4 PROBLEM AND COUNTERMEASURE ········· (63)
A. Main Problems ········· (64)
B. Challenges ········· (66)
C. Countermeasures and Suggestions ········· (68)

Chapter 5 STATUS OF JUJUBE INDUSTRY OF MAIN GROWING DISTRICTS ········· (71)
A. Main Growing Provinces ········· (72)
B. Main Growing Counties ········· (92)

Appendix ········· (125)
1. Memorabilia of jujube industry in China ········· (126)
2. Chinese jujube production of different provinces of China between 1973 and 2006 ········· (128)
3. Basic situation of jujube industry in the main jujube growing province(2007) ······ (132)
4. Basic situation of jujube industry in the main jujube growing county/city(2007) ········· (151)
5. The famous hometowns of Chinese jujube named by the State Forestry Administration, P. R. China ········· (192)

References ········· (193)

第一章　绪　论

■ 第一节　枣产业在国民经济中的重要地位
■ 第二节　中国枣产业发展史
■ 第三节　世界枣产业现状

枣树(*Ziziphus jujuba* Mill.)原产我国黄河中下游，已有7700多年的栽培利用历史，远在古代枣就与桃、杏、李、栗一起并称为“五果”。近年来，枣树又成为我国经济林中一个新的发展热点，山、沙、碱、旱贫困地区的致富果，近千万农民的主要经济来源，以及地方政府破解经济发展与生态建设协调发展难题的一个好抓手。

第一节 枣产业在国民经济中的重要地位

一、中国第一大干果和第七大果树

千百年来，枣树以其抗逆性强、早果速丰、管理容易、营养丰富、用途广泛以及可兼顾经济和生态效益等诸多优点，一直昌盛不衰。目前，我国枣树的栽培面积已达150万公顷左右，枣果总产量305万吨。无论面积和产量，枣树都是名副其实的我国第一大干果树种。从栽培面积看，枣树已成为我国第三大果树，仅位于苹果和柑橘之后；从产量看，枣树则是我国的第七大果树，位于苹果、柑橘、梨、桃、葡萄和香蕉等水果之后(表1-1)。

表1-1 2006年我国主要果树的栽培面积和产量

Table1-1 The growing area and yield of the main fruit species of China in 2006

	面积(千公顷) Area (1000 hm^2)	排名 Rank	产量(吨) Yield (t)	排名 Rank
总计 Total			88343142	
苹果 Apple	1898.8	1	26059300	1
柑橘 Citrus	1814.5	2	17898330	2
梨 Pear	1087.4	4	11986080	3
桃 Peach	669.5	5	8214700	4
香蕉 Banana	285.7	9	6901249	5
葡萄 Grape	418.7	8	6270756	6
枣 Chinese jujube	1500.0	3	3052860	7
柿 Persimmon	653.2	6	2320346	8
荔枝 Litchi	570.4	7	1507978	9
板栗 Chinese chestnut	126.0	11	1139661	10
龙眼 Longan			1107707	11
菠萝 Pineapple	53.2	12	890701	12
山杏 Apricot			518019	13
核桃 Walnut	188.0	10	475455	14

资料来源：《中国农业年鉴》，其中柿、板栗和核桃的面积数据来源于FAO统计资料。

Data from: *China Agriculture Yearbook*, except the growing areas of persimmon, Chinese chestnut and walnut from FAOSTAT.

二、近千万农民的主要经济来源

新中国成立以后，尤其改革开放以来，枣产业发展迅猛，已成为许多地区特别是山、沙、碱、旱贫困地区的支柱性农业产业，成为农民脱贫致富和增加地方财政收入的“摇钱树”和“致富树”。本世纪初，在河北沧州曾创下一亩①冬枣年产值 4 万元以上的高效益。2007 年，新疆阿克苏地区林场枣树(灰枣和赞皇大枣)平均亩产 1000 ~ 1500 千克、产值 15 000~20 000 元。20 世纪 90 年代，山西临猗县庙上乡山东庄通过发展临猗梨枣，人均增收 6000 ~ 8000 元。位于陕北黄土高原的清涧县，1996 年枣树业税收 464 万元，占当年县财政收入的 46%；清涧县石盘乡 1985 年时有贫困人口 2900 人，占农业人口的 50%，通过大力发展枣树生产，到 1995 年人均红枣收入超过千元，使贫困人口下降到 400 人，10 年间 86% 的贫困人口靠枣树脱了贫。位于山西临县黄土高原的克虎镇庞家庄村，将全村 1400 亩山地全部进行了枣粮间作，1997 年人均枣园达到 4 亩，人均枣树业收入达 2500 元，占经济总收入的 80% 以上，由贫困村一举成为远近闻名的先富村、小康村。

表 1-2　部分省(自治区、直辖市)枣区人口和枣产业产值

Table1-2　Population in jujube growing area (PJ) and production value of jujube industry (PVJ) in different provinces

省份 Province	枣区人口(千) PJ(Thousand)	枣产业产值 (10 亿元) PVJ(Bil. yuan)	PVJ/农业产值 PVJ/Agricultural value (%)	枣收入/枣农收入 Income from jujube to total of farmer (%)
河北 Hebei	3000			
山西 Shanxi	8000		10	30
山东 Shandong	2000			20 ~ 90
陕西 Shaanxi	1792. 8	1. 184	10. 5	7. 9 ~ 50
河南 Henan	1150	3. 0	25	55
辽宁 Liaoning	1920		2	30
甘肃 Gansu	620	0. 104	0. 8	18
北京 Beijing	143			10 ~ 80
四川 Sichuan			40	50
重庆 Chongqing	360		0. 04	0
新疆 Xinjiang	3429. 5	0. 372	1 ~ 31	2 ~ 63
合计 Total	22415. 3			

① 1 亩 = 1/15 公顷，下同

表 1-3　全国重点产枣县(市、区)枣区人口和枣产业产值

Table1-3　Population in jujube growing area(PJ) and production value of jujube industry(PVJ) in different counties

省 Province	市、县 City/county	枣区人口(千) PJ(Thousand)	枣产业产值 (百万元) PVJ(Mil. yuan)	PVJ/农业产值 PVJ/Agric. value (%)	枣收入/枣农收入 Income from jujube to total of farmer (%)
河北 Hebei	保定市 Baoding	380	350	25	50
	阜平县 Fuping	130	280~350	30	50
	唐县 Tangxian	160	17.50	6	40
	曲阳县 Quyang	82	50	13.7	65
	沧州市 Cangzhou	1000		6.7	50
	献县 Xianxian	210	800	35	70
	盐山县 Yanshan	122		10	71
	沧县 Cangxian	294.34		40	80
	黄骅市 Huanghua			35	12.7
	青县 Qingxian	200		5~10	40~80
	邯郸市 Handan	500		10	20
	石家庄 Shijiazhuang	205		5	70
	赞皇县 Zanhuang	150		35	60
	行唐县 Xingtang	46		11.3	80
	邢台市 Xingtai	180		1	35
	临城县 Lincheng	120	50	28	50
	新河县 Xinhe	18.4		2	40
河南 Henan	内黄县 Neihuang	400	350	8.5	
	新郑市 Xinzheng	280	1000	30	
陕西 Shaanxi	高陵县 Gaoling	214	66.28	5.7	7.9
	彬县 Binxian	125		0.03	10
	长武县 Changwu	170		0.2	10
	泾阳县 Jingyang	31		0.3	10
	延川县 Yanchuan	145		22	21
	佳县 Jiaxian			60	40
	清涧县 Qingjian			50	50
	大荔县 Dali	240		30	50
	西安市 Xian	72.43	83.50	12	46
甘肃 Gansu	临泽县 Linze	127	46.00	4.35	8.52
宁夏 Ningxia	海原县 Haiyuan	176	0.19	0.05	0.3
	中宁县 Zhongning	210		10	40

近年来，枣产业进一步在农业产业结构调整和农民增收致富中发挥了重要作用。位于山东省东北部沿海盐碱区的沾化县，枣区人口 38 万，2007 年枣业总产值 23.7 亿元，占农业

总产值的55.23%，枣收入占枣农收入的83.36%。位于山西省黄土高原区的石楼县，枣树面积28.1万亩，2007年总产量2500万千克，产值5400万元，纯收入3780万元，占全县国民生产总值的34%以上，全县农民人均枣收入424元，枣区农民人均804元，分别占到农民总纯收入的39.7%和75.4%。位于河北省太行山区的曲阳县青山村，人口924人，有枣树3200亩，2006年产枣80万千克，产值756.20万元，人均枣产品收入8184元，占总收入的88%。山东省无棣县小泊头镇丁王庄村丁玉升，夫妇二人从事枣业，现有结果冬枣树1700株，2007年冬枣总收入7.2万元。

据国家林业局调查统计，2007年全国枣区人口2341.53万人，约占全国人口的1.8 %，其中枣区人口超过100万的省份有河北(300万人)、山东(300万人)、山西(800万人)、辽宁(192万人)、陕西(179.28万人)、河南(115万人)、新疆(257.95万)，约占全国枣区人口的91.6%。2006年全国枣产业产值200多亿元，在许多重点产枣县枣业收入占农民收入的40%，有的县甚至高达80 %(表1-2，表1-3)。

三、高效利用山、沙、碱、旱土地资源的先锋树种

枣树适应性和抗逆性极强，尤以抗旱耐瘠薄能力最为突出，是能够适应干旱、贫瘠、风沙、盐碱等恶劣自然条件不与粮棉争地的木本粮食、铁杆庄稼，能够在一般果树和农作物难以正常生长的条件不利地区形成上万亩至数百万亩的林带或林区，不仅具有良好的经济效益，还可起到良好的保持水土、改善生态的作用，是果树上山下滩的先锋树种和理想的生态经济林树种。

事实上，我国主要的枣区大多是在过去不适宜耕作的山、沙、碱、旱地区建立发展起来的。比如，在河北省和山东省环渤海盐碱地区，已建设成我国规模最大、最具影响力、总面积超过500万亩的金丝小枣、冬枣产区。近年来，在新疆塔克拉玛干沙漠边缘(环塔里木盆地)干旱贫瘠的戈壁地带，正在建设数百万亩的新兴大枣基地。河南省最大的内黄枣区(主要品种为扁核酸)历史上也曾是著名的盐碱区，陕西大荔、河南新郑枣区历史上曾是著名的风沙区，而河北太行山枣区、晋陕黄河峡谷枣区则是典型的旱薄山区。在河北省历史上，滏阳河一带一度出现沙漠化，后来通过大力发展枣树，不仅锁住了风沙，而且变成了高效益农业区。在陕北黄土高原，通过发展枣树，每年减少输入黄河的泥沙量高达546万吨。

四、健康国人的滋补保健佳品

枣树浑身是宝，特别是枣果素以营养丰富著称，其糖、维生素C、环核苷酸及铁、钙等矿质元素含量居百果前茅，是名副其实的营养果、滋补丸。

据测定，每100克鲜枣肉含有维生素C 300~600毫克，比苹果、梨、桃等高出数十倍；鲜枣肉的含糖量达23%~30%，干枣肉的含糖量则高达60%~70%，比甘蔗、甜菜等制糖原料的含糖量还高。枣味甘、性平、无毒，具有补中益气、养血安神、生津液、解药毒等功效。在《神农本草经》、《本草纲目》等历代医药典籍中，枣均被列为上品，是新中国确认的国家首批药食兼用食品。据统计，在我国常用重要配方中60%的用到枣。

五、颇具国际竞争优势的民族果品

截至目前，虽然已有30多个国家引种了我国的枣树，但只有韩国已形成较大规模的商品化栽培，而韩国的产量尚自给不足，对我国枣产品的出口基本不构成竞争。枣由于特产我国、营养丰富、口味独特，在国际市场上具有独一无二的竞争优势和市场潜力。随着我国对外开放的不断深入，枣果及其加工品作为我国特产必将不断走向世界，成为最具特色的拳头出口农产品之一。

第二节　中国枣产业发展史

一、中国枣的种类、起源与演化

枣为鼠李科(Rhamnaceae)枣属(*Ziziphus* Mill.)植物。我国原产(或有野生分布)的枣属植物有14种9变型，另有4个种从国外引入。我国最主要的枣属植物种为枣、酸枣(*Z. acidojujuba* C Y Cheng et M J Liu)—*Z. spinoza* (Bunge.)Hu 和毛叶枣(*Z. mauritiana* Lam.)。其中，枣为栽培种，分布最广、数量最大；酸枣为野生种，仅有少量栽培或人工养护，主要分布于北方各省山区；毛叶枣主要分布于印度，在我国为半野生种，主要分布于我国华南和西南的热带地区，在台湾、海南、云南等地有规模化商品栽培。

关于枣的起源地(原产地)，曾有两种观点。第一种观点认为，枣起源于我国，植物学家德堪多尔(A. De Candolle)、伯纳德(E. Bretschneideri)、菊池秋雄、茹考夫斯基(Zhukovsky)、哈尔金(I. R. Harlan)、俞德俊、曲泽洲等多数人都持此观点。另一种观点是多起源说，如前苏联学者瓦维洛夫(H. ИВавидов，1936)、日本学者星川清親(1978)持此观点。还有的著作认为，枣的原产地尚不明确。河北农业大学通过对出土的炭化枣核、叶化石、古文献及古枣树、古酸枣树的考证，结合对枣和酸枣现有分布等的综合分析，确认了枣原产我国，黄河中下游一带是枣树最早的栽培中心，且以晋陕黄河峡谷栽培较早。

关于枣树的植物学起源，河北农业大学通过对枣和酸枣的果实与枝叶特征、花粉形态、染色体数目和核型及同工酶谱等多方面的比较研究，结合化石、出土文物和古文献考证及实地调查，认为枣和酸枣均原产我国，二者非常近缘，其中枣较酸枣进化。另外，基于自然界存在有酸枣向枣连续演进的过渡型(进化型)等证据，认为枣是由酸枣演化而来的。

二、中国枣的国内外传播

根据河北农业大学曲泽洲等的考证，山西和陕西是枣树栽培最早的地区，渐及河南、河北、山东等地，到汉代时枣树的栽培地区已遍及我国南北各地。

千百年来，枣树一直受到历朝政府的重视和农民的喜爱，枣树的栽培地域不断扩大，各地的相互引种特别是边远地区和南方从中原地区引种枣树的活动十分活跃。如宁夏、青海、四川从陕西、甘肃引种；湖南从河南引种；内蒙古由山西引种；贵州在200年前从陕西引种；新疆在清朝乾隆时期(200年前)由北京引进长枣、小圆枣；辽宁锦西、大连在300年前由河北、山东胶东半岛引进木枣；广西全州在50年前由河南引进秤砣枣。1950年以后，新疆喀什地区、阿拉尔垦区又从河北、河南、山西等省大量引进灰枣、赞皇大枣、骏枣等；辽宁锦西则由山西、山东、河北引进圆铃枣、壶瓶枣、板枣、骏枣、金丝小枣、牙枣等。1980年以来，河北的赞皇大枣(干鲜兼用品种)、山西的临猗梨枣(中熟鲜食品种)以及河北、山东的冬枣(晚熟鲜食品种)相继在全国范围内大面积推广，灰枣、赞皇大枣、骏枣再次大规模引种新疆。区域内的相互引种也非常活跃，各地还从地方名优品种中优选出了一批新品种和品系并向周边地区推广，进入21世纪前后出现了一次全国范围的枣树优良品种的引种传播高潮。

国外的枣树都是直接或间接从我国引进的。据曲泽洲等考证，枣树向国外的传播有多条路线。很早以前，朝鲜、日本、前苏联、阿富汗、印度、缅甸、巴基斯坦及泰国等邻国就开始从我国引种栽培。枣树向西欧的传播，最先是沿“丝绸之路”带到波斯(今伊朗)及地中海沿岸一些国家，约在1世纪叙利亚已有了枣的栽培。美国的小枣于1837年由欧洲传入，大枣最早在1908年引进，现加利福尼亚州等地有少量栽培。至今，美国和法国等国外著作中仍引用我国的郎(Lang)枣、梨(Li)枣等品种名称。枣树是日本引种的果树中最古老的一种，在日本古文献《三代实录》(908年)上就记载有“光孝天皇仁和二年(887年)从信浓国进贡梨和大枣”。

新中国成立以后，前苏联曾大量引进我国枣的品种，美国再次引进了225个优良枣树品种。近年来，枣树正引起美国、澳大利亚、意大利、以色列等许多国家的关注。

三、中国枣产业发展沿革

我国枣产业的发展历史源远流长。早在7000多年前的新石器时代，我国的先民就已开始采摘和利用枣果；距今3000年前的西周时期，已有枣树栽培的文字记载；2500年前的战国时期，枣已成为重要的果品和常用中药；距今2000年前的汉朝，枣树栽培已经遍及我国南北各地；距今1500年的后魏时期，传统的枣树栽培技术体系已经建立起来，其中许多技术一直沿用至今。1949年新中国成立以来，现代枣业初步发展起来。

关于枣产业发展阶段的划分迄今尚处于空白。在这里，主要根据技术进步水平和产业化程度将枣产业发展历史初步分为以下3个阶段，准确的断代还需要大量的考古发掘及古文献的研究与分析。

(一)引种驯化栽培阶段(新石器时代晚期—汉朝)

根据目前掌握的考古发掘和古文献考证资料，这一阶段大约从公元前5000年至公元元年前后，历时至少5000多年。这一阶段的主要特征是人们主动地从野生酸枣中引种驯化优良类型并进行栽培利用，该阶段还可以细分为引种驯化阶段和传统产区形成阶段。

(1)引种驯化阶段　最晚开始于新石器时代晚期，经三皇五帝时期，一直延续到夏朝和商朝，这个阶段主要是采摘利用自然生产的枣果，酸枣和枣的分化还不明显。关于古人开始驯化栽培枣树的起始年代目前尚难以确切推断，但根据20世纪70年代河南密县峨沟北岗新石器时代遗址发掘出的炭化枣果和枣核推测，我国至少在7000多年(7240±80年)以前就已开始采集和利用枣果了。目前，尚未发现商朝(公元前1600年至约公元前1046年)以前关于枣树的文字记载，但成书于公元前10世纪商朝末期的《诗经．豳风篇》中载有“八月剥枣，十月获稻”的诗句，说明距今3000年以前人们已经开始有计划地采摘利用枣果了。

(2)传统产区形成阶段　大致发生于周朝(公元前106年至前256年)、秦朝(公元前221年至公元前206年)和汉朝(公元前202年至公元220年)3个朝代，在这个阶段野生酸枣和栽培枣的分化已很清楚，已选出一些枣的优良品种，枣果成为深受人们喜爱的果品、常用的祭祀和馈赠佳品以及重要的木本粮食和上品中药，同时通过规模化的引种栽培区域迅速扩大，至汉朝遍及我国南北各地，形成了陕、晋、豫、冀、鲁等传统栽培中心并一直保持至今，此期还积累下一定的栽培经验。

成书于战国至秦汉时期的《神农本草经》中记载“酸枣……生川泽，名医曰‘生河东，八月采实，阴干，四十日成’……大枣……生平泽。……名医曰‘一名干枣，一名美枣，一名良枣’，暴干，生河东’。”说明2000多年以前，人们已经将枣和酸枣分开，各自有着不同的生境和制干方法。《齐民要术》中说古人“常选好味者，留栽之”，即进行品种选优和驯化栽培。成书于周朝(春秋时期)的《尔雅》一书中，载有“洗，大枣，今河东(现在的山西运城附近)猗氏出大枣子如鸡卵”，全书共记载有枣品种11个。成书于东周(战国时期)的《黄帝内经》之《灵枢经五味》中提到“五果：枣甘、李酸、栗咸、杏苦、桃辛”，说明2500年前左右，枣就与李、杏、桃、栗一起成为了重要的果品和中草药。《战国策》一书中记载：“苏秦说燕文侯曰：‘北有枣、栗之利，民虽不由佃作，枣栗之实，足食于民。’”《史记·货殖列传》记载：“安邑千树枣……此其人与千户侯等。”成书于晋朝的《广志》一书上记载了许多品种的出处，包括河东安邑(今山西南部的夏县附近)、东郡谷城(今山东阿城附近)、河内仮郡(今河南赵堡附近)、东海(今山东郯城附近)、安平信都(今河北冀县附近)等，说明当时陕、晋、豫、冀、鲁都已有枣树的栽培而且形成了品种。《三国·魏志》记载：“冀州户口最大，又有桑枣之饶，国家征求之府。”这些都说明，2000多年以前枣已成为富民产业和国家税收之源。此外，考古学家在江苏连云港、广东广州、四川昭化、甘肃武威、湖南长沙、湖北江陵和随县以及新疆吐鲁番等地发觉的汉代古墓中，都曾发现随葬的枣核和干枣遗迹，充分说明远在汉代(距今2000年左右)以前枣树就已经是遍布全国的重要果树了。

(二)传统生产技术形成发展阶段(汉朝—新中国成立)

这一阶段大约相当于公元元年前后到新中国成立以前，历时约2000多年。这一阶段又可细分为传统枣树生产技术形成期和传统枣树生产技术成熟发展期两个阶段。

(1)传统枣树生产技术形成期　大致发生于汉朝(公元前202年至公元220年)末期，至北魏(386~534年)末年，历时约500年。在这个阶段，枣树品种大量出现，特别是栽培技术发展迅速，随着疆域的扩大、与周边国家交往的增多，尤其是丝绸之路的开通枣树开始走向世界。北魏末年(533~534年)贾思勰所著《齐民要术》一书的发行，标志着枣树传统栽培技术体系和利用方式的基本形成，也标志着该阶段的结束。

随着枣产业的不断发展，到300年晋朝的郭义恭所著《广志》一书记载的枣树品种已达到21个，《齐民要术》中更是创记录地收录了45个品种，对各品种来源、产地及生长状况的记载更加详细。随着汉朝以后中外交往的日益频繁，一些古老的枣品种开始被引种到周边国家和亚欧各国。

栽培管理方面的进步是该时期最显著的特征。《齐民要术》一书详细总结了我国古代人民积累下的非常丰富的枣树栽培经验，其中许多技术一直沿用至今。在枣树栽植方面，《齐民要术》提出，“候枣叶始生而移之”，即在枣刚发芽时栽植为宜；在栽植密度上应“三步(约为现在的5米)一树，行欲相当”；在园地选择上，“其阜劳之地，不任耕稼者，历落种枣，则任矣”，说明不能种庄稼的零星土地皆可用来种植枣树。在枣园管理方面，《齐民要术》提出，“正月一日日出时，反斧斑驳锤之，名曰‘嫁枣’，不斧则花而不实，斫则子萎而落也。”其意思是说正月1日日出的时候，要用斧子的钝头在枣树的树干上交错锤打，否则只开花不结果；但若用斧子砍，则幼果就会萎蔫脱落。这一措施和当前河北、山东等地仍在使用的“开甲”和在河南新郑使用的“牙枣”等促进坐果的措施为同一道理，只是在时间上有所不同。《齐民要术》中还记载，“以杖击其枝间，振去狂花。不打，花繁不实，不成”，这是关于枣树疏花的最早记载。在采收和干制方面，《齐民要术》中提出“全赤即收”，并解释说“半赤而收者，肉未充满，干则色黄皮皱；将赤，味亦不佳美；久赤不收，则皮破，复有乌鸟为患”；在采收方法上主张“日日撼〈摇动〉而落之为上”，即分期采收；关于晒枣方法，指出“先治地，令净，……布椽于箔下，置枣于箔上，以扒聚而复散之，一日中二十度乃佳。夜仍不聚。得霜露气，干速。成阴雨之时，乃聚而苫盖之。五六日后，别择；取红软者，上高厨而暴之，厨上者已干，虽厚一尺，亦不坏。择去胮烂者，胮者，永不干，留之徒令污枣。其未干者，晒曝如法。”这种晒枣方法至今各地仍在应用。此外，《齐民要术》中对枣的加工亦有详细描述，“郑玄曰：‘枣油：捣凿实，和；以涂缯上，燥而形似油也。乃成之。’”意即把枣果捣烂和匀，涂抹于绸绢上，干燥后像一曾油膏，与现在的枣膏很相似。

(2)传统枣树生产技术成熟发展期　大致发生于北魏(386～534年)末年《齐民要术》发表以后，至新中国成立，历时约1500年。在这个阶段，中央和地方政府积极倡导发展枣树，生产规模进一步扩大，栽培品种继续增加，传统的生产技术进一步成熟。

枣树在古代深受统治阶级的重视，历史上发展枣树的主要途径之一就是靠历代王朝的法令。据《魏书·食货志》(成书于公元6世纪)载：“太和九年下诏……初受田者，男夫一人给田二十亩，课莳馀种桑五十，树枣五株，榆三根，非桑之土，夫给一亩，依法课莳榆枣，奴各依良，限三年种毕，不毕，夺其不毕之地，于桑榆地分杂莳余果，及多种桑榆者不禁……”，直到距今500多年前乃沿袭此例。另据明《河间县志》记载：“洪武二十七年(公元1394年)命工部行文书教天下百姓，务要多栽桑枣，每一里种二亩秧，每一百户内共出人力挑运柴草，烧地耕过，再烧，耕烧三遍下种，待秧高三尺，然后分栽，每五尺阔五拢，每一户初年二百株，次年四百株，三年六百株，栽种过数目，造册回奏，违者，全家发云南金齿充军。”据河南内黄县文物志中的枣林史话记载，在北宋元丰、崇宁等朝，黄河多次决口改道，田园林木多被埋没，而枣树适应性强，常被作为改造沙荒的先锋树种，待枣林形成后起防风固沙和保护农田的作用。长期以来，我国北方各省形成的宽行密株枣粮间作的栽培形式，就是在这种历史的发展过程中形成的。

这一阶段，在政府大力推动发展枣树的同时，枣树的新品种不断增加，栽培技术亦更加成熟。至元朝柳贯著《打枣谱》时，收集到枣品种达73个(《齐民要术》中记录为45个)，待到清朝吴其浚著《植物名实图考》时，叙述的枣品种已达87个。该时期在栽培技术方面，出现了枣粮间作，将开甲时期由正月调至端午使之更加科学化(见明朝出版的《便民图纂》)；在贮藏方面，相继出现了干枣的缸藏、窖藏以及鲜枣的冰室保鲜技术；在加工方面，则出现了蜜枣、乌枣、南枣、枣干、酒枣、枣酒、枣醋等许多新的产品。

(三)现代枣业形成发展阶段(新中国成立以来)

这一阶段为从新中国成立至今，历时仅60年。这个时期是充分利用现代科学技术初步建立起现代枣产业的时期。这个阶段包括解放初期的快速恢复发展期(1949~1966年)，“文化大革命”时期的缓慢发展期(1966~1978年)，改革开放以来的全面发展期(1978年至今)。

这个阶段虽然经历了“文化大革命”的10年停滞甚至倒退，但在枣产业发展的历史长河中仍是枣产业发展最快、变化最大的时期。在这一时期，我国的枣产品开始大量出口，蜜枣的生产中心由南方转移到了北方，鲜食枣历史上第一次形成商品化的大产业(1990年北京亚运会后，以临猗梨枣和冬枣为代表的鲜枣品种迅速实现了规模化和产业化)，现代农业技术在枣树上得到大规模应用。在该阶段，以酸枣为砧木的嫁接育苗技术得到大规模推广应用，首次出现了扦插和组织培养育苗技术；现代化的土肥水管理，整形修剪，生长调节剂应用，病虫害的无公害防治，乙烯利人工催熟化学采收，冷藏和气调保鲜，枣汁、香精、色素、枣干红酒、枣膳食纤维、环核苷酸糖浆等现代加工品，大型枣专业市场，以及枣专家系统、枣网站等新生事物，都是在这阶段的短短几十年里出现的。

目前，这一阶段尚未结束，距离建立起完善的现代枣产业体系还有很长的路要走。

第三节　世界枣产业现状

一、世界枣的种类、分布及利用现状

据河北农业大学考证和统计分析，全世界约有枣属植物170种。枣属基本上是一个泛热带分布属，但有少数种延伸到两半球温带。枣属植物水平分布的最北端约在英国伦敦(51°30′N)，南端是非洲的好望角(34°21′S)；垂直分布多在1500米以下，最高可达2000~2800米。我国南部和南亚地区枣属种类最丰富，是枣属的分布和演化中心。枣属植物中分布最广的种是原产我国的枣 *Z. jujuba* Mill. 和原产南亚的毛叶枣 *Z. mauritiana* Lam.，前者分布于整个北温带和亚热带，并有少量分布于澳大利亚，后者则分布于亚、非、澳三大洲的热带和亚热带地区。

二、中国枣在世界上的分布和利用现状

如前述，早在古代我国的枣树就传入了朝鲜和日本等亚洲邻国，后沿“丝绸之路”传到欧美等地，目前已引种到亚、欧、美、非、大洋洲五大洲的40多个国家和地区(表1-4)。根据对枣树的利用程度，这些国家可以分为三类。一类是规模化商品栽培枣树的国家，目前只有韩国；二类是正在试验栽培或有少量栽培的国家，如美国、泰国、乌克兰、澳大利亚等，有小规模的商品栽培和研发；三类是仅作为资源收集保存的国家，大多数国家属于这一类。

表 1-4 枣树在世界上的分布

Table1-4 Distribution of Chinese jujube in the world

洲 Continent	国家 Countries
亚洲 Asia	中国、韩国、日本、泰国、马来西亚、印度、孟加拉国、缅甸、蒙古、阿富汗、巴基斯坦、土库曼斯坦、吉耳吉斯斯坦、乌兹别克斯坦、亚美尼亚、阿塞拜疆、以色列、伊朗、伊拉克、叙利亚、黎巴嫩、巴勒斯坦、塞浦路斯、土耳其 China, South Korea, Japan, Thailand, Malaysia, India, Bengal, Burma, Mongolia, Afghanistan, Pakistan, Turkmenistan, Kyrgyzstan, Uzbekistan, Armenia, Azerbaijan, Israel, Iran, Iraq, Syria, Lebanon, Palestine, Cyprus, Turkey
欧洲 Europe	俄罗斯、乌克兰、英国、德国、法国、意大利、西班牙、葡萄牙、罗马尼亚、斯洛文尼亚、南斯拉夫、马其顿、希腊、保加利亚、捷克 Bulgaria, England, France, German, Greece, Italy, Czech, Macedonia, Portugal, Romania, Russia, Slovenia, Spain, Ukraine, Yugoslavia
非洲 Africa	埃及、坦桑尼亚 Egypt, Tanzania
美洲 America	美国、加拿大 USA, Canada
大洋洲 Oceania	澳大利亚 Australia

韩国是除我国之外惟一有规模化枣树商品栽培的国家。在韩国，枣树主要分布在其中南部的全罗南道、全罗北道、忠清北道和庆尚南道。主栽品种为从地方品种中优选出的绵城、无等、月出、红颜、福枣等，20 世纪 90 年代初期河北农业大学已将其引种到我国。由于枣树较一般果树管理省工，加之枣果价格高(每吨 6000 ~ 8000 美元，是苹果、梨等大宗水果的 3 ~ 5 倍)、销路好，韩国在 20 世纪 80 ~ 90 年代初曾一度发展十分迅速，1985 ~ 1994 年 10 年间栽培面积由 851 公顷扩大到 4676 公顷，增长了 4.5 倍，年产量达到 2 万吨。中韩建交后，受我国廉价枣产品的冲击，韩国农民枣树种植的效益下降，枣树发展受到抑制，目前的栽培面积和产量基本上停留在 20 世纪 90 年代的水平上，约占世界总量的 1% 左右。目前韩国的枣果产量尚供不应求，每年得从我国大量进口原枣和枣的初级加工品。与韩国比较，我国在栽培面积、总产量、品种资源、基础研究、高密度栽培以及加工品种类和数量等方面占有明显的优势，但在良种普及率、单位面积产量、人工干制、深细加工和国内市场开拓等方面则不及韩国。

日本在奈良和平安朝时代(710 ~ 1192 年)，枣树栽培曾一度相当普及。在日本，和中国一样把枣作为珍贵的药材，并制成糕点或生食，迄今在长野、岗山、京都等地的庭院中还较常见。但后来，随着其他果树的大量引进，尤其苹果、梨、桃、葡萄和柑橘的迅猛兴起，枣树的数量大大减少，目前日本的枣主要从我国进口。

从枣产品的国际贸易来看，虽涉及亚洲、欧洲、美洲和大洋洲的 20 多个国家和地区，但只有我国是出口国，其他除韩国曾在 1992 和 1993 年分别有 500 和 17 000 美元的微量枣产品出口外，均为进口国。

由上述可见，目前我国拥有全世界 99% 的枣树资源和近 100% 枣产品国际贸易，在世界枣树生产和贸易中占有绝对的主导地位。

第二章　生产现状

■ 第一节　栽培面积和产量
■ 第二节　区域布局
■ 第三节　品种结构
■ 第四节　繁殖和栽培技术
■ 第五节　采后处理与加工
■ 第六节　贸易与消费
■ 第七节　成本效益

第一节　栽培面积和产量

枣树是我国分布最为广泛的栽培果树之一，目前除黑龙江省外，北纬19°~43°、东经76°~124°的各个地区均有分布，其垂直分布在华北和西北的个别地区可达海拔1300~1800米，在低纬度的云贵高原可达2000米。

一、全国枣树栽培面积和产量

关于枣树的栽培面积，迄今尚无国家级政府部门的权威统计，据作者对各省(自治区、直辖市)林业管理部门和枣树技术人员的调查，全国枣树面积将近150万公顷。关于全国枣产量的记载最早为1973年395 765吨(见于《中国农业统计资料》)，最新的记载为2006年3 052 860吨，增长了6.71倍。

自1973年有全国枣产量统计数据以来的34年间，枣果产量的变化可以分为3个阶段(图2-1)。一是1973~1989年，为产量波动期，年产量变化于284 600吨(1977年)至571 508吨(1987年)之间，变幅达2.01倍；二是1990~2000年，为产量持续缓慢上升期，年产量变化于423 222吨(1990年)至1 306 036吨(2000年)之间，11年间增加2.09倍；三是2001年至今，为产量快速增长期，6年间产量从2001年的1 308 633吨猛增到2006年的3 052 860吨，增加了1.34倍。

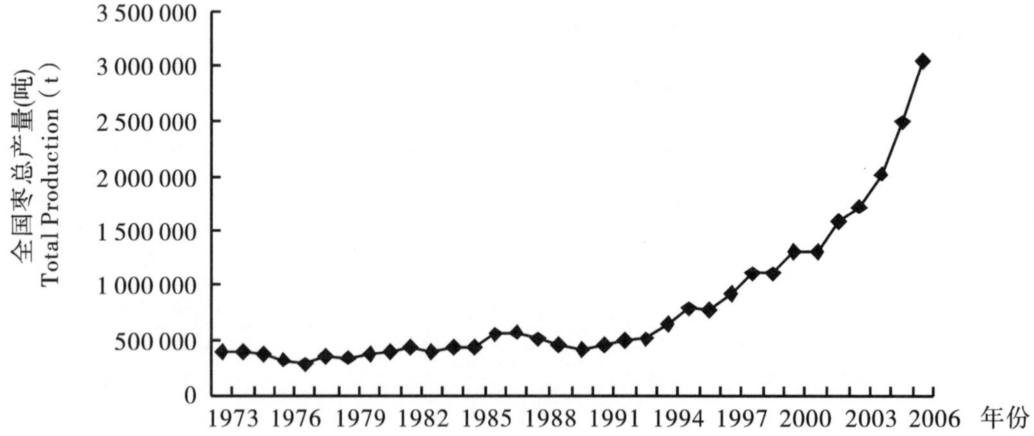

图2-1　我国枣果总产量年变化情况

Fig. 2-1　Changes of annual production of Chinese jujube in China

资料来源：《中国农业年鉴》。Data from：*China Agriculture Yearbook*

近年来，在苹果、柑橘等大宗水果增势趋缓的情况下，枣树的比较效益稳步提高，正在进入一个前所未有的大发展期。目前，从栽培面积看，枣树已经排到我国各种果树的第三位，仅低于苹果和柑橘；从产量来看，枣树居第七位，排在苹果、柑橘、梨、桃、香蕉和葡

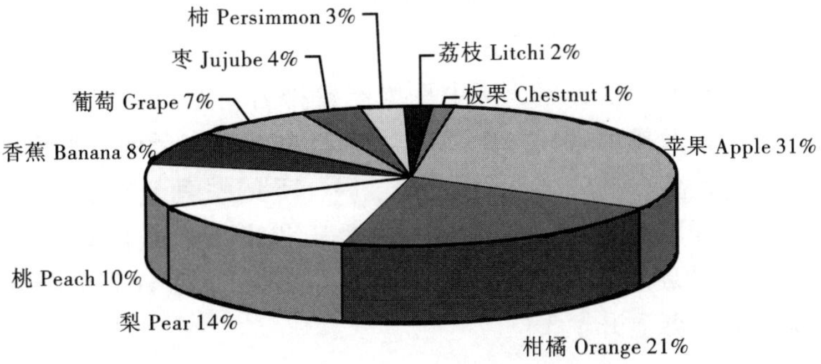

图 2-2 2006 年我国主要果树产量分布图

Fig. 2-2 Production of the main fruit of China in 2006

资料来源：《中国农业年鉴》。Data from：*China Agriculture Yearbook*

萄等大宗水果之后，在干果中居第一位(图 2-2)。

但从单位面积产量来看，枣树在我国的主要果树中排名十分落后(表 2-1)。究其原因主要有四。一是枣树品种老化严重，先进栽培技术普及率低；二是近年来新发展的枣树占到栽培面积的一半以上，盛果期枣树比例偏低；三是枣果的干物质含量高，是苹果、梨、桃等水果的一半以上，其产量相对较低；四是枣树多栽种在山、沙、碱、旱地区，自然条件较差。后三个均是客观原因，但第一个则是主观原因。

表 2-1 2006 年主要果树单位面积产量表(吨/公顷)

Table2-1 Yield per capita of the main fruit tree of China in 2006 (t/hm^2)

树种 Species	香蕉 Banana	菠萝 Pineapple	葡萄 Grape	苹果 Apple	桃 Peach	梨 Pear
单产 Yield per capita	24.21	16.74	14.98	13.72	12.27	11.02
排名 Rank	1	2	3	4	5	6
树种 Species	柑橘 Orange	板栗 Chestnut	柿 Persimmon	荔枝 Litchi	核桃 Walnut	枣 Chinese jujube
单产 Yield per capita	9.86	9.04	3.55	2.64	2.53	2.04
排名 Rank	7	8	9	10	11	12

注：面积和产量的原始资料来源于《中国农业年鉴》，其中柿、板栗和核桃的面积数据来源于 FAO 统计资料。

Note：All the original data of growing area and yield from *China Agriculture Yearbook*, except the growing areas of persimmon, Chinese chestnut and walnut from FAOSTAT.

二、各省枣树栽培面积和产量

从近 3 年各省(自治区、直辖市)的平均枣产量来看(表 2-2)，排在前 5 位的省份为河北、山东、河南、山西、陕西，该五省为我国枣树生产的第一方阵，年产量都在 20 万吨以上，总产量 2 179 063 吨，占全国的 86.56%，较过去的 90% 有所下降；排在第二方阵的有甘肃(71 860 吨)、辽宁、新疆、广西、天津、湖北、湖南、安徽和宁夏(16 363 吨)，年产量在 1 万吨以上 10 万吨以下；排在第三方阵的为江苏、四川、北京、江西、重庆、云南、贵州、上海和福建，年产量都在 1 万吨以下，其中产量较多的是江苏(9160 吨)，福建最少

(90吨)。此外，浙江也有与江苏和江西相当的产量，但近3年没有统计资料。其他省份，除了黑龙江省外也都有少量的枣树栽培。

从表2-2和表表2-3还可以看出，历史平均产量排名前七位的河北、山东、河南、山西、陕西、甘肃、辽宁以及排名第9、20、21、22、23的广西、云南、贵州、上海和福建的排名位置在近3年没有改变；排名第8、10、12、14、15的湖南、湖北、安徽、江西和重庆四省市产量位次分别下降了1~4名，其中湖南、重庆和江西更是下降了4位；排名第11、13、16、17、18、19位的新疆、天津、宁夏、四川、江苏、北京六省市则分别上升了1~3位，其中新疆、天津和江苏上升了3位。

表2-2 近3年全国及各省(自治区、直辖市)的枣产量(吨)

Table2-2 The production of Chinese jujube in different provinces (t)

省份 Provinces	2004	2005	2006	2004~2006 平均 Average	2004~2006 平均产量排名 Rank in average 2004~2006	历史平均产量排名 Rank in average of history
全国 China	2011217	2488506	3052860	2517528		
北京 Beijing	4349	6950	6522	5940	17	19
天津 Tianjin	13560	24691	30574	22942	10	13
河北 Hebei	666445	807577	909161	794394	1	1
山西 Shanxi	152780	196858	314302	221313	4	4
辽宁 Liaoning	52167	71883	90168	71406	7	7
上海 Shanghai	597	1038	1689	1108	22	22
江苏 Jiangsu	7744	9978	9758	9160	15	18
安徽 Anhui	14646	20166	16366	17059	13	12
福建 Fujian	133	85	52	90	23	23
江西 Jiangxi	5574	5467	5423	5488	18	14
山东 Shandong	533978	687372	852446	691265	2	2
河南 Henan	246510	268091	301301	271967	3	3
湖北 Hubei	26252	20182	21553	22662	11	10
湖南 Hunan	20480	21567	24167	22071	12	8
广西 Guangxi	24895	22892	23615	23801	9	9
重庆 Chongqing	10817	1696	1706	4740	19	15
四川 Sichuan	6513	8261	8163	7646	16	17
贵州 Guizhou	1628	1822	1792	1747	21	21
云南 Yunnan	3076	4062	5072	4070	20	20
陕西 Shaanxi	131213	188232	280928	200124	5	5
甘肃 Gansu	58602	75450	81528	71860	6	6
宁夏 Ningxia	13418	15566	20104	16363	14	16
新疆 Xinjiang	15840	28620	46470	30310	8	11

资料来源：《中国农业年鉴》。Data from: *China Agriculture Yearbook*

从近年来各产枣省份的产量变动情况看(表2-2和附录一)，河北、山东、河南、山西和陕西五大产枣省普遍增势强劲，是全国增产的最主要贡献者。无论从我国枣树的现有布局还是从各地枣树的发展趋势来看，在今后相当长一段时间内，该五大产枣省仍将对我国的枣树生产起决定性的作用。同时，新疆、天津、宁夏、四川、江苏、北京六省(自治区、直辖市)，特别是新疆的枣树发展非常迅猛，正在成为新的重点栽培区。

表 2-3 全国及各省、市、自治区历年的枣总产量和平均产量(吨)

Table2-3 The statistics of historical production of Chinese jujube in different provinces (t)

省份 Province	年份区间 Year	统计年数 Years with data	历年总产量 Total production		平均年产量 Average annual production	
			产量 Production	排名 Rank	产量 Production	排名 Rank
全国 China	1973 ~ 2006	34	27687733		814345	
北京 Beijing	1973 ~ 2006	34	70304	18	2068	20
天津 Tianjin	1973 ~ 2006	34	231439	12	6807	13
河北 Hebei	1973 ~ 2006	34	8772168	1	258005	1
山西 Shanxi	1973 ~ 2006	34	2651316	4	77980	4
辽宁 Liaoning	1973 ~ 2006	20	313935	8	15697	7
上海 Shanghai	2000 ~ 2006	7	4664	23	666	23
江苏 Jiangsu	1973 ~ 2006	34	101302	17	2979	19
浙江 Zhejiang	1973 ~ 2003	28	110584	16	3949	16
安徽 Anhui	1973 ~ 2006	34	242182	11	7123	12
福建 Fujian	2001 ~ 2006	6	939	24	157	24
江西 Jiangxi	1983 ~ 2006	24	118308	15	4930	14
山东 Shandong	1973 ~ 2006	34	7594078	2	223355	2
河南 Henan	1973 ~ 2006	34	3705807	3	108994	3
湖北 Hubei	1973 ~ 2006	34	303804	10	8935	10
湖南 Hunan	1973 ~ 2006	34	335630	7	9871	8
广西 Guangxi	1973 ~ 2006	34	310679	9	9138	9
重庆 Chongqing	1997 ~ 2006	10	48604	20	4860	15
四川 Sichuan	1992 ~ 2006	15	49232	19	3282	18
贵州 Guizhou	1973 ~ 2006	34	30791	22	906	22
云南 Yunnan	1973 ~ 2006	34	31100	21	915	21
陕西 Shaanxi	1973 ~ 2006	34	1758092	5	51709	5
甘肃 Gansu	1973 ~ 2006	34	612239	6	18007	6
宁夏 Ningxia	1973 ~ 2006	34	123396	14	3629	17
新疆 Xinjiang	1985 ~ 2006	22	168140	13	7643	11

注：资料来源于《中国农业年鉴》。Data from：*China Agriculture Yearbook*

第二节 区域布局

当前，枣产业蓬勃发展，正走向重新洗牌的春秋战国时代。从国际看，近年来我国枣树栽培面积和产量每年都在以10%以上的速度增长，我国作为枣树生产第一大国的地位正进一步得到巩固和强化。2006年，我国枣树栽培总面积已超过2000万亩，年总产量305万吨，占世界的99%左右。作为枣树第二生产大国，同时也是除我国外惟一有规模化枣树栽培的韩国，近年来由于受到我国廉价枣产品的冲击，枣树面积持续下降，产量维持在2万吨左右，不足我国的百分之一，且尚不能完全实现自给。但是，近年来一些发达国家进军我国枣产业特别是枣加工业的势头在明显加大。从国内看，冀、鲁、晋、豫、陕五个传统产枣大省普遍增势强劲，仍占据近全国86.56%的产量，但较10年前的90%已有所下降；另一方面，新疆、天津、宁夏、四川、江苏、北京六省(自治区、直辖市)枣树发展迅猛，产量排名上升了1~3位，尤其是新疆异军突起，正凭借其得天独厚的自然条件优势打造中国和世界上最大的优质干枣生产基地，仅阿克苏地区就要在3~5年内发展100多万亩枣树；此外，东北和南方的鲜枣产业也正在快速崛起。

一、全国枣树区划

根据地理、气候、土壤及枣树品种特点等，一般把我国枣树划分为南北两大区系，即北方栽培区和南方栽培区。

(一)北方栽培区

该区指淮河、秦岭以北的广大地区，与南方栽培区的分界线大约与年均温15℃等温线相吻合，年降水量多在650毫米以内。该产区枣树栽培历史悠久、品种资源丰富。2006年，该区枣果总产量2 397 886吨，约占全国总产量的95.25%。按气候、土壤、地貌、品种等特点，该区又可分为3个栽培亚区。

1. 黄河中下游流域冲积土栽培亚区

该区枣树栽培历史悠久，是当前我国最重要的枣区，产量占全国的75%以上。该区枣树栽培集中，品种资源十分丰富，枣果质量优良。枣树多分布在河流冲积地带和低山丘陵区，包括辽宁西南部，河北、山东、河南的全部，山西中南部，陕西中部。重要的产区有河北的黑龙港流域、太行山区；山东的鲁西北平原、泰沂山区；河南的豫中平原；山西的汾河流域、涑水流域、漳河流域、晋南黄河沿岸、滹沱河沿岸和五台山区；陕西的渭河平原等。我国十大枣树主栽品种中的9个，即金丝小枣、婆枣、赞皇大枣、圆铃、长红枣、灰枣、扁核酸、冬枣和临猗梨枣，集中分布于该区，该区还有板枣、骏枣、灵宝大枣、鸡心枣、晋枣、无核小枣等著名优良品种。该区在地理上属于暖温带半湿润区。海拔较低，多在200~600米；年平均温度12~14℃左右，夏季温度较高，7月平均温度28~29℃，9月枣成熟期日温差较大；年降水量450~600毫米，大部分集中在7~9月份。

2. 黄土高原丘陵栽培亚区

该区为我国枣树的发源地，历史悠久，古树较多，品种也较多，但枣果品质较为一般。目前为我国第二大枣区，产量约占全国的12%。主要包括山西西北部和陕西东北部黄河沿岸的黄土高原，土壤肥力较差，栽培管理较为粗放。主要品种有木枣(约占80%以上)、油枣等，近年来引种了赞皇大枣、骏枣、临猗梨枣等。该区属暖温带干旱区。海拔一般在600~800米，降雨较少，年降水量为380~400毫米，大部分集中在秋季；年平均温度12~13℃左右，夏季气温较低，7月份平均温度24℃左右。

3. 西北干旱地带河谷丘陵栽培亚区

该区是我国枣树分布的北缘地区，为正在迅速崛起的优质干枣产区。包括甘肃的河西走廊，宁夏北部，内蒙古大青山以南地区，青海湟水河谷和新疆南部低海拔河谷地区等。枣树分布以沿河地带为主，靠灌溉供水，多零星栽培，大的集中产区较少，但近年来新疆、宁夏等地发展很快，正在建设集中连片的大产区。有些地区因气候较好，日照充足，灌水方便，因此果实质量好，如新疆阿克苏、喀什等引种灰枣、赞皇大枣、骏枣等，都表现出品种的独特品质，甚至优于原产区。该区原产品种较少。属温带干旱区，土壤较贫瘠。海拔较高，常在1000米以上。年平均温度10℃左右，7月份平均气温22~23℃，年温差常达29℃以上；雨量稀少，年降水量仅200~300毫米，甚至更少。

(二)南方栽培区

该区指淮河、秦岭以南的地区，为早熟鲜食枣的新兴产区。该区年均温15℃以上，年降水量多大于700毫米，土壤多呈微酸性和酸性，光照较少，不利于果实糖分积累；枣树品种数量和栽培面积较少，产量约占全国5%左右；干制品质一般不如北方，多用于加工蜜枣和鲜食，近年来鲜食枣发展较快。按自然条件的差异，也可分为3个栽培亚区。

1. 江淮河流冲积土栽培亚区

该区包括安徽北部、江苏北部、湖北北部以及甘肃、陕西南部等。枣树多分布在平原地区，栽培零散，数量较少，但近年来在陕西关中地区建设了较大规模的冬枣、晋枣、水枣等鲜食枣商品产区。主要品种有泗洪沙枣、濉溪苹果枣、随县大枣、冬枣、晋枣、水枣等。属于北亚热带，年平均气温15~16℃，7月份平均温度28℃左右，年降水量700~1000毫米，处于南北两大栽培区的交接地带。

2. 南方丘陵栽培亚区

该区指长江以南丘陵枣区，是南方栽培区的中心地带，包括安徽、江苏南部，湖南、江西、广西、广东、福建以及台湾等。该区产量较高，果实主要加工蜜枣，是我国传统的蜜枣产区。主要品种有义乌大枣、马枣、宣城尖枣、圆枣、灌阳长枣等。属于中亚热带和南亚热带。地形复杂，土壤较黏，偏酸性，温度较高，生长期长，日温差小，年均气温16~22℃，7月份平均温度28℃左右，年降水量在1000毫米以上。

3. 云贵川栽培亚区

该区包括四川盆地和云贵高原。主要产区在四川沿长江各县，云南北部和中部及贵州西北各县，枣树多零星分布，近年来在云南蒙自已形成数万亩的鲜食枣产区。主要品种有苦练枣、木洞小甜枣、涪陵鸡蛋枣、宜良枣等，近年来从内地引种了月光枣、葫芦枣、金丝小枣等。该区土壤酸性，较黏重；气候条件常随海拔变化而有很大差异。一般低海拔地区多为亚热带气候，年平均气温多在16~20℃之间，夏季酷热，多雾；海拔1300~1500米的地区一般为温带气候，年平均温度11~15℃，夏季温度较低，年降水量800~1200毫米，多阴雨天气，日照较差。

二、主要产枣省的枣树区划

(一) 河北省枣树区划

河北省是我国第一产枣大省，处于我国北方栽培区的黄河、海河中下游流域冲积土栽培亚区。

1. 河北省枣树适宜区的划分

依据枣树生长发育对气候、土壤条件的要求，结合河北省气候、土壤分布特点及枣树的自然分布情况，可将河北省划分为枣树栽培的适宜区、次适宜区和不适宜区。

(1) 适宜区　其北界大致与年均温12℃等温线相一致。包括阜平、满城、保定、高阳、任丘、文安及以南的所有县市，适宜绝大多数枣品种栽培，现有枣的主要经济栽培区分布在这一范围。

(2) 次适宜区　其北界大致与年均温8℃等温线相一致。包括涞源、怀来、承德以南，阜平、满城、保定、文安以北含北京、天津在内的所有县市。燕山低山丘陵经济栽培区就分布在这个区内，主要适宜栽培早熟品种。

(3) 不适宜区　在次适宜区以北的广大地区，由于年均温低于8℃，气候寒冷，对大多数枣树品种而言有效积温低，不能满足生长发育的需要，是河北省枣树栽培不适宜区。但个别耐寒性强的极早熟品种，在这个区也可以栽培成功，另外该区还可以搞设施枣栽培。

2. 河北省枣树经济栽培区的划分

在枣树栽培适宜区和次适宜区，由于地理条件、气候因素的差异，形成了不同类型的枣树经济栽培区。

(1) 太行山浅山丘陵及山麓平原栽培区　该区位于冀南、冀西太行山一线，主要包括阜平、曲阳、唐县、行唐、灵寿、井陉、新乐、元氏、赞皇、临城、平山、邢台、武安等地，是河北省主要的大枣基地，也是全国的著名产区。以出产赞皇大枣、婆枣而闻名全国。按主栽品种，该区又可以划分为赞皇大枣亚区和婆枣亚区，前者主要包括阜平、曲阳、唐县、行唐，后者主要包括赞皇、临城、元氏、平山等。该区土壤以淋溶褐土、褐土性土为主，枣树生长区域土壤母质多为片麻岩，土壤沙性强，较为瘠薄。枣树多分布在海拔500米以下的低山丘陵地带。光照充足，日平均气温≥15℃期间的总辐射为2900毫焦耳/平方米左右，日平均温度≥15℃的积温为3800℃以上，年降水量500毫米左右。除土壤较为瘠薄外，是条件较好的枣树栽培区之一，适宜发展耐瘠薄的赞皇大枣、婆枣等品种。

(2) 冀东南平原子牙河流域栽培区　主要包括沧县、献县、河间、泊头、青县、盐山、海兴、黄骅、南皮、任丘、大城等地。该区是我国第一大优良制干品种金丝小枣和第一大优良鲜食品种冬枣的主产区，栽培条件好，属黄河下游流域冲积土枣区，主要分布区域位于海河支流的子牙河流域，属半温带湿润气候，海拔高度小于100米 。该区年均气温12~13℃，7月平均气温25~28℃，9月日温差9~12℃，年光照时数2700~2900小时，年降水量550~605毫米。气候较温暖，夏季温度较高，光热条件极适宜枣树的生长发育，昼夜温差较大，有利于提高果实品质。该区土壤主要是盐碱地潮土，枣树的自然分布界与黏壤质潮土的分布基本一致。适宜发展耐盐喜肥的金丝小枣、冬枣、无核小枣等品种。该区品种类型较多，除小枣类型外，还有绵枣、串干枣等。晚熟品种冬枣是该区目前发展最快的鲜食枣品种之一。

(3)冀南漳卫河流域栽培区　是河北最南部的枣产区。该区土壤母质属漳、卫河冲积物。气候条件良好，≥15℃期间总辐射达2977毫焦耳/平方米，最热月平均温度达27.3℃，日平均温度稳定通过15℃的积温达3800～4027℃，年均降水量600毫米左右。主要包括大名、魏县、成安、肥乡、馆陶、曲周等地。该区热量、光照充足，适合栽培中晚熟品种，以核桃纹、大名蚂蚁枣、十月青、布袋枣等为主要品种，有发展前途。目前该区规模化栽培面积不大，多零星栽培。

(4)冀南滏阳河流域栽培区　主要包括任县、巨鹿、新河、冀县、枣强、衡水、故城、景县、武邑、武强等地。土壤多潮土、脱潮土，地下水属咸淡混合区。该区年均气温12～13℃，最热月平均气温27.0℃，≥15℃的积温在3800℃左右，年降水量510毫米左右。该区枣树品种最为繁杂，为大枣和小枣类群的混栽区，主要品种有马连小枣、黄口大枣、圆铃小枣、扁核酸、串干枣、圆铃枣等，品质较好，是较有发展前途的枣区之一。

(5)冀中南滹沱河潴龙河流域栽培区　主要包括晋州、辛集、深县、深泽、安平、望都、安国、饶阳、蠡县、肃宁等地。这一地区土壤母质属滹沱河冲积物，土壤多为深厚的沙性土壤，潮土及脱潮土。位于河北省的少雨中心，年降水量500毫米左右，日平均气温≥15℃的积温低于3800℃，光热资源不及以上各区。主要品种有辛集婆枣、糖枣、大串干枣、小串干枣等。由于雨量少，这个栽培区的枣多不裂果，果实品质较好。但该栽培区处于华北平原主要粮棉区，因此枣树栽培面积相对较少。

(6)燕山低山丘陵栽培区　是惟一位于次适宜区的经济栽培区，包括燕山南部的玉田、遵化、迁西，燕山北部的承德一带和北京密云、平谷等地。面积不大，但所产密云小枣、玉田小枣因品质好而驰名。该区土壤多褐土。年均气温10～12℃，最热月平均气温24.4～26℃，年均降水量569毫米。该区的光热资源不及适宜区的枣产区，但可以满足早熟及中早熟品种的需要。成熟期昼夜温差大，果实品质较好。

3. 河北省枣树品种的自然区划

河北省枣的主栽品种区域性很强，从北向南主要有玉田小枣、婆枣、金丝小枣、糖枣、黄口大枣、马连小枣、赞皇大枣、扁核酸、圆铃枣、核桃纹等。可以划分为6个主要品种区。

(1)婆枣栽培区　主要包括太行山低山丘陵及山麓平原栽培区的阜平、曲阳、唐县、行唐、灵寿、井陉、元氏、涞水、涿州、新乐、望都等地。

(2)金丝小枣栽培区　其范围是冀东南子牙河流域栽培区的所有县市。

(3)赞皇大枣栽培区　范围较小，主要是赞皇、元氏西南部及临城西北部的低山丘陵区，属于太行山浅山丘陵及山麓平原栽培区。

(4)马连小枣、黄口大枣、糖枣及圆铃小枣栽培区　基本在冀南滏阳河流域栽培区和冀中南滹沱河流域栽培区内，主栽品种较多。马连小枣主要分布在枣强、故城、景县、冀县一带；黄口大枣是武邑一带的主要品种；糖枣分布于深县、辛集、深泽一带；圆铃小枣则主要分布在景县、阜城一带。

(5)圆铃枣、核桃纹、扁核酸栽培区　主要分布在邯郸、邢台一带，属冀南漳卫河流域及滏阳河流域栽培区，与山东圆铃枣区、河南核桃纹产区及鲁豫扁核酸产区相连。

(6)玉田小枣栽培区　主要分布在玉田、遵化的浅山丘陵地带，属于燕山低山丘陵栽培区。

(二)山东省枣树区划

山东省是我国第二大产枣省，处于我国北方栽培区的黄河、海河中下游流域冲积土栽培亚区。按照山东省的气候、地形和土壤条件，枣树也可划分为6个经济栽培区。其中鲁西北区和鲁北区是最佳栽培区；鲁西南区、鲁中南区和半岛连接区为一般栽培区；半岛区气温偏低，只能选择小气候适宜的地块进行小规模栽培。

(1)鲁北栽培区　位于鲁北平原的东半部。其东部以6月份的24℃等温线为界，南部以胶济铁路为界，西部以京沪铁路为界，北部以山东河北界为界。包括乐陵、庆云、无棣、宁津、陵县、德州、平原、商河、临邑、禹城、济阳、阳信、惠民、滨县、高青、邹平、博兴、广饶、寿光以及沾化西部、章丘、青州北部的平原地区。该区与河北冀东南子牙河流域金丝小枣栽培区相接，是全国温、光、水、土等生态条件最佳的枣树栽培区之一。其中以乐陵、庆云、无棣为名产区，主要品种为金丝小枣，近年来沾化等地发展了大量的鲜食品种冬枣。该区土壤以壤土、黏壤土、沙土为主，间有粉沙质土，土层深厚，较肥沃。全年总辐射量523~544千焦耳/平方厘米，日照充足，夏季温热，全年日照百分率为60%；4~10月日照时数1700~1780小时，积温4406~4528℃，6月份平均气温24~25℃，4~8月份，雨量475~520毫米，9~10月份平均降水10~12次，雨量70~80毫米。

(2)鲁西北栽培区　位于鲁北平原的西北部，东部以京沪铁路与鲁北区为界，南部以黄河为界，西部和北部与河南、河北为界。包括平原、齐河、武城、夏津、高唐、茌平、聊城、东阿、阳谷、临清、冠县、莘县等地。该区土壤深厚，土质以砂壤土为主，少数地区因处于黄河故道，土层间有粉沙和细沙。全年太阳总辐射量502千焦耳/平方厘米，日照百分率60%，4~10月日照时数1610~1710小时，积温4558℃，6月平均气温26℃，4~8月雨量410~485毫米，灌溉条件好；9~10月年平均降水12次，雨量85~120毫米。主要品种为抗裂品种圆铃枣。

(3)鲁西南栽培区　位于鲁西平原的南部。东部以东平湖、南阳湖、独山湖、昭阳湖、微山湖为界，南部和西部与安徽、河南两省为界，北部以黄河与鲁西北区相邻。包括梁山、鄄城、嘉祥、郓城、东明、菏泽、巨野、济宁、定陶、成武、金乡、鱼台、微山等地。该区土壤以砂壤土为主，土层深厚。4~10月积温4589℃，6月平均温度26℃，4~8月雨量460~575毫米，灌溉方便。但4~10月日照偏少，为1530~1610小时，9~10月降水较多(常年平均降水14次，雨量100~110毫米)，果实品质略差。品种以圆铃枣为主。

(4)鲁中南栽培区　该区以出产长红枣而闻名。东部以6月24℃等温线为界，南部以江苏为邻，西部以南四湖为界，北部以胶济铁路为界。包括历城、长清、平阴、泰安、肥城、莱芜、淄川、东平、宁阳、兖州、曲阜、新汶、新泰、滕州、邹县、枣庄、平邑、苍山和章丘、淄博、青州的南部，昌乐、临朐的西北部，蒙阴、费县、郯城的东部。土壤条件差，除西部边缘地区滨湖地形平坦，土层深厚外，都为山地丘陵，土壤多浅薄，母质多为花岗岩、片麻岩分化的砂质壤土或石灰岩分化的壤土和黏壤土，灌溉条件差。6月平均气温24~25℃，4~10月积温4437~4559℃，日照1560~1710小时，雨量充足，4~8月降水505~665毫米，9~10月降水12~15次，雨量90~130毫米。主栽品种为树势强健，耐瘠薄且抗裂的长红枣和圆铃枣。

(5)半岛连接区　该区为山东省最东边的枣树栽培区，东部以6月22℃等温线为界，南部与江苏接壤，西部以6月24℃等温线与鲁北区及鲁中南区连接，北部临海。包括利津、垦利、东营、莱州、昌邑、平度、寒亭、安丘、高密、诸城、沂源、沂水、沂南、莒县、临沂以及昌乐、临朐的南部，蒙阴、费县的东部，招远、莱西、即墨、胶县、五莲的西部。气温较低，雨量较多。全区4~10月积温4132~4376℃，6月平均气温22~24℃，由西向东渐低；4~10月日照1530~1710小时，由北向南渐减，4~8月雨量480~650毫米，9~10月降水12~14次，雨量95~160毫米，由北向南渐增。只宜栽培适宜凉爽气候，无须充分成熟的鲜食品种。

(6)半岛栽培区　该区是山东省枣树生长的最不适区。但少数品种也可以生长结实，如绵枣、威海家枣、荣成麻枣等。一般只在小地形、小气候下栽培。

(三)山西省枣树区划

山西省枣区分别处于我国北方栽培区的黄河、海河中下游流域冲积土栽培亚区和黄土高原丘陵栽培亚区。山西省枣树分布很广，全省111个县市除雁北部分严寒地区外，90多个县市均有枣树栽培。依气候、土壤及地形等条件可划分为五大经济栽培区。

(1)黄河沿岸枣树经济栽培区　是山西省惟一处于黄土高原丘陵栽培亚区的枣树栽培区，也是山西最大的栽培区，面积和产量占全省60%以上。包括临县、柳林、石楼、保德、河曲、兴县、永和、中阳等。主要栽培品种为柳林木枣、中阳木枣、保德油枣、保德小枣等。

(2)汾河流域栽培区　包括榆次、太谷、清徐、交城、祁县、平遥、介休、洪洞、浮山、临汾、襄汾、稷山、河津等。主要栽培品种有壶瓶枣、骏枣、郎枣、临汾团枣、官滩枣、襄汾圆枣、板枣等。

(3)涑水河流域栽培区　包括运城、永济及黄河北岸的平陆、芮城等。主要栽培品种有相枣、临猗梨枣、灵宝大枣、永济蛤蟆枣等，近年来发展了大量的冬枣。

(4)滹沱河流域栽培区　包括原平、忻州、定襄、五台等。主要栽培品种有定襄小枣、婆枣等。

(5)浊漳河流域栽培区　包括黎城、襄垣、高平等地。主要栽培品种有俊枣、黎城小枣等。

(四)河南省枣树区划

河南省枣区处于我国北方栽培区的黄河、海河中下游流域冲积土栽培亚区。

(1)豫北黄河故道经济栽培区　包括内黄、南乐、清丰、濮阳、范县、淇县、滑县、浚县等。主要栽培品种有扁核酸、圆铃枣、核桃纹、九月青等。

(2)豫中平原黄河南岸经济栽培区　包括郑州、新郑、尉氏、开封、兰考等。主要栽培品种为灰枣、鸡心枣。

(3)豫西浅山丘陵经济栽培区　包括灵宝、陕县、嵩县、宜阳、汝阳等。主要栽培品种有灵宝大枣、嵩县大枣等。

(4)豫东黄河冲积平原经济栽培区　包括永城、夏邑、虞城、商丘、柘城等地。主要栽培品种为长红、核桃纹、铃子枣等。

(5)豫南汉水流域经济栽培区　包括镇平、方城。主要栽培品种为广洋枣、象河大枣。

(6)豫东淮河流域新经济栽培区　主要包括西华、太康、扶沟、郸城。是近年来新发展的枣区，栽培品种主要是引进品种，如灰枣、鸡心枣。

(五)陕西省枣树区划

陕西省枣区分别处于我国北方栽培区的黄河、海河中下游流域冲积土栽培亚区和黄土高原丘陵栽培亚区。

(1)陕东北黄河沿岸经济栽培区　处于我国北方栽培区的黄土高原丘陵栽培亚区。主要包括佳县、清涧、米脂、绥德、吴堡、延川、延长、府谷、神木、榆林等地。该区年平均气温8.5~10.1℃,最热月平均气温24.1~25.2℃,最冷月平均气温为-10~-3℃,绝对最低温度-28~-19.6℃,年日照2600~2960小时,无霜期170~186天,年降水量300~600毫米。主要分布于黄河、无定河、清涧河沿岸河滩地,海拔较低的河谷地及丘陵坡塬,土壤为淤土和沙土,属碱性。主要栽培品种为木枣、油枣等,近年来大量引种了赞皇大枣。

(2)渭河流域经济栽培区　处于我国北方栽培区的黄河、海河中下游流域冲积土栽培亚区。包括大荔、华县、蒲城、临潼、耀县、华阴、合阳、宝鸡等地。该区年平均气温13℃左右,最热月平均气温24~27℃,最冷月平均气温为-1~-3℃,绝对最低温度-15~-17℃,年日照1950~2500小时,无霜期180~200天,年降水量500~700毫米。土壤为渭河淤土。主要栽培品种有大荔圆枣、蒲城晋枣、大荔鸡蛋枣等,近年来发展了大量的冬枣和大荔水枣等鲜食品种。

(六)甘肃省枣树区划

甘肃省枣区基本上属于西北干旱地带河谷丘陵栽培亚区。

(1)河西内流河流域经济栽培区　包括乌鞘岭以西的武威、金昌、张掖、酒泉、嘉峪关等河西走廊一带。主要是分布在疏勒河、黑河、石羊河三大内流河水系中段的绿洲地带。主要栽培的品种有敦煌大枣、临泽大枣、临泽小枣、民勤小枣、民勤圆枣、鸣山大枣等。

(2)中部黄河流域经济栽培区　包括兰州、白银、定西、临夏等地。主要分布在黄河干流及其支流的洮河、湟水、庄浪河两岸的川台地上。主要品种有兰州圆枣、小口枣、坛坛枣、棒棒枣、迟枣等。

(3)陇东泾渭河流域栽培区　包括华家岭以东、子午岭以西、西秦岭以北的东部黄土高原的天水、平凉、庆阳及定西的部分县市。主要品种有晋枣、陇东马牙枣、夏枣、天水圆枣、到口酥等。

(4)陇南嘉陵江流域栽培区　主要包括陇东南的陇南地区和甘南自治州的个别县,即秦岭以南,洮岷高寒山区以东的山区。主要栽培品种有陇南蜜枣、武都大枣等。

第三节　品种结构

一、品种构成及其变化

迄今,枣的品种分类方法尚不统一,传统上有的按大小分为大枣和小枣两类,有的按大小结合果形分为小枣、长枣、圆枣、扁圆枣和葫芦枣5种,后来有人以年平均气温15℃等温线为界将枣分为南枣和北枣2个生态型。陈贻金等(1991)还曾将枣品种归类为枣原栽培品种群(Jujuba group)、无刺枣品种群(Inermisa group)、曲枝枣品种群(Tortuosa group)、缢瘪枣品种群(Lageniformis group)、宿萼枣品种群(Carnosicalicis group)和无核枣品种群(Anucleatus group)6个品种群。此外，还有根据花粉形态、染色体、同工酶和分子标记等进行分类的。

但是，目前应用最广的还是《中国果树志·枣卷》编委会提出的枣品种分类系统，即依用途将枣品种划分为制干品种、鲜食品种、蜜枣品种和兼用品种4类，并据枣果生育期长短将鲜食品种分为极早熟品种(60天成熟)、早熟品种(80天左右成熟)、中早熟品种(90~95天成熟)、中熟品种(100天左右成熟)、中晚熟品种(100~110天成熟)和晚熟品种(120天成熟)6类。作者认为在上述四类之外还应列上观赏品种。

据《中国果树志·枣卷》(1993)记载，我国有枣树品种700个，加上近年来新选育的品种，我国现有枣树品种750多个。从目前我国各枣区主栽品种的构成来看，不同用途枣品种的分布存在一定的规律性，如制干类、鲜食类和兼用类品种主要分布在淮河以北，蜜枣类主要在淮河以南，观赏类则多在各地零散分布(表2-4)。

迄今为止，占品种总量37%以上的261个鲜食枣品种绝大多数尚未形成规模化栽培。但近十几年，河北、山东、河南、山西、陕西、北京、江苏等地对临猗梨枣、冬枣、大白铃、桐柏大枣、泗洪大枣等优良鲜食品种进行了大规模开发。据估计，我国鲜食品种的栽植面积已达10万公顷以上。

表2-4 我国的枣品种资源

Table2-4 Cultivar resources of Chinese jujube in China

用途 Use	制干 Dry	鲜食 Table	蜜枣 Candy	兼用 Multiple	观赏 Ornamental
品种数 Number of cultivar	224	261	56	159	≈10
产量(%)Production	≈80	<5	5~8	≈10	<1
分布 Distrbution	主产北方 North	各地 Nationwide	主产南方 South	各地 Nationwide	北方 North

从品种结构看，干制品种(包括干鲜兼用)一统天下(90%以上)的时代已成为过去，鲜食品种正迅速成为枣业发展的生力军。目前的基本态势是，东北和南方大力发展鲜食品种，中西部大规模发展干制品种，原有格局正在被打乱。据估算，目前我国制干、鲜食、兼用和蜜枣品种的品种数和产量大概分别为35:35:20:10和60:10:20:10，另外有很少量的观赏品种。

二、十大主栽品种

据调查，目前在我国起主导作用的10大主栽品种分别为：金丝小枣、中阳木枣(木枣)、婆枣(阜平大枣)、圆铃枣、赞皇大枣、扁核酸、灰枣、长红枣、冬枣和临猗梨枣。该10个品种分别集中于数至数十个县市，单品种产量都在数千万至数亿千克，其产量之和占到全国总产量的70%以上，是最有规模优势的枣树品种。

(一)金丝小枣

我国及河北和山东省第一大主栽枣树品种(制干为主，兼可鲜食)，因果实晒至半干时掰开果肉后黏稠的果汁可拉成6~7厘米长的金色细丝而得名。主产河北和山东交界的环渤海盐碱区，栽培历史悠久。主要产区有河北的沧县、献县、泊镇、盐山、青县及山东的乐陵、无棣、庆云、阳信、沾化、寿光等县市，占当地枣树株数的80%左右。另外，在全国其他许多省份都引种过金丝小枣，但形成规模的不多。2006年，全国金丝小枣栽培面积400万亩以上，产量近100万吨，约占全国枣总产量的30%。

金丝小枣果实较小，平均果重约5克。果形因品系而异，主要有椭圆形、长椭圆形，还有圆形、柱形、鸡心形、倒卵形、梨形等。果皮薄，鲜红色，光亮美观。果肉乳白色，质地致密细脆，汁液中多，味甘甜微酸，含可溶性固形物34%~38%，维生素C 560毫克/100克，可食率95%~97%，制干率55%~58%。宜制干和鲜食，品质上等。红枣(干枣)果形饱满，肉质细，富弹性，含总糖74%~80%，酸1.0%~1.5%，味清甜，无苦辣杂味，色深红光亮，皱纹细浅，耐贮运，品质极上。果核小，核内很少含有种子。9月上旬着色，9月下旬完全成熟。

金丝小枣是我国目前最为优良的制干品种和最主要的出口枣品种之一。耐盐碱，盛果期产量高而稳定。唯风土适应性较差，果实成熟期不抗裂果，且结果期较晚。宜选择花期温热，果实成熟期少雨、土壤深厚肥沃的地区大量发展。此外，由于栽培历史久长，种性分化，株系繁多，新发展时应注意选择优良品系，如山东果树所和河北省沧县林业局选出的金丝新1号、金丝新2号、金丝丰等。

(二)中阳木枣

我国第二大主栽枣树品种(主要制干)，山西和陕西第一大主栽枣树品种。别名木枣。主产晋、陕黄河峡谷两岸的黄土高原上，主产县包括山西吕梁市的临县、柳林、兴县、石楼、中阳和陕北榆林市的佳县、清涧、绥德、延川等县。2006年，全国中阳木枣产量40多万吨，约占全国枣总产量的15%。

果实中大，圆柱形，侧面稍扁，纵径4.2~4.5厘米，横径2.8~3.2厘米，平均果重14.1克，大小较均匀。果面平滑，果皮较厚，赭红色。果肉绿白色，质地硬，稍粗，汁液较少，味甜，略具酸味。含可溶性固形物28%~33%，总糖21.7%、酸0.79%，可食率96.8%，干制率48.6%。适宜制干，干枣品质中上。多数不含种子。9月底至10月上旬成熟。

该品种适应性强，耐旱耐瘠，抗霜冻，抗裂果能力一般。适宜北方生长季较短的瘠薄地区栽培。该品种变异较大，新发展时应注意选择优良品系。

(三)婆枣

河北省第二大主栽枣树品种(优良制干品种)。别名阜平大枣、曲阳大枣、唐县大枣、行唐大枣等，栽培历史在1000年以上。主产河北太行山中段的阜平、曲阳、唐县、行唐等地浅山丘陵地带。2006年，婆枣产量约30万吨，占全国枣总产量的近10%。

果实长圆形或卵圆形，侧面稍扁，大小较整齐。纵径3.4~3.8厘米，横径2.7~3.2厘米，平均果重11.5克，最大果重24克以上。果面平滑。果皮较薄，棕红色，韧性差。着色前阳面有褐色晕块。果点大，着色前为绿白色，十分显著，着色后转呈棕色。果肉乳白色，粗松少汁，可食率95.4%，干制率53.1%。干枣含总糖73.2%、酸1.44%，肉质松，少弹性，甜酸适口、糯性强、品质上。多数不含种子。9月下旬至10月上旬成熟。

该品种对风土适应性很强，耐旱、耐瘠，花期能适应较低的气温和空气湿度，产量高而稳定。果形整齐，果肉厚，制干率较高，干制红枣品质优良，也可加工蜜枣。唯结果较晚，易裂果，适于土壤条件较差，成熟期少雨的地区推广栽培，发展时应注意选择优良品系。

（四）圆铃枣

山东省第二大主栽枣树品种（优良制干品种）。别名紫铃、圆红、紫枣。盛产于山东聊城、德州地区，以在平、东阿、聊城、齐河、济阳最为集中。河北西南部、河南东部，以及山东的潍坊、泰安、济宁、惠民等地也有成片集中栽培。引入江苏、新疆等地表现良好。圆铃枣栽培面积约占山东省枣树总面积的一半，全国圆铃枣产量约占全国枣总产量的10%。

果实近圆形或平顶锥形，侧面略扁，大小不太整齐。大果平顶锥形，纵径4.0~4.2厘米，横径2.7~3.3厘米，侧径2.5~3.1厘米，最大果重30克；中小果近圆形，纵径2.8~3.5厘米，横径2.7~3.3厘米，侧径2.5~3.1厘米，平均果重12.5克。果面不很平，略有凹凸起伏。果皮紫红色，有紫黑色点，富光泽，较厚，韧性强，不裂果。果柄细短，略低于果肩。果肉厚，绿白色，质地紧密，较粗，汁少，味甜，干制率60%~62%，鲜食风味不佳。干制成的红枣含糖分74%~76%、酸0.8%~1.4%，乌枣含糖73.8%、酸0.75%，品质皆为上等，极耐贮运。一般不含种子。9月上中旬成熟。

该品种对土壤、气候的适应性均强，树体强健，耐盐碱和瘠薄，在黏壤土、沙质土、砾沙土上都能较好生长。产量较高而稳定，不裂果，干制红枣品质上等，耐贮藏，亦适于加工乌枣，可在多数地区发展，新发展时应注意选择优良品系。

（五）赞皇大枣

河北省第三大主栽枣树品种（干鲜兼用优良品种）。别名赞皇长枣、金丝大枣、大蒲红枣，因干制红枣品质优良，可与金丝小枣媲美，故有“金丝大枣”之称。为目前惟一已知的自然三倍体品种，在赞皇已有400多年栽培历史。主产河北太行山区中段的赞皇县、临城、元氏，近年来已在辽宁、新疆、甘肃、山西、陕西等西北、东北省份大规模引种栽培，表现甚佳，但在淮河以南地区产量低。

果实长圆形或倒卵形，纵径4.1厘米，横径3.1厘米，平均果重17.3克，最大果重29克，大小整齐，果面平整。果皮深红褐色，较厚。果肉近白色，致密质细，汁液中等，味甜略酸，含可溶性固形物30.5%，可食率96.0%，制干率47.8%。鲜食风味中上，干制红枣果形饱满，有弹性，耐贮运，品质上等，加工蜜枣品质优良，果核不含种子。9月下旬成熟。

该品种适应性较强，耐瘠耐旱，丰产稳产，干制和加工蜜枣品质上乘，也宜鲜食，用途广泛，但不抗裂果和枣疯病。适于北方日照充足，夏季气候温热的地区大力发展。该品种变异较大，发展时应注意选择优良品系。

（六）扁核酸

河南省第一大主栽枣树品种（制干品种）。别名酸铃、铃枣、鞭干，因果核扁、果肉酸甜而得名。主产河南豫中平原黄河故道地区的内黄、濮阳、浚县、滑县、清丰、南乐、汤阳，以及河北省的邯郸地区和山东的东明等地。

果实椭圆或圆形，侧面稍扁，纵径2.9~3.3厘米，横径2.5~2.7厘米，平均果重10克，大小不整齐。果皮深红色，光亮，裂果轻，着色时由果肩一端开始逐渐向果顶转红，界面整齐。果肉绿白色，质地粗松，稍脆，汁少，甜味较淡，略具酸味，含可溶性固形物27%~30%，可食率96%，干制率56%。适宜制干，干枣品质中等，耐贮运。多数不含种子。9月底至10月上旬成熟。

该品种适应性强，耐旱、耐瘠、耐盐碱，进入结果期较早、丰产稳产。适宜土质差、沙性重的地区栽培。该品种变异较大，发展时应注意选择优良品系。

(七)灰枣

河南省第二大主栽枣树品种(优良制干品种，兼可鲜食)。主产河南豫中平原黄河故道区的新郑、中牟、西华等县和郑州市郊，栽种株数占当地枣树的80%左右。在新郑已有2700余年栽培历史。近年来，在新疆南部大量引种栽培，表现良好。

果实长倒卵形，胴部上部稍细，略歪斜。纵径3.2~3.4厘米，横径2.1~2.3厘米，平均果重12.3克，最大果重13.3克。果面较平整。果皮橙红色，白熟期前由绿变灰，进入白熟期由灰变白。果肉绿白色，质地致密、较脆，汁液中多，含可溶性固形物30%，可食率97.3%，适宜鲜食、制干和加工，品质上等。制干率50%左右。干枣果肉致密，有弹性，受压后能复原，耐贮运。果核含仁率4%~5%，种子较饱满。果实9月中旬成熟。

该品种适土性强，结果较早，丰产稳产，果实较大，品质优良，可食率高，用途广泛，为制干、鲜长、加工兼用优良品种，唯成熟期遇雨易裂果，适于成熟期少雨地区发展。

(八)长红枣

山东省第三大主栽枣树品种(主要用于制干)。主产山东中南部山区，包括宁阳、曲阜、邹县、泗水、滕州、枣庄、临朐、益都、苍山、历城、长清、兖州、泰安等地。

长红枣种性变异较大，在《中国果树志.枣卷》中已划分为亚腰长红、短果长红、大马牙、疙瘩长红、葫芦长红、秤砣长红(干鲜兼用)、脆长红(干鲜兼用)等。

果实较小，一般在10克以内，多为圆柱形。果面平整，果皮红色，果肉较松，汁少，多数适宜制干，但有些类型如秤砣长红、脆长红为干鲜兼用，品质中等或中上。

该品种适土性很强，丰产稳产，极抗裂果。适于土壤瘠薄的山区栽培。

(九)冬枣

我国以及河北和山东省第一大主栽鲜食枣树品种。别名冻枣、雁过红、果子枣、苹果枣、水枣、冰糖枣。主产河北的沧州和山东的滨州等地，历史上多零星栽培，近年来已在全国大面积推广。目前，栽培面积全国冬枣栽培面积在200万亩以上，产量占全国鲜食枣60%以上。

果实近圆形，果面平整光洁，似小苹果，纵径2.7~3.4厘米，横径2.6~3.4厘米，单果重10~20克，最大果重35克。果柄较长。果皮薄而脆，赭红色，不裂果。果肉绿白色，细嫩多汁，甜味浓，略酸，含可溶性固形物白熟期27%、着色后34%~38%、完熟前40%~42%，可食率96.9%，鲜食品质极上。果核小，多数具饱满种子。9月底(白熟期)到10月中旬(完熟期)均宜鲜食，可陆续采收。

该品种耐盐碱，果实较大，成熟晚，耐贮，品质极上，为迄今最著名的晚熟鲜食枣优良品种，很有发展前途。但抗寒性和早期丰产性一般，宜选土壤深厚肥沃、生长期长、管理水平较高的地区发展。

(十)临猗梨枣

我国以及山西省第一大主栽鲜食枣树品种。原产山西南部的运城、临猗等地，已有3000多年栽培历史。历史上多零星栽培，1990年北京亚运会后首先在山西交城和运城等地，继而在全国大面积推广，是我国第一个大规模商品化栽培的鲜食枣品种。近年来，由于冬枣的迅速崛起，临猗梨枣的栽培面积有所下降。

果实特大，长圆形，平均单重30克左右，最大重50克以上，如同鸡蛋。果梗细，果皮薄，浅红色，果面不光滑，果点小而密。果肉厚，白色，肉质松脆，汁多味甜，品质上等，适宜鲜食。鲜枣含单糖17%，双糖5.25%，总糖22.25%，折光糖27.9%，糖酸比60.46∶1，每百克果肉含维生素C 292.25毫克，含水量69.8%。种核小，可食率96%，核无种仁。在山西9月中旬着色，9月下旬至10月上旬全红。新枣头结实力强，嫁接苗当年即可少量结果，第二年普遍结果，第三年株产可达3.5千克鲜枣。该品种为广温型，生态适应性广，树体小，结果早，前期产量高，特丰产稳产，果实特大，皮薄，肉厚，汁多味甜，松脆可口，品质优良，适宜鲜食。唯抗枣疯病力弱，易裂果，成熟期落果较严重，需适时分期人工采摘。

三、新育成品种

1993年出版的《中国果树志·枣卷》一书，是有史以来收集记载最多的枣品种专著，全书共记载枣树品种700个。之后，我国各地又相继发现或从地方品种中优选出了一批新品种，据不完全统计，约有50多个。对这些新品种尚无专著全面展示，这里按用途逐一予以简介。

（一）优良制干品种

1. 星光

河北农业大学中国枣研究中心从骏枣变异单株中系统选育出的高抗枣疯病新品种，2005年10月通过河北省科技成果鉴定，2005年12月通过了河北省林木品种审定委员会审定。

果实大，近圆柱形或倒卵圆形，平均单果重22克。果面光滑，深红色。果肉厚，白色或绿白色。果核纺锤形。脆熟期果实含可溶性固形物33%，含糖28%。果实可食率96%，制干率56%，干枣品质优良。在河北省保定地区9月中旬成熟，果实发育期100左右。

该品种适应性和抗逆性强，较早果、丰产稳产、干枣品质优良；极抗枣疯病，将其高接到病树上能正常生长结果，可作为抗枣疯病优良制干品种推广，也可用于染病植株和感病品种的高接改造。

2. 沧无3号

由河北省沧州市林业科学研究所从河北泊头的无核小枣中优选而来，2001年2月通过河北省林木品种审定委员会审定。

果实圆柱形，纵径2.3~2.7厘米，横径1.4~1.7厘米，平均单果重3.34克，果个大小均匀。鲜枣色泽鲜红、光亮，果皮薄，果肉乳白色、质地致密、味极甜，可溶性固形物含量36.5%，可食率近100%，制干率62.8%。鲜食品质一般。适宜制干，制干后的红枣色深红、光亮，果皮柔韧、皱纹细浅，果肉厚、富弹性，含总糖77%、有机酸0.31%、维生素C 55.7毫克/100克，甜味浓，无苦杂味，耐贮运，品质极上。9月中下旬成熟采收。

该品种抗逆性、适应性强，抗旱、抗盐碱，耐瘠薄，在一般枣树生长的地区均能正常生长结果。进入结果期较早，并且有较强的连续丰产能力，大小年结果现象极轻。

3. 佳县油枣

是西北农林科技大学和佳县林业局从佳县当地品种“中阳木枣”中选育出来的，2001年11月通过陕西省林木良种审定委员会审定。

果实中大，长圆形或圆柱形，单果平均质量12.3克，最大19.6克。果面平，果皮中厚、黑红色，外形美观。果肉厚，绿白色，质地硬，汁液较少，味甜，略具酸味。适宜制干，品质上等，制干率 47.6%，含糖量 75.2%，含酸 1.2%，含水 20%。果核较小，平均核质量 0.35 克。10 月上旬完全成熟，适宜采收。

该品种较抗裂果，耐寒。适宜在气候偏凉（年均气温 9~11℃）、温差较大、降水在 500 毫米左右的北方地区栽培。

4. 圆铃 1 号

山东果树研究所于 1986 年从圆铃枣中选出，2000 年 4 月通过山东省农作物品种审定委员会审定。

果实圆柱形，纵径 4.0~4.5 厘米，横径 3.3~3.9 厘米，平均单果重 16~18 克，最大 21.5 克。果肩宽，广圆。果顶平，顶洼中广。果面不很平整，果皮中厚，紫褐色，无光泽，有韧性，不易裂果。果肉厚硬，绿白色，质地致密，汁液少，甜味浓，含可溶性固形物 33%。可食率 97.2%，制干率 60%。干枣果肉厚，饱满，富弹性，品质上等。还适于加工乌枣、南枣。9 月上、中旬果实成熟，果实生育期 95 天左右。

该品种风土适应性强，在黏土、沙质土上均生长良好，花期能适应相对湿度低于 40% 的干燥天气，坐果低限温度为 22~23℃。成熟期果实遇雨不裂果。进入结果期较早，定植后第 2 年开始结果，当年生发育枝摘心后即能大量结果，果实硬核后到采收前很少落果，较普通圆铃枣丰产。

5. 金丝新 1 号

由山东省果树研究所等从无棣县庞集乡刘王村的金丝小枣中优选而来，1998 年通过了山东省农作物品种审定委员会审定。

果实多呈倒卵形，少数椭圆形，平均果重 6.4 克，比普通金丝小枣重 28%，果实整齐度较高。果皮薄，浅红褐色，富光泽。果肉乳白色，质地致密，脆硬，汁液中多，味甜，可溶性固形物含量 36.6%~39%，维生素 C 含量 400.1 毫克/100 克，苹果酸 1.13%，品质极佳。可食率 95.4%，制干率 53.1%。果核小，重 0.376 克，果核内多含饱满种子。干枣饱满美观，富弹性，含总糖 82%，苹果酸 1.64%。9 月中旬完熟采收，果实发育期 95 天左右。

该品种抗风力较强，抗旱、耐瘠薄性优于普通金丝小枣，在平原、山地、沙滩地、盐碱地均可获得丰产。除具备金丝小枣原品种的优点外，明显比原品种结果早、果实均匀、特级果率高、裂果率低、较抗轮纹病和炭疽病。适宜在山东省德州、惠民、聊城、东营等地（市）和淄博、潍坊、青岛市的北部及烟台市西部以及河南省的东南部栽种，其他有类似气候环境条件的地区均可引种栽培。

6. 金丝新 3 号

是山东省果树研究所 1986 年在威海市环翠区戚家夼一居民家发现的，当地称家枣，现已在山东的泰安、平度、无棣、庆云、滕州以及河北、辽宁、河南、山西、江苏、云南、四川、新疆等地推广栽培。1998 年通过了山东省农作物品种审定委员会审定。

果实长椭圆形，平均果重 8.8 克，最大果重 12 克。果皮较厚，略带鲜橙红色，富光泽，果面平整。果肉绿白色，细脆致密，汁液中多，甜味浓，微酸，可溶性固形物 39%~42%。可食率 98%，制干率 55.5%。干制红枣皮纹细浅，个大肉厚，富弹性，优质果率高。果核短梭形，多数有种仁，含仁率 65.1%~79.3%。在山东泰安，9 月下旬完熟采收，果实生长期约 100 天。

该品种能适应凉爽的气候条件，在盐碱土、砂壤至黏壤土上都能正常生长结果，抗寒，抗风、抗病、较耐瘠薄。果实成熟期遇雨很少裂果。当年生枝结果能力强，结果早，丰产性强，坐果稳定，生产中可不采用环剥促花措施。适合密植和集约化栽培。

7. 金丝蜜

河北省沧县金丝小枣良繁基地从金丝小枣中选优而来。1997 年通过河北省科委组织的技术鉴定，1998 年通过河北省林木良种审定委员会审定。

果实长圆形，平均单果重 4.52 克，最大果重 6 克，纵径 2.55 厘米，横径 1.87 厘米。果皮薄韧，紫红色，果顶圆形，顶点微凹。果肉绿白色，还原糖 15.54%~17.59%，有机酸 0.39%~0.49%，维生素 C 309.05~439.42 毫克/100 克。核小，纺锤形，土黄色，很少有核仁。可食率 96.76%，制干率 64.5%。干枣皮纹细浅，果肉金黄色，味甜，品质极上。9 月 12 日左右全红，果实发育期约 102 天。

该品种对土壤适应性强，但以中壤性黏质潮土最为适宜，抗盐碱、抗旱涝能力强，裂果极轻。进入经济结果期较早，自花结实能力强，生理落果、裂果轻，结果后丰产、稳产，无明显大小年现象。

8. 无核红

河北省沧县金丝小枣良繁基地从无核小枣中选优而来。1997 年通过河北省科委组织的技术鉴定，1998 年通过河北省林木良种审定委员会审定。

果实圆柱形，果个中等，平均单果重 3.13 克，最大果重 8 克。果皮薄，富有韧性，鲜红色，果顶微凹。果肉细腻，味甜无杂味，还原糖 14.5%，有机酸 0.483%，维生素 C 含量 306.12 毫克/100 克。核退化，只剩不完全的膜片，种仁多不发育，果心形成一个无核的空腔，稀有大果形成一枚种子。可食率 98.5%，制干率 61.1%。干枣果纹细浅，品质好。果实 9 月 19 日左右果实全红，发育期约 98 天。

该品种对土壤适应性强，但以中壤性黏质潮土最为适宜。抗盐碱、抗旱涝能力强，无裂果或裂果极轻。与普通无核小枣比较，结果早、产量高，结果稳定，无大小年现象。

9. 乐金 2 号

由山东省德州市林业局和乐陵市林业局从山东的金丝小枣优系中选出，1996 年通过山东省科委组织的专家鉴定。

果实短圆柱形，纵径 2.8 厘米，横径 2.6 厘米，平均单果重 6.85 克，最大 7.8 克，均匀整齐。果皮薄，光滑，深红褐色。果肉乳白色，质地细密，脆硬，汁液中多，味甘甜，含可溶性固形物 34.4%，维生素 C 含量 380.4 毫克/100 克。核较小，纺锤形，平均重 0.25 克。果实可食率 97.2%，制干率 58.7%。干制成红枣后纹少而浅，富弹性，果皮韧性强，总糖含量 81.3%，品质极上。果实 9 月下旬成熟。

该品系适应性较强，早实丰产，果实抗雨裂。是金丝小枣的大果型优良品系，可在金丝小枣产区栽培。

10. 乐金 3 号

由山东省德州市林业局和乐陵市林业局从山东的金丝小枣优系中选出，1996 年通过山东省科委组织的专家鉴定。

果实短圆柱形，纵径 3.0 厘米，横径 2.6 厘米，单果重 5.9 克，最大 7.2 克。果皮厚，紫红色，果点小。果肉乳白色，质地较硬脆，味甘甜无苦涩，含可溶性固形物 33.8%，维生素 C 含量 388.2 毫克/100 克。核梭形，重 0.27 克。果实可食率 96.7%，制干率 57.4%。适于干制，干枣紫红色，有光泽，皱纹少而浅，富弹性，总糖含量 79.7%。

该品系抗逆性强，耐干旱，抗雨涝、盐碱，在含盐量 0.4% 条件下能正常生长结果。早实性强，嫁接幼树当年可结果。适于鲁北等盐碱地区种植。

11. 胜利枣

胜利枣(87-1-9)是山西省农业科学研究院果树研究所选育的枣矮化新品系。

树体紧凑健壮，树姿直立，成龄树高 2.7~3.2 米。枝条节间短，枣吊粗壮，有的达半木质化。新生枣头及二三年生幼龄枝结果能力强、结果量占总产量 85% 以上，3 年生幼树株产鲜枣可达 11.7 千克。果实大，平均单重 19.7 克，圆柱形，果肉致密，汁液少，干制率高达 60% 以上。果实 10 月中旬成熟。

该品种矮化，早果速丰，制干率高且制干容易，干枣品质中上，无雨裂，果实属后发育型，可躲过桃小食心虫蛀果期。该品种果实发育需要较高积温，适合在年均温 10℃ 以上地区及土层深厚，肥沃、平坦的水浇地上栽植。

12. 阎良相枣

由西北农林科技大学林学院和西安市阎良区林果站选育。

果实中等大小，扁圆形，平均单果质量 9.5 克，最大果 15 克，平均纵径 3.28 厘米，横径 1.86 厘米。果皮中厚、赭红色，光亮艳丽。鲜枣果肉绿白色，质地致密，汁液中多，含可溶性固形物 27%，可溶性总糖 29.2%，有机酸 0.31%，维生素 C 3.386 毫克/克。适宜制干，品质上，制干率 46%。干枣外形美观，黑红、光亮，饱满而富有弹性，干枣味甜。核重 0.4 克，多含 1 粒种子，果实可食率 96%。在西安 9 月中下旬为脆熟期，10 月上中旬为完熟期。

该品种适应性、抗逆性强，极抗裂果，丰产稳产，但成熟期怕雾害，适宜在年均气温 11~13℃、年降水量 550~650 毫米的地区栽培。

(二)优良鲜食品种

1. 月光

河北农业大学从河北太行山区满城县北赵庄发现并系统选育的极早熟鲜食品种，2005 年通过河北省林木良种审定委员会的品种审定。

果实两头尖，近橄榄形，纵径 4.5 厘米、横径 2.3 厘米，单果重 10~13 克。果皮深红色，果面光滑，果皮薄，果肉质地细脆，汁液多，酸甜适口，风味浓，鲜食品质极佳。含可溶性固形物 28.5%，可溶性糖 25.4%，可滴定酸 0.26%，维生素 C 206 毫克/100 克，粗纤维 7.43%，蛋白质 2.28 毫克/克，富含磷、铁、钙、锌等矿质元素。果核很小，单核重 0.27 克，长梭形，可食率 96.8%。含仁率为 66%，种仁饱满。在河北保定，8 月中下旬果实成熟，果实发育期 80 天左右。

适应性强，耐瘠薄，尤其抗寒性突出，成熟期遇雨裂果较轻。早果、丰产性强。枝条稀疏，托叶刺不发达，便于管理。耐荫性较强，适合设施栽培。适宜我国长江流域以北，河北承德、辽宁沈阳以南地区栽培。

2. 六月鲜

1980 年山东果树所从山东宁阳选出的早熟鲜食品种，2000 年通过山东省作物品种审定委员会审定。

果实长筒形，平均单果重 13.6 克。果皮中等厚，成熟着色呈浅紫红色。果肉绿白色，质细松脆，浓甜微酸可口，脆熟期可溶性固形物32%~34%，可食率97%，鲜食品质上。鲜果采收 8 月上旬开始，可历时 40 多天。

适应性较差，要求深厚肥沃的土壤条件，花期要求较高温度，若日均温低于 24℃则坐果不良。成熟期遇雨不裂果。

3. 济南脆酸枣

山东省济南市林业局从当地野生酸枣优选而来，2006 年 12 月通过了山东省科技厅组织的专家鉴定。

果实椭圆形，平均纵径 2.52 厘米，横径 2.33 厘米，平均单果重 6.07 克，大小均匀。果皮薄，果面光滑，完熟后呈深玫瑰红色。果肉中厚，白色，肉质致密，清脆多汁，酸甜适口，品质上。含可溶性固形物 27%，适合鲜食。核小，椭圆形，种仁饱满，可食率 87%。果实 8 月上旬白熟，8 月中旬脆熟。果实发育期 60 天左右，常年 8 月下旬采收结束。

该品种抗旱、耐瘠薄、早果、极早熟、丰产性状突出，不易感染枣疯病。

4. 伏脆蜜

山东省枣庄市果树科学研究所等从枣庄脆枣中优选而来，2002 年 9 月通过鉴定。

果实中大，较整齐。果形短圆柱形，纵径 3.5 厘米，横径 3 厘米，平均单果重 16.2 克，最大 27 克。白熟期果皮绿白色，成熟时果皮粉白色，阳面着鲜红色，着色面 60% 以上。完熟时果皮紫红色，果面光滑洁净，极美观。果肉酥脆无渣，汁液丰富。脆熟期鲜果含可溶性固形物 29.9%，每 100 克鲜果含维生素 C 239.2 毫克，品质极上。核中大，单核重 0.5 克，内有 1~2 粒种子，可食率 96.90%。在山东枣庄，果实 8 月上旬白熟，8 月中旬脆熟，8 月下旬完熟，果实发育期 77~85 天。

该品种适应性强，较抗寒，抗旱耐瘠薄，病虫害少，采前不裂果。早实丰产性较强。适合密植栽培和保护地促成栽培。

5. 乳脆蜜

山东省枣庄市市中区林业局从枣庄脆枣中优选而来，2002 年 9 月 30 日通过市科技局组织的技术鉴定。

果实中大，整齐，纺锤形，似奶羊乳头，故称为乳脆蜜枣。平均单果重 15.7 克，最大 32.8 克。白熟期果皮乳黄色，成熟时果皮阳面着鲜红色，完熟时果皮全面紫红色。果肉酥脆，汁液丰富，脆熟期鲜果含可溶性固形物 30.2 %，品质极上。核中大，可食率 95.7 %。在山东枣庄，果实 8 月上旬脆熟，8 月中下旬完熟，较伏脆蜜枣早熟 5~7 天，果实发育期 75~82 天。

该品种适应性强，抗旱、较抗寒、耐瘠薄，较抗枣疯病，病虫危害少。早期丰产性强，适合保护地高密度栽培。

6. 露脆蜜

山东省枣庄市果树科学研究所等从当地农家栽培的枣庄脆枣中优选而来，2002 年 9 月 30 日通过枣庄市科技局组织的技术鉴定。

果实中大，整齐，短圆形，纵径 3.5 厘米，横径 3 厘米；平均单果重 14.6 克，最大果重 23.5 克。果肩平整，与果顶等宽。成熟时果皮黄白色，阳面着鲜红色，着色面 50% 以上，完熟时果皮全面紫红色。果肉酥脆无渣，汁液丰富，脆熟期鲜果含可溶性固形物

31.7%，每100克鲜果含维生素C 243.6毫克，品质极上。核中大，可食率96.7%，采前不裂果，较耐贮藏。在山东枣庄，果实8月下旬脆熟，9月上旬完熟，果实发育期90~102天。

该品种适应性强，较抗寒，抗旱耐瘠薄，枣疯病轻。早果丰产性强。

7. 七月鲜

西北农林科技大学园艺学院果树研究所1996年在陕西省合阳县的农家品种中发现的优良株系，2003年1月通过陕西省林木良种审定委员会审定。

果实卵圆形，果面平整，果肩棱起，平均单果质量29.8克，最大74.1克，纵径4.99厘米，横径3.62厘米，果个均匀。果皮薄，深红色，表面蜡质较少。肉质细，味甜，可溶性固形物含量28.9%，可食率97.8%，鲜食品质上。在陕西关中8月中下旬成熟，果实生育期85天左右。

该品种早果性强，丰产稳产，不易裂果，抗缩果病，适宜矮化密植和设施栽培。

8. 早丰脆

山东省果树研究所等1999年发现于山东省泰安市祖徕镇祖徕村，2006年12月通过山东省林木品种审定委员会审定。

果实近圆形，纵径3.04厘米，横径2.90厘米。果个中等大，平均单果重12.09，最大单果重16.39，大小均匀整齐。果皮薄而脆，果皮红色，果面平滑，光亮美观。果肉白绿色，渣少，肉质致密、酥脆，汁液中多，风味浓甜，鲜食品质上等。可溶性固形物含量白熟期为19.78%、脆熟期为31.15%，可食率97.0%。果核小，平均单核重0.33克，核内多有1粒饱满种子。在山东泰安，8月初为白熟期，8月下旬成熟采收，果实发育期85天。

该品种适应性极强，开始结果早、丰产稳产、果实成熟早，耐旱。炭疽病、溃疡病、黑斑病和轮纹病均较轻。适宜瘠薄山地和平原栽种。

9. 早脆王

是河北省沧县红枣良繁基地在1988年枣树资源普查中发现的优良单株，2000年4月通过河北省林木良种审定委员会审定。

果实特大，卵圆形，平均单果重30克，大小均匀。果面鲜红色。果点小，圆形，锈色不明显。果肉厚，绿白色，酥脆、甜酸多汁、脆嫩爽口，有清香味，品质佳。可溶性固形物39.6%，每百克鲜枣含维生素C 497毫克。果核中大，多具种仁，可食率高达96.7%。在河北沧州8月上旬进入白熟期，9月上中旬果实脆熟着色，果实发育期90~95天。

该品种抗旱耐涝，抗盐碱。进入结果期早，丰产稳产。

10. 孔府酥脆枣

山东省果树研究所从山东曲阜筛选出来的优良鲜食品种，2000年通过山东省农作物品种审定委员会审定。

果实长椭圆形或长倒卵形，侧面略扁，大小整齐，平均单重12克左右，大果近20克。果面不平整，有7~8条纵行浅棱，果皮较厚，深红色，光亮艳丽。肉质细、酥脆，略起沙，汁中多，甜味浓，稍具酸味，可溶性固形物含量白熟期为28%，全红脆熟期高达35%~36.5%，可食率96.5%，适口性强，品质优良。在山东中部，从8月中旬果实开始着色到9月中旬完全着色期间，均可采收食用。

11. 红大1号

山东省滕州市果树开发中心从当地枣资源中优选而来，2004年12月通过了专家鉴定。

果实圆筒形，果肩稍收狭，较整齐，平均单果重59.6克，最大果重120克。白熟期果皮绿黄色，成熟时果皮绿白色，阳面着赭红色，着色面52%以上；完全成熟时全面着赭红色。肉质酥脆无渣，汁液较多，鲜果可溶性固形物含量37%，可食率97.26%，品质上等。核小，长椭圆形，核重1.63克，内有0~2粒种子。采前不裂果，适于鲜食和加工。果实9月上旬成熟。

该品种适应性强，较抗寒，抗旱耐瘠薄，丰产稳产，耐贮运，病虫危害极少，枣疯病轻。适宜在黄河以南各枣产区栽培。

12. 大白铃

由山东省果树研究所1982年从山东省夏津县李楼村选出的优良单株，于1999年4月通过山东省农作物品种审定委员会审定，现已在山东、河北、山西、江苏、云南等省引种栽培。

果实特大，近球形或短椭圆形，平均单果重24.5~25.9克，最大80克。果皮薄，棕红色，富光泽。果肉绿白色，质地松脆略粗，汁中多，味甜，口感好。含可溶性固形物33%，可食率98%，品质上等。果核较大，短梭形，无种仁。在泰安地区，多年生枝的果实9月上中旬成熟，当年生枝的果实10月上旬成熟采收，果实生育期95天左右。

该品种风土适应性较强，耐瘠薄，较耐旱，较抗炭疽病和轮纹病，裂果轻。进入结果期早，丰产稳产。

13. 金铃圆枣

由辽宁朝阳市经济林研究所1993年在辽西大凌河、小凌河流域发现的优良单株，2002年9月19日通过辽宁省科技厅组织的科技成果鉴定，2002年9月24日通过辽宁省林木品种审定委员会审定。

果实特大，近圆形，纵径4.25厘米，横径3.93厘米，平均单果重26克，最大果重75克。果面鲜红色，果皮薄。果肉白绿色，肉质致密，酥脆多汁，品质上等。可食率96.7%，果核纵径2.15厘米，横径0.89厘米，重0.85克，可溶性固形物含量39.2%，总糖32.32%，总酸0.39%，维生素C 329毫克/100克。在辽宁省朝阳市，果实9月初开始着色并进入脆熟期，采收期可延迟到9月底，果实发育期85天。

该品种抗寒性强，耐旱、耐瘠薄，在北方干旱少雨地区栽培，很少发生病虫害，可在辽西北纬42°以南的地区栽培。

14. 金铃长枣

由辽宁省朝阳市经济林研究所选育，2002年9月19日通过辽宁省科技厅鉴定，2002年9月24日通过辽宁省林木良种审定委员会审定。

果实大，圆柱形，平均单果重20.06克，最大28克，果肉致密酥脆多汁，鲜食品质优。果实发育期95天，9月15日以后陆续成熟。

该品种抗寒性强，可在辽西北纬42°以南的地区栽培。

15. 大瓜枣

1983年山东省果树研究所在山东省东阿县临河店乡选出的优良单株，1998年通过山东省农作物品种审定委员会审定。

果实大，椭圆形或近球形，平均果重25.7克，最大果重50克以上。果面平整，果皮薄，光亮鲜艳。着色初为片红，后渐全红。果肉厚，乳白色，质地致密细脆，汁液中多，甜味浓，略有酸味，含可溶性固形物30%~32%。适宜鲜食，品质上等。果核大，倒卵形，少数核内含有种子，可食率95%。在山东泰安9月中旬成熟采收，果实生育期100天左右。

该品种对气候、土壤适应性较强，广温型，适栽区域广，花期坐果低限日均温21℃以上，坐果良好。能耐受短期干旱和连阴雨天气。果实抗轮纹病，较抗炭疽病，遇雨裂果较轻。早实丰产性，在中等以上肥水条件下稳产高产。

16. 京枣39

北京市农林科学院林业果树研究所发现于北京市海淀区中关村一居民院内，2002年9月通过专家鉴定。果实圆柱形，纵径4.7厘米，横径3.8厘米。平均单果重28.3克，最大单果重45克，大小较整齐。果皮着色前期阳面暗红色，背面浅绿色，全面着色后呈深红色，有光泽。果面光亮，微有小块起伏。果肉绿白色，质地松脆，汁液较多，味酸甜，鲜食风味佳，品质上等。鲜枣总糖含量21.7%，可溶性固形物含量25.4%，总酸含量0.36%，可食率98.7%。果核小，平均核重0.27克，核内多无种子。在北京，果实9月中旬成熟，果实发育期100天左右。

该品种适应性强，抗旱、抗寒、耐瘠薄，对土质要求不严，较抗枣疯病、枣瘿蚊、枣锈病、灰斑病、炭疽病和果锈病。结果早，丰产性好，果实较耐贮藏。

17. 悠悠枣

河北省涿鹿县矾山镇林业站从当地悠悠枣品种资源中优选而来，2005年12月通过河北省林木品种审定委员会审定。

果实长椭圆形，两头稍尖，一次果纵径4.2~5.3厘米，横径2.0~2.6厘米，平均单果重12.3克，最大单果重20.8克，大小均匀。果皮鲜红色，果面光洁。果皮薄，核小，平均核重0.4克。果肉绿白色，果肉细脆，汁液多，具清香味，风味酸甜，品质极佳。可溶性固形物含量35%~41%，可食率97.2%。一年两熟，一次果约占70%，二次果约占30%。在河北省涿鹿地区一次果9月中旬成熟，二次果最晚于10月中旬成熟。

18. 阳光

山东省郓城县林业局于1985年在五界首乡发现，当地群众称其为长枣。2001年1月通过菏泽地区科委鉴定。

果实特大，近短圆柱形，平均单果重27.5克，最大果重35克，大小、形状整齐。果面光滑，着色成熟后呈红褐色，光亮鲜艳。果皮薄，果肉厚，淡绿色，质地细脆无渣，汁液中多，极甜微酸，冰糖味浓，果皮全面转红的脆熟期含可溶性固形物36%~38%，可食率97%，鲜食品质上等。果核纺锤形，平均单核重0.8克，无种子。在山东省西南部的郓城县，9月中、下旬大部分果实着色成熟，果实发育日数110~120天。

该品种抗风，果实病害轻，早实丰产。

19. 宁梨巨枣

银川市金百禾林牧有限公司、银川市生产力促进中心、宁夏林业技术推广总站、宁夏林业局从中国林业科学研究院鲜食枣课题组引进的临猗梨枣混系组培苗优选而来，2006年10月通过宁夏林木品种审定委员会认定。

果实圆形或椭圆形，纵径5~6厘米，横径4~5厘米。果实极大，平均单果重40克，最大单果重120克。果皮薄，淡红色，果面不光滑，果顶深凹，有纵沟，果点大而明显。果肉绿白色，酥脆，汁液多，风味甜，品质优良。可溶性固形物含量28%，总糖含量27%，总酸含量0.40%，糖酸比69∶1。在宁夏银川地区，8月下旬至9月中旬果实白熟，9月中旬至9月末果实脆熟，果实发育期100～105天。

该品种适应性较强，耐干旱、耐高温、耐盐碱，抗寒性较强，对早期落叶病抗性强，裂果率低。开始结果早，丰产，果实较耐贮藏。

20. 无核脆枣

是山东省枣庄市薛城区园艺研究所从当地无核的枣树单株中选出的优系。2000年9月通过枣庄市果树专家组验收。

果实长圆形，果面平整，平均单果重16.9克，最大果重39克，大小较整齐。果皮中厚，色泽鲜红，有亮泽，不裂果。果肉黄白色，质地致密，汁液中多，味甜，含可溶性固形物35.6%、总糖19.13%、酸0.21%，鲜食品质上等。核退化或革质，可食率近100%。9月中下旬果实成熟，果实发育期100天左右。

该品种耐瘠薄，沙质土、黏质土、低洼盐碱地及山坡、丘陵、平原等均适宜种植，能够在pH值为5.5～8.2的条件下正常生长，在土壤含盐0.4%的条件下仍能忍耐生长。在肥沃土壤中，进入结果期较早，产量高而稳定。

21. 泗洪大枣

原产于江苏省泗洪县上塘镇，早在明朝洪武初年，就被选为稀世贡品。1982年果树资源普查时被再次发现，1985年由江苏省国营泗洪县五里江农场果树良种场选育而成，1995年通过江苏省农作物品种审定委员会审定。

果实特大，纵径5.4～5.7厘米、横径4.6～5.9厘米，平均单果重30克以上，部分可达45～50克，最大果重107克。卵圆形、近圆形或长圆形，果顶凹，果面稍有棱起。果皮中厚，紫红色。果肉浅绿色，肉质酥脆，汁多味甜，含可溶性固形物30%～36%，鲜食品质上。适宜生食，又可加工蜜枣、枣脯、蜜饯、罐头等。一般9月中下旬成熟。

该品种适应性强，抗旱、耐涝、抗风、耐盐碱，枣疯病、缩果病、炭疽病和裂果轻。结果早，丰产稳产，可作为鲜食加工兼用品种在南方发展。

22. 莒州贡枣

原产莒县峤山镇鸡兰村，数量稀少。莒县林业局进行了扩繁推广，于1997年通过山东省日照市科学技术委员会鉴定。

果实扁圆形或圆形，横径微大于纵径，平均单果重27.6克，最大果重65克，较均匀整齐，无畸形果。成熟果呈赭红色，富有光泽。果肉淡绿色，致密脆硬，汁液中多，甜脆爽口，可溶性固形物含量31.8%。果核呈三角形，有1枚种子，种子饱满率93%。可食率97%。

该品种对土壤要求不严，在瘠薄山地粗放管理的条件下生长结果正常，采收前遇雨无裂果现象。自花结实率高，枣头枝结果力强，早期丰产性能优良。为晚熟鲜食优良品种。

（三）优良兼用品种

1. 赞晶

河北农业大学和赞皇县林业局从赞皇大枣中优选出的变异单株，2004年通过河北省林木良种审定委员会品种审定并定名。染色体2n=36，三倍体。

果实近圆形，纵径3.87厘米，横径3.49厘米，平均果重22.3克，最大果重31克。鲜枣果肉绿白色，口感酥脆，汁液中等，微酸，含总糖28.6%，总酸0.31%，维生素C 415

毫克/100 克。干枣含糖量 63.4%，制干率 56.3%，干枣品质优良。鲜食、制干兼用。果实 9 月中旬完熟。

该品种极耐干旱，丰产稳产，但抗铁皮病、枣疯病能力较差。

2. 骏枣 1 号

由山西省林业科学研究院从骏枣中优选而来，2003 年通过了山西省林木品种审定委员会审定。

果实柱形，果肩较小，梗洼较深广。平均单果重 35 克，最大果重 70 克以上。较大果实纵径 6 厘米，横径 4 厘米。果皮薄、深红色，果面光滑，艳丽美观。果肉淡绿色，脆甜。鲜枣可食率 97.1%，含糖量 32%，含酸量 0.45%，维生素 C 含量 453 毫克/100 克。干枣含糖量 76%。果核长纺锤形，核尖长，核纹深。种仁不饱满。适宜鲜食、制干、加工。在山西太原，9 月上中旬果实成熟，果实发育期 100 天左右。在山西运城地区，9 月上旬果实成熟。

该品种抗寒性较强，耐干旱、瘠薄、高温，抗风沙，早实、丰产、优质。

3. 金昌一号

1986 年在山西省太谷县北乡壶瓶枣变异单株中选育而来，2003 年 9 月 26 日通过了山西省林木品种委员会审定。该品种进行了新品种保护，品种权人为山西省农业科学院植物保护研究所。

果实短柱形，特大，果顶稍膨大，平均单果重 30.2 克，最大果重 80.3 克。果面光滑，果皮鲜红。鲜枣果肉淡绿色，酸甜爽口，质地酥脆，汁液多，含可溶性固性物 38.4%。鲜枣可食率 98.6%，制干率 58.3%。干枣肉质细腻，香糯绵甜，含糖量 73.5%，品质上等。核重 0.61 克，核尖长，核内多无种子。是鲜食、制干、加工兼用品种。果实 9 月下旬成熟，果实生育期 90 天左右。

该品种抗旱，耐瘠薄，在黏性或略碱性土壤生长健壮，表现出较强的适应性。较抗枣疯病、炭疽病、锈病。早实性好，丰产稳产。

4. 无核丰

由河北青县林业局从青县无核小枣中优选的单株，2003 年通过河北省林木良种审定委员会品种审定。

果实长圆形，果形端正，平均果重 4.63 克，鲜枣可溶性固形物含量 35.6%，含维生素 C 384.4 毫克 /100 克。核基本退化，无核率 100%。制干率 65%。鲜食、制干品质优良。9 月上旬果实着色，9 月中旬果实成熟。

该品种抗干旱、耐盐碱能力强，早果早丰，无大小年结果现象，裂果轻。

5. 沧无 1 号

由河北省沧州市林业科学研究所从河北省沧州市南皮县的无核小枣中优选而来，2001 年 2 月通过河北省林木品种审定委员会审定。

果实长圆形，纵径 2.12~3.26 厘米，横径 1.53~2.22 厘米，平均单果重 4.51 克，果个大小均匀。鲜枣果皮红色，光亮，果皮薄。果肉黄白色，质地致密，味极甜，鲜食品质极上。鲜枣可溶性固形物含量 36.3%，可食率近 100%，制干率 61.5%，适宜制干和鲜食。制干后的红枣果形饱满，深红色，光亮，皮薄柔韧，肉厚、富弹性，含总糖 76.2%、有机酸 0.3%，甜味浓，无苦杂味，品质上等。果核退化，部分大果有少量渣滓，但不影响食用。果实 9 月中旬成熟采收。

该品种抗逆性、适应性强，抗旱、抗盐碱，耐瘠薄，在一般枣树生长的地区均能正常生长结果。进入结果期较早，一般栽后3~5年即可结果，并且有较强的连续丰产能力。

6. 金魁王

河北省沧县金丝小枣良繁场和河北省沧县林业局从金丝小枣的主产区沧县发现的一个变异株，2001年7月通过河北省林木品种审定委员会审定。

果实长卵圆形，在金丝小枣品种中为大果型，平均纵径4.1厘米，横径3.3厘米，平均果重11.93克，是普通金丝小枣的2~3倍，果个均匀。果面光洁深红色。果肉厚绿白色，质细，味甜多汁，品质极上，含可溶性固形物37.12%，含糖量36.2%，含酸量0.5%，维生素C含量450毫克/100克，鲜食可食率97.3%，出干率65.5%。干枣皱纹细浅，果色有光泽，含糖量65.8%。果核小，纺锤形，土黄色，一般无核仁。

7. 延川狗头枣

由西北农林科技大学和延川县枣业局从延川县庄头村的地方品种——“狗头枣”(狗脑枣)中优选而来，于2001年12月通过山西省林木良种审定委员会审定。

果实卵圆形或锥形，似狗头状。平均单果重18.7克，最大25.4克，较整齐。果面平整，果皮中厚，褐红色。果肉绿白色，质地致密细脆，汁液中多，味酸甜。鲜枣含可溶性固形物32%，维生素C 323毫克/100克，可食率94.2%，耐贮性好。干枣含糖量75%，制干率47%。果核较大，纺锤形，含仁率70%。适宜鲜食和制干，品质优良。9月下旬脆熟，10月上中旬完全成熟。

该品种耐寒，要求土壤深厚肥沃，成熟期较易裂果。适宜在气候偏凉(年均气温10~11℃)，温差较大，年降水量在500毫米左右的北方地区栽培。

8. 金丝新2号

由山东省果树研究所和无棣县从当地金丝小枣中优选而来，1998年通过了山东省农作物品种审定委员会审定。

果实多为长椭圆形，平均果重6.7克，最大果12.8克。果实整齐度高，无畸形。果面平整光洁。果皮较薄，浅红褐色，富光泽，果点中等大。果肉乳白色，致密脆硬，汁液中多。味甘甜，含可溶性固形物37.1%，最高达42.2%，苹果酸1.22%，维生素C 426.09毫克/100克，可食率95.0%，制干率54.6%，鲜食品质上等。果核小，梭形，平均核重0.34克。干枣外形齐整，饱满，美观，皱纹中细，果皮韧性较强，耐压，不易碎落，含总糖84.4%，苹果酸1.7%。在泰安，9月10日前后果实着色，9月20日前后完熟，果实生长期100~105天。

该品种适应性强于普通金丝小枣，硬核期后耐旱、耐涝力很强。树冠矮小紧凑，坐果稳定，落果轻，较抗裂果、炭疽病和溃疡病。前期易获丰产，不需环剥措施即能稳定坐果。适宜土壤肥沃，秋季少雨的地区发展栽培。

9. 金丝新4号

山东省果树研究所1990年从金丝新2号的自然杂交实生树中选出，1998年通过了山东省农作物品种审定委员会审定。

果实近长筒形，单果重10~12克，是金丝小枣品种群中果个最大的品种之一。果实整齐度高，果皮薄，果肉细，质地致密脆嫩，味极甜，无杂味，口感极佳，可食率97.3%，含可溶性固形物40%~45%，可食率97.3%，制干率55%左右。红枣浅棕红色，肉厚富弹性，光亮美观，品质极上。在山东，果实生育期105~110天，9月底10月初成熟。

该品种适应性强，在山地、丘陵、平原、盐碱地上均可栽培，抗炭疽病、轮纹病、抗裂果。早实性强，极丰产，无大小年现象，生产中不需环剥即可丰产。可作为鲜食、制干兼用品种在我国北方和南方发展。

10. 姜皇庄1号

由河北省农林科学院昌黎果树研究所于1978~1982年从“金丝小枣”主产区沧州地区选出的优良新品系，于1998年10月通过河北省科委组织的鉴定。

果实较大，椭圆形，平均单果重6.1克，最大单果重9.5克，果实纵径为2.6厘米，横径2.31厘米。果皮红色，被蜡质，有光泽。果皮较薄，肉厚0.9厘米，含可食率为92.77%。鲜枣肉质致密而脆，汁液中等偏多，可溶性固形物为38.4%，每百克果肉含维生素C 478毫克，制干率为64.34%，品质极上。干枣含糖量66.5%。适于干制和鲜食。一般不具核仁。沧州地区8月上旬果实着色，10月上旬成熟，成熟期普通金丝小枣晚7~12天。

该品种进入适应性较强，结果较早，抗逆性、丰产稳产性及耐贮性均强，无裂果。

11. 金丝丰

河北省沧县金丝小枣良繁基地从金丝小枣中选优而来。1997年通过河北省科委组织的技术鉴定，1998年通过河北省林木良种审定委员会审定。

果实卵圆形，纵径2.41厘米、横径2.05厘米，平均单果重5.26克，最大果重7克。果皮薄而有韧性，紫红色，被蜡质，有光泽，果点不明显，果形饱满。果肉绿白色，成熟后金黄色，含还原糖14.08%~15.06%，有机酸0.33%~0.41%，维生素C 363.11~451.42毫克/100克，品质极上。核小，一般无核仁。可食率96.5%，制干率65.8%。适于鲜食、制干或加工。9月中旬进入半红期，9月下旬全红，果实发育109天左右。

该品种土壤适应性强，但以中壤性黏质潮土最为适宜，抗盐碱、抗旱涝能力强。进入经济结果期较早，自花结实能力强，生理落果、裂果轻，丰产、稳产，无明显大小年现象。

12. 品17

在20世纪70年代金丝小枣资源调查基础上，经初选、复选和遗传稳定性观察，于1996年通过专家鉴定。

果实阔椭圆形，平均单果重5克，最大8.1克，果实纵径2.58厘米、横径2.2厘米。果皮紫红色，薄，被蜡质，有光泽，果点小。果肉绿白色，肉质致密而脆，汁液中等，含可溶性固形物39.0%，维生素C 451.0毫克/100克，味甜，品质极上。核较小，少数具核仁。可食率94.24%，制干率为63.74%，干枣含可溶性固形物70.9%克。适于鲜食和制干。9月下旬成熟，果实发育期105~120天。

该品系适应性较强。进入结果期较早，易丰产、稳产，采前裂果和落果极轻。

13. 乐金1号

由山东省德州市林业局和乐陵市林业局从山东乐陵的金丝小枣优系中选出，1996年通过山东省科委组织的专家鉴定，1997年通过山东省农作物品种审定委员会审定。

果实短圆柱形或椭圆形，鲜枣平均重5.91克，最大6.7克。果面光洁，紫红色。果肉黄白色，肉质细脆，汁中多，甘甜无苦涩，含可溶性固形物36.7%，维生素C 383.2毫克/100克。核极小，梭形，平均重0.23克。可食率96.8%，制干率58.4%。干枣深红色，有光泽，皱纹少而细浅，富弹性，较耐挤压，总糖含量达80.1%。鲜食、制干品质优良。果实 9 月下旬成熟。

该品种适应性较强，早实丰产性强，抗裂果，秋季遇雨裂果率一般不超过 3%。可作为鲜食、制干兼用的优良品系推广。

14. 品 10

由河北省农林科学院昌黎果树研究所从沧州的金丝小枣中选出的优系，1996 年通过了河北省科委鉴定。

果实椭圆形，纵径 2.41 厘米，横径 2.00 厘米，平均单果重 4.0 克，最大单果重 6.1 克。果皮紫红色，被蜡质，有光泽。鲜枣果肉白色，肉质致密而脆，汁液中等，含可溶性固形物 39.5%，每百克含维生素 C 445.9 毫克，味甘甜，品质极上，无裂果。可食率 95.28%，制干率为 65.44%。适于鲜食和干制。干枣皮薄坚韧，皱纹细浅，果形饱满，富弹性，含糖量为 69.35%。核小。9 月下旬果实成熟。

本品系适应性较强，抗盐碱能力强，无裂果，采前落果极轻，易丰产，干枣果皮不皱缩，宜在金丝小枣产区发展。

15. 乐陵无核 1 号

由山东省德州市林业局和乐陵市林业局从当地的无核小枣优系中选出，1996 年通过山东省科委组织的专家鉴定，1997 年通过山东省农作物品种审定委员会审定。

果实长圆柱形，个别中部稍细，纵径 3.6 厘米，横径 1.5 厘米，平均单果重 5.7 克，最大 6.5 克。果面光亮，鲜红色。果肉黄白色，肉质细脆，汁液中多，味甘甜，含可溶性固形物 34.3%。核呈膜状，食之无硬感。可食率近 100%，制干率 58.1%。干枣果形饱满，色泽鲜艳，皱纹少而浅，肉质细腻，甘甜无苦味，含总糖 75.1%，品质极上。适于鲜食、加工“牙枣”和制干。果实 9 月中旬成熟。

该品种适应性较强，丰产性好，抗雨裂。为无核小枣优良品系，适宜在小枣产区推广。

16. 乐陵无核 2 号

由山东省德州市林业局和乐陵市林业局从山东的无核小枣优系中选出，1996 年通过山东省科委组织的专家鉴定。

果实中大，长圆形，中部稍细，纵径 3.0 厘米，横径 1.3 厘米，平均单果重 3.38 克，最大 5.19 克。果面光亮，色深红。果肉黄白色，肉质细脆，汁液中多，味甘甜，含可溶性固形物 35.1%。核呈膜状，食之无硬感。可食率 100%，制干率 56.1%。干枣果形饱满，富弹性，皱纹少而浅，色泽红艳，肉质细，无苦涩，总糖含量 73.8%，品质极上。适于加工“牙枣”和鲜食、制干。

17. 鲁源小枣

是 1990 年在沂源县发现的一株优良实生变异，经无性繁殖和栽培试验，性状表现稳定。1995 年暂定名为鲁源小枣。

果实多为长圆形，少数为倒卵形，平均纵径 28.99 毫米，横径 21.62 毫米，平均单果重 7.37 克，最大单果重 14.01 克。果实整齐，无畸形，果皮薄，红色富光泽。果肉白色，致密，脆硬，汁液中多，含可溶性固形物 32.2%，可溶性糖含量 29.5%，可食率 95.9%，制干率 53%，鲜食品质上等，是鲜食制干兼用品种。果核小，倒卵形，平均单核重 0.299 克，种子饱满率为 83%。在鲁中南山区 9 月下旬至 10 月初成熟。

该品种适应性强，抗旱耐瘠，树体矮小，树冠紧凑，早果速丰，果实品质好，抗裂果，皮薄，适宜在旱薄山区发展。

(四)优良加工品种

无核金丝小枣

别名虚心枣、空心枣。由河北省农林科学院昌黎果树研究所从沧州的无核小枣中选出的优系，1996 年通过了河北省科委鉴定。

果实长柱形，中部略细，形似枕头，纵径长 2.5~3.0 厘米，横径 1.3~1.5 厘米，单果重 2.45 克。果皮红色，果皮薄，棕褐色，果肉黄白色，质脆细密，汁液中等。果核退化成膜片状或仅存痕迹。鲜枣可溶性固形物 38%，干枣为 60.12%，制干率为 58.1%。9 月下旬果实成熟。

该品种结果较早，丰产稳产，品质优良，适宜加工牙枣，在市场上具有较强竞争力。适宜集中、规模发展，以利收购、贮藏和加工。

第四节　繁殖和栽培技术

在长期的枣树栽培实践中，我国古代劳动人民在繁殖、栽植、“开甲”、疏花等方面都积累了不少经验。但真正有系统的研究枣树丰产栽培技术还是在新中国成立以后，尤为改革开放以来的近 30 年间。在国家科技、农业部、林业局以及有关省市科技管理部门等的组织和大力支持下，河北农业大学、河北省果树研究所、河北省林业科学院、山东省果树研究所、山西省果树研究所、陕西省果树研究所、河南林业科学研究院、河南新郑市枣树研究所以及中国林业科学研究院、北京林业大学、中南林学院等科研单位，在单项技术攻关基础上，先后组装配套出了一批适于不同地区和不同年龄时期特点的枣树优质丰产综合技术，并建立了一大批优质丰产示范园区。

近 30 年，在枣树栽培方面比较显著的变化主要表现在以下 3 个方面：一是河北、山东等传统的枣粮间作区向纯枣园、密植枣园转变，而许多新兴产区则从稳健发展和减少与粮食争地的角度出发发展了大量新的枣粮间作园，特别是突破常规观念的枣棉间作在新疆的特殊条件和棉花种植模式(矮化密植)下得到迅猛发展；二是矮化密植枣园(1~2 米×2~4 米)逐渐成为常规模式，不少地方在探索每公顷 5000 株以上的超高密度枣园；三是无公害绿色栽培迅速发展，设施栽培正在成为鲜食枣的新兴发展方向。

一、育苗模式

枣树的育苗方法有嫁接、扦插、分株和组织培养育苗。其中嫁接育苗是当前枣树生产中最常用的苗木繁育方法，特别是规模化育苗一般都采用嫁接育苗法。

枣树嫁接育苗的砧木有 3 种，一是酸枣砧，即用酸枣(*Ziziphus acidojujuba* C Y Cheng et M J Liu)的根蘖苗或实生苗做砧木。酸枣分布广泛，多野生、出仁率高、成本低、繁殖容易、抗旱耐瘠，是目前嫁接枣树的最常用的砧木；二是本砧，即用栽培枣的根蘖苗或实生苗做砧木，目前多采用根蘖苗做砧木，如河北沧州一带常用金丝小枣根蘖苗做砧木嫁接冬枣；

三是用铜钱树(*Paliurus hemsleyanus* Rhed.)为砧木，铜钱树为我国野生树种，属鼠李科马甲子属，大乔木，分布于湖北、四川、陕西、安徽、江苏、云南、广西等地，适应性强，繁殖容易，生长快，根系发达，抗病虫害，是我国长江以南多雨地区较理想的枣树砧木。

分株育苗是枣树上最传统但一直沿用至今的育苗方式，目前农民自用和小规模育苗时常采用此法。最传统的分株育苗，是从母株上挖取根蘖苗后直接栽植。近二三十年，随着育苗量的加大和人们对商品苗要求的提高，分株育苗逐渐发展为开沟断根育苗、根芽育苗和归圃育苗。开沟育苗是在春季萌芽前，选择无枣疯病、树势健壮、丰产稳产、品种纯正的成龄枣园，在树冠外围挖宽30~40厘米，深40~50厘米的条沟，切断直径2厘米以下的小根，铺湿土埋住所有断根，使伤口愈合产生不定芽，人为促进根蘖苗的形成。归圃育苗又叫二级育苗，是将从枣园刨出的根蘖苗，按其质量分级栽植，抚育1~2年后再出圃，以提高苗木质量。根芽育苗是介于开沟断根育苗和归圃育苗的一种方法，即春季在树冠外围挖沟断根后，当年在小根上常发生成丛的根芽(有的品种无需特意断根处理也会产生)，翌春取下根芽分切后栽入圃地抚养，次年成苗出圃。

枣树的扦插育苗又分为根插和枝插。根插成活率较高，但取根较难。根插时选择1~3年生、直径1~2厘米、长15厘米的根段扦插，效果较好。枝插又分硬枝和绿枝扦插两种。硬枝扦插生根比较困难，需对插条进行软化处理及萘乙酸或吲哚丁酸处理，并在初期遮荫保湿，以提高扦插成活率。绿枝扦插成活率高，取半木质化新梢，用500~5000毫克/千克IBA速蘸处理5~10秒，然后插于塑料大棚的沙床中，保持室温20~30℃，相对湿度90%以上(插穗叶片保持一层水膜)，生根率可达92.5%，移栽后适时遮荫，成活率达90%以上。

枣组织培养工厂化育苗是以枣树的茎尖或茎段为外植体，在人工培养基上分化、再分化，最后长成完整植株，再经过驯化炼苗和大田培养，最后培育成苗。目前，多个枣优良品种的组织育苗技术已经成熟，但存在前期投资大、要求技术水平高、品种间培养条件难以统一等问题，已投入商品化运营的很少。但是组织培养工厂化育苗是未来枣树育苗的发展方向，有着广阔的应用前景。

二、建园模式

当面，枣树的建园方式有多种多样，如山地枣园、平原枣园，纯枣园、间作枣园；密植枣园、普通枣园，露地枣园、设施枣园，常规枣园、观光枣园。

普通露地枣园的栽植密度一般为4~5米×5~6米。枣树控冠比较容易，对纯枣园实行密植是发展方向，密度一般为2~3米×3~4米，早果性强且矮化的品种，可加密到1米×2米，实行计划密植。设施枣园，一般用于早熟鲜食品种的进一步提早成熟栽培，也可以用于延迟成熟的栽培，栽培密度通常在0.5~1米×1~2米，各地正在积极探索和试验中，枣树的设施栽培尚未进入大规模商品化生产阶段。

枣粮间作是我国古代劳动人民独创的一种非常成功的立体农作制度，目前仍是我国南北各主要产枣区重要的农作方式，具有较高的经济效益和生态效益，被公认为国际农林复合经营的成功典范。枣粮间作又有如下两种形式：一是以枣为主，以粮为辅，枣树的栽植密度为3~4米×7~10米，主要间作矮生的豆类等，在生产管理上以枣为主要对象；二是枣粮并重，枣树的栽植密度为3~4米×15~20米，间作物种类按冠下区、近冠区和远冠区分别布局，这种形式便于机械化耕作，枣树也容易管理，可获得枣粮双丰收。

三、栽培技术

改革开放以来，我国枣树栽培技术的进步是最明显的。20 世纪 80 年代，重点进行了主品种矮化密植、整形修剪、病虫害防治和提高坐果率等单项丰产技术研究示范；20 世纪 90 年代，开展了优质丰产栽培技术的组装配套和大规模推广；进入 21 世纪后，枣树的无公害(绿色)标准化栽培技术得到大面积普及，有机栽培和设施栽培也正在从探索阶段进入生产应用阶段。

通过大批先进适用技术的普及推广，我国枣树栽培管理的整体水平虽然有了大幅度提高，但由于受传统习惯、经济条件和推广力度等影响，新技术在不同地区、不同农户的发展还很不均衡，许多关键技术如优种密植、夏季修剪、病虫测报、适期采收等尚未得到全面推广，总体水平还相当低，每公顷平均产量仍徘徊在3000 千克左右。总体看，河北和沧州的金丝小枣、冬枣产区，河南新郑的灰枣产区、河北太行山区的阜平大枣和赞皇大枣产区、山西运城梨枣产区等管理水平普遍较高。如河北太行山区的阜平县车道村 2.5 万株(约 60 公顷)成龄枣树连续多年稳定在每公顷 12 000 ~ 15 000 千克、无虫果率保持在 95%~99% 以上；山西交城林业科学研究所在 80 年代末实现了 3 年生高密度梨枣园每公顷产 20 000 千克；湖南溆浦在 20 世纪 80 年代、山西临猗在 21 世纪初先后创造了每公顷产鲜枣 37 500 千克以上的高产记录。

四、主要病虫害

据《中国果树志·枣卷》(1993 年)统计，已知的枣树病虫害有 113 种。其中害虫 86 种，分属于昆虫纲的 6 个目和蛛形纲蜱螨目，病害有 24 种，寄生性种子植物 4 种。在生产上能成灾的主要害虫有桃小食心虫(*Carposina niponensis* Wals.)、枣尺蠖(*Chihuo zao* Yang)、枣黏虫(*Ancylis sativa* Liu)、绿盲蝽(*Lygus pratensis* Linn.)、皮暗斑螟甲口虫(*Euophera batangensis* Caradja)、山楂红蜘蛛(*Tetranychus viennensis* Zacher)、枣龟蜡蚧(*Ceroplastes japonicus* Gr.)、枣瘿蚊(*Contarinia* sp.)、黄刺蛾(*Cnidocampa flavescens* Walker)、枣豹蠹蛾(*Zeuzera* sp.) 枣食芽象甲(*Scythropus yasumatsui* Kone et Mor.)等；主要病害有枣疯病(病原为植原体，phytoplasma)、枣锈病(*Phakopsora zizyphi-vulgaris* Diet.)、裂果(生理性病害)、缩果病(对其病原有多种说法)等。

上述病虫草害很少在同一枣园的同一年份同时发生，但任何一种在大发生年份都可给枣树生产造成重大损失，在时绝产、绝收，甚至大量死树(如枣疯病)，必须做好实时监测和有效控制。一个枣区的病虫害往往是此消彼长，比如我国北方枣区在 20 世纪 80 和 90 年代初期危害非常严重而普遍的桃小食心虫、枣尺蠖、枣黏虫、枣锈病，20 世纪 90 年代后期以来逐渐被绿盲蝽、皮暗斑螟(甲口虫)、山楂红蜘蛛、缩果病等所取代，而近几年一些枣区的桃小食心虫和枣锈病等又死灰复燃重新成灾。有效地防控各种枣树病虫害，始终是提高枣果产量和质量的重要保证。

枣疯病是枣树上的一种致死性的传染性检疫病害，近些年来日趋猖獗，已导致许多枣园甚至枣区被毁，在河北省太行山枣区的年发病致死率高达 3%~5%。最近，枣疯病防治研究取得了突破性进展，河北农业大学选育出了高抗枣疯病的优良品种“星光”并研制出输液治疗枣疯病的特效药剂“祛疯 1 号”及其配套药械，同时提出了利用高抗枣疯病优良品种“星光”高接改造病树的枣疯病防治新途径，有关成果“枣疯病控制理论与技术”2006 年获得国家科技进步二等奖，这是我国枣树界获得的最高级别的科技成果奖。

五、采收方式

目前，枣果的采收时期和采收方法主要因枣果的用途而异。制作蜜枣用的枣果在白熟期采收，手工采摘或振落后拣拾。干制红枣多在完熟期采收，20 世纪 80 和 90 年代曾普遍出现过分早采(提前 1~2 周)现象，严重影响了产量和干枣的质量，但为了躲避成熟期的连阴雨避免大量浆烂损失，可以在雨前及时采收；采收方法多为振落拣拾，更好的方法是采前 5~7天用 200~300 毫克/千克乙烯利催落采收，可提高工效 10 倍左右，并可提高果实品质，对树体还没有伤害，目前生产应用的还不普遍，今后应大力推广。鲜食和加工乌枣、南枣、酒枣等，以脆熟期采收为佳，但为了延长贮藏期，用于保鲜的枣常在半红期采收。

第五节 采后处理与加工

总体看，枣的采后处理与加工水平仍然较低，但近 10 多年来无论从贮藏、分级包装到加工普遍有明显进步，特别是最近各枣主产区普遍高度重视，正处于大发展、大变革的前夜。

一、采后利用方式

近年来，随着经济社会的发展、枣业科技进步和人们生活水平的提高，枣果的采后利用方式正在发生深刻的变革。历史上，商品化生产的枣绝大多数用于制干或加工蜜枣、枣干等传统的初级加工品。1990 年北京亚运会后，鲜食枣生产崛起并迅速实现了规模化和产业化，同时枣汁、香精、色素、枣干红酒、枣膳食纤维、环核苷酸糖浆等现代枣加工品相继问世进入市场。近年来，各地出现了大量的鲜枣采摘园(北京)、大枣采摘节(河北赞皇)、枣乡风情游(河南新郑)等，并且出现了干制和兼用品种鲜食化的趋势，比如干鲜兼用的赞皇大枣在采摘节期间主要用于鲜食，又比如河北省沧州著名的制干品种金丝小枣和无核小枣近年来大量作为鲜枣销售，这样就形成了当今鲜销、干制、加工和观光采等多样化的枣果利用方式。

二、采后处理

传统上，干枣一直主要采用大麻袋混合包装。随着市场经济的建立，分级包装对产品价格和销路的影响日显突出。受价格利益驱动，枣区群众开始主动的进行人工分级，并逐渐用瓦楞纸箱和塑料袋小包装取代了大麻袋混合包装。近年来，随着枣产业的企业化经营水平迅速提高，进入市场的枣果和枣产品的分级、包装日益小型化、精细化、多样化，在包装方面已经基本上与其他大宗果品处于相同的水平。最近，关于枣果质量分级的新的《红枣》国家标准枣果正由中华全国供销合作总社济南果品研究院修订中。

在鲜枣贮藏方面，从20世纪80年代起，山西农业大学、山西省保鲜研究所、山东果树所、北京农学院、河北农业大学、中国农业大学、国家农产品保鲜工程技术研究中心(天津)、中国林业科学研究院等在对鲜枣采后生理、影响耐贮性因素等进行系统研究的基础上，相继提出了打孔塑料薄膜小包装低温贮藏技术，气调贮藏、冰温贮藏等，使鲜枣保鲜期由室温自然放置下的3~5天延长到60天(一般品种)至120天以上(晚熟耐贮品种)，冬枣已能实现春节期间供应。鲜枣贮藏技术的显著进展，大大推动了我国鲜食枣品种的大规模商品化开发，但迄今与市场上要求的周年供应还有相当距离。

在干枣的贮藏方面，除了传统的缸藏、囤藏和屋藏外，从20世纪80年代起，冷藏、塑料帐减压气调贮藏、辐照贮藏以及用60度白酒喷洒处理后密封贮藏等可有效抑制过夏生虫和霉烂的新技术已开始应用于生产。近些年，对干枣贮藏的研究很少。

三、加工

在加工方面，干制仍然是目前枣果最主要的初级加工方式。从干制方法来看绝大多数仍采用自然晾晒，干制过程中的浆烂损失相当普遍。但令人可喜的是，近年来在山西吕梁枣区、河北省太行山枣区和沧州枣区、河南新郑枣区等建立了大量的烘干房，并出现了一批主要进行枣果清洗、分级、人工干制(烘干)、真空小包装的小型加工企业，一些地方还出现了较大规模的机械化枣果干制经营企业，对有效控制成熟期裂果浆烂损失、提高枣果商品品质发挥了重要作用。

近年来，我国历史上形成的北方以干制为主、南方以加工果脯为主的格局已被打破，北方枣区凭借其丰富的资源在枣的各主要加工品方面均已占据了主导地位，但在果脯经营特别是外销方面仍以南方企业为主。据不完全统计，目前我国以枣果为主要原料的果脯、罐头、饮料、果酒、果茶、果酱、色素、香精等已达上百个品种。最近，河北农业大学又开发出了枣膳食纤维、枣环核苷酸、枣多糖和枣三萜酸等功能性新产品(2007年获得河北省技术发明二等奖)。

值得提出的是，近年来我国枣生产加工企业迅速壮大，加工能力明显提高，出现了诸如河南好想你枣业集团、河北沧州恩际生物制品有限公司、山东裕华集团和鼎立集团、山西天骄集团等产值上亿的大型枣企业。但真正走出国门实现国际化经营的枣企业还基本没有。

第六节　贸易与消费

一、国内贸易

我国枣及其加工品的产地主要在河北、山东、河南、山西和陕西，但消费主要在南方和东北。改革开放以来，我国枣产品总量虽然增加了8倍以上，但迄今尚未出现大的积压，而且售价持续稳步增长。

新中国成立以后到1978年改革开放以前，我国一直实行高度集中的计划经济体制，政府对几乎所有农产品实行严格的统购统销政策。1978年以后，我国开始放开农村集贸市场。1979年4月全国供销合作社于在长沙召开会议，决定放松果品经营，但枣与苹果、柑橘仍列为统一收购的二类物资，不过在完成计划后可以议购议销、产销见面直接挂钩。1984年，国务院出台《关于合作商业组织和个人贩运农副产品若干问题的规定》，同年国家体改委、商业部、农牧渔业部做出部署，发展多种经营方式，实行多渠道流通和自由购销。1991年国务院又下发了《关于进一步搞活农产品流通的通知》，主要内容就是进一步改革与完善农副产品流通体制，发展批发市场、建设流通设施、培育市场流通主体。之后，枣产品的流通全部放开。

目前，我国的枣产品主要通过城乡集贸市场、批发市场、产销一体化企业、超市等零售商店以及近年来发展起来的各种果业协会等渠道进行销售。近年来，一些大中型枣产品批发市场在枣的集中产区如雨后春笋般蓬勃发展，其中最著名的是河北沧州崔尔庄的红枣市场，年交易额已达到30亿。

改革开放后至今，我国枣果销售价格整体上保持了逐渐提高的趋势。近几年，我国产量最大的制干品种金丝小枣和产量高大的鲜食品种冬枣价格开始下滑，但大多数的优良干、鲜品种的价格仍然维持在较高水平。当前我国主要品种的鲜枣、干枣和枣加工品的价格见表2-5、表2-6果实的产地和零售价格(不同等级)。

表2-5　我国不同地区枣主栽品种果实的销售价格(元/千克)

Table2-5　Prices of jujube fruit of the leading cultivars in different districts

品种 Cultivar	产地 Producing area	鲜枣 Fresh fruit	干枣 Dry fruit	青枣(加工蜜枣用) Fruit for candy
冬枣 Dongzao	河北保定 Baoding, Hebei	3~6		
	河北黄骅 Huanghua, Hebei	8~10		
	河北沧县 Cangxian, Hebei	2.3		
	河北献县 Xianxian, Hebei	8		
	石家庄 Shijiazhuang	6~12		
	山东 Shandong	10		
	西安 Xi'an	7		
	新疆 Xinjiang	25		
梨枣 Lizao	山西 Shanxi	10		
	石家庄 Shijiazhuang	5~10		
	陕西高陵 Gaoling, Shaanxi	2.4		
婆枣 Pozao	河北阜平 Fuping, Hebei	2	5~20	1.5~2
	河北唐县 Tangxian, Hebei		25	
	河北行唐 Xingtang, Hebei	4~6	5~10	
金丝小枣 Jinsixiaozao	河北沧县 Cangxian, Hebei		5	
	河北献县 Xianxian, Hebei		4	
	山东 Shandong		7	
无核小枣 Wuhexiaozao	河北青县 Qingxian, Hebei		10	
圆铃枣 Yuanlingzao	山东 Shandong		5.0	

(续)

品种 Cultivar	产地 Producing area	鲜枣 Fresh fruit	干枣 Dry fruit	青枣(加工蜜枣用) Fruit for candy
长红枣 Changhongzao	山东 Shandong		5.0	
赞皇大枣 Zanhuangdazao	河北赞皇 Zanhuang, Hebei	6	20	1.2
	辽宁 Liaoning	4		
	新疆 Xinjiang	5	20	
扁核酸 Bianhesuan	河南内黄 Neihuang, Henan	2		
灰枣 Huizao	河南新郑 Xinzheng, Henan		8	
	新疆 Xinjiang	6~15	20~50	
鸡心枣 Jixinzao	河南新郑 Xinzheng, Henan		10	
木枣 Muzao	山西 Shanxi		8	
	陕西佳县 Jiaxian, Shaanxi	2		
骏枣 Junzao	山西 Shanxi		15	
	陕西 Shaanxi	10	20	
	新疆 Xinjiang	6.5	20~25	
	辽宁 Liaoning	4		

表 2-6 我国主要枣加工品的售价

Table2-6 The prices of the main of processed products Chinese jujube

产地 Producing area	蜜枣 Candied jujube	枣酒 Wine/ liqueur	枣汁 Jujube juice	枣酱 Jujube jam	枣醋 Jujube vinegar
河北阜平 Fuping, Hebei	6	10			
河北唐县 Tangxian, Hebei		20			
河北曲阳 Quyang, Hebei	6				
河北行唐 Xingtang, Hebei	6	10			
河北献县 Xianxian, Hebei	6				
河北沧县 Cangxian, Hebei	11				
河北黄骅 Huanghua, Hebei					
河北赞皇 Zanhuang, Hebei	2.5~5				
河北临城 Lincheng, Hebei	3.6				
河南内黄 Neihuang, Henan	6	100			
河南新郑 Xinzheng, Henan			10		
陕西泾阳 Jingyang, Shaanxi	6				
陕西延川 Yanchuan, Shaanxi		30	15	20	
陕西佳县 Jiaxian, Shaanxi					25
陕西大荔 Dali, Shaanxi	5				
陕西延川 Yanchuan, Shaanxi		30	15	20	
甘肃临泽 Linze, Gansu			4.5		5.6
山西 Shanxi	14	12	5		
辽宁 Liaoning			5		

二、国际贸易

枣是我国传统的拳头出口农产品，远销五大洲的 30 多个国家和地区。韩国的枣基本上全部供应国内，且自给不足。我国枣及其加工品的年出口量在 2 万吨左右，只有全国枣总产量的 1% 左右，其中原枣和加工品出口各占一半左右。我国出口枣的主要省份有河北、河南、山东、山西、北京、天津和广州，以河北出口量最大，约占全国的 50%。香港等地转口的枣产品均来自我国内地。

我国出口的主要枣品种为河北和山东的金丝小枣、河北太行山的婆枣和赞皇大枣(主要以蜜枣和枣酱形式)、河南新郑的鸡心枣和灰枣以及山西稷山的板枣等。从出口的国家和地区来看，主要为香港、澳门、日本、韩国、新加坡和马来西亚，占出口总量的 80%~90%；其次为英国、法国、意大利、荷兰、美国、加拿大、阿根廷、澳大利亚和新西兰；此外对也门和毛里求斯等也有少量出口。目前，除非洲外，我国的枣及其加工品已出口到世界五大洲的 20 多个国家和地区。

近年来，红枣(干枣)的出口数量有所下滑，从 2003 年的 17 483 吨下降到 2006 年的 9539 吨；但出口单价迅速上升，2003 年为每吨 563 美元，2006 年则提高到每吨 1123 美元，上升了近 1 倍；由于出口单价的上升，在出口数量下滑的情况下，总的出口产值仍略有上升(表 2-7)。

表 2-7 近年来中国红枣进出口情况

Table2-7 The Export and Import Amount of Chinese Jujube

年份 Year	出口 Export		进口 Import	
	数量(t)	金额(1000 $)	数量(t)	金额(1000 $)
1996	8895	12468	10	10
1997	7662	8802	35	9
1998	9634	8313	70	20
1999	10369	6862	943	395
2000	11241	6356	–	–
2001	9024	6276	16	7
2002	12277	7939	45	17
2003	17483	9838	1	1
2004	15796	10942	26	25
2005	13080	11561	1	1
2006	9539	10717	1	5

数据来源：《中国海关统计年鉴》。Data from：*Statistical Yearbook of China Custom*

从今后的发展来看，枣产品出口要走出长期徘徊不前的局面，必须实现出口对象由 95% 以上在华人圈(海外华人和东南亚人)向发达国家广大消费群体的转变，而要实现这一突破又必须在出口产品的种类和构成上做出重大调整。目前，我国主要的枣出口产品为干制后的红枣和蜜枣等，都属于高糖食品，其消费市场基本上局限于海外华人和受中国传统文化影响较深的东亚和东南亚人，而这有市场基本固定甚至在不断萎缩。要真正把枣产品打入发达国家的广大消费市场，必须充分发掘枣的营养优势，开发新的适合发达国家消费需求的出口产品。基于此，鲜枣和枣的功能性深加工品应该会有比较好的出口前景。这是因为冬枣等优质鲜枣，口感酥脆爽口、营养丰富，特别是维生素 C 含量可与有维生素 C 王之称的猕猴桃相媲美；而功能性深加工品可以突出枣的高营养含量和食疗价值，并可突破干枣和蜜枣等传统加工品外观一般和高糖的制约。

三、消费变化

多年来，我国的枣产品一直基本上依靠内销，约占99%。2006 年，全国枣总产量 305 万吨，出口 0.95 万吨，国内人均枣果占有量约 2.3 千克(1978 年时年产仅 34.9 万吨，人均不到 0.5 千克)。

历史上，我国枣产品的消费 90% 以上都是干枣。改革开放以后，枣产品的生产结构和消费结构都发生了重大变化。第一次重大变化发生在 20 世纪 80 年代末 90 年代初，随着枣产量的迅速上升，北方许多大的枣产区引进了南方的蜜枣加工工艺，使得蜜枣产量大幅度增加，蜜枣的消费随之增加。第二次 20 世纪 90 年代中期以来，以枣为原料的罐头、饮料、果酒、果茶、果酱、色素、香精等加工品大量涌现，枣产品的消费也日趋多样化，特别是鲜枣消费异军突起，成为仅次于干枣的第二大消费方式，而且所占比例仍在持续提高。此外，近年来随着人们生活水平的提高，以枣为主的农业旅游和采摘节越来越多，成为枣果消费的新时尚。

第七节　成本效益

一、育苗的成本和效益

枣树育苗的成本效益因地区、育苗方法、品种等而有很大不同。目前各地枣树的商品化育苗多采用嫁接育苗，一般从播种酸枣砧木到成品苗出圃需要 2 ~ 3 年时间，亩总成本 1370 ~ 9850 元，纯收入 1350 ~ 25 460 元。以下为各地近年来枣树育苗成本和效益情况。

(一) 河北省阜平县

嫁接育苗从播种酸枣砧木到成品苗出圃用 3 年时间，亩总投入 4650 元，亩纯收入 15 350元。

投入包括租地费 1800 元、酸枣种子 300 元(5 千克)、播种费(40 元/工)50 元、施肥(含追肥)150 元、除草(15 次/3 年)600 元、嫁接 1500 元、病虫害防治 150 元、其他管理(抹芽、解绑缚等)100 元。一般亩出苗 10 000 株，按每株 2 元计算，亩产值 20 000 元。

(二) 河北省曲阳县

枣树嫁接育苗 2 年出圃的成本效益为：亩总投入 3095 元，纯收入 2445 ~ 4905 元。

投入包括租地费 1200 元、整地 45 元、种子 200 元、播种 100 元、肥料 250 元、浇水 100 元、除草 120 元、病虫害防治 80 元、嫁接费 1000 元(0.1 元/株，亩嫁接 10 000 株)。一般情况下亩产商品苗 6500 株，特殊情况下亩产商品苗 8000 株。商品枣苗平均每株按 1 元计算，亩产值 6500~8000 元。

(三)河北省献县

枣树嫁接育苗 2 年出圃的成本效益为：亩总投入 3250 元，亩纯收入 4750~16 750 元。

其中，第一年亩投入 750 元，包括种子 200 元，播种、管理、施肥、地膜等 500 元，农药 50 元。第二年亩投入 2500 元，包括嫁接费 1000 元，除草、除萌 300 元，农药、肥料 200 元，白蜡费等 1000 元。

一般每亩产成品苗 4000 株，按每株 2 元计算，毛收入 8000 元，扣除两年投资纯收入 4750 元，年效益 2375 元/亩。特殊情况下苗木单价 5 元以上，毛收入 20 000 元，年收入每亩 8000 元以上。

(四)河北省行唐县

一般育成品苗需要时间 2 年，因繁育的品种不同，成本效益存在明显差异。

普通婆枣每亩投资 2440 元，纯收入 6560 元。投资包括租地 400 元、肥料 420 元、浇水 300 元、接穗 300 元(6000 根)、用工 1000 元(20 个)、用药 20 元。亩产成品苗 6000 株，价格 1.5 元/株，毛收入 9000 元。

优良婆枣每亩投资 4540 元，纯收入 25 460 元。投资包括租地 400 元、肥料 420 元、浇水 300 元、接穗 2400 元、用工 1000 元、用药 20 元。亩产成品苗 6000 株，价格 5 元/株，毛收入 30 000 元。

(五)陕西省大荔县

陕西省大荔县的主栽枣树品种以嫁接育苗为主，归圃育苗为辅。

归圃育苗一般每株成本价在 0.5~0.6 元，其中一级苗木出售价在 1.0~1.2 元，每亩以 4000 株计算，育苗每亩收益在 2000 元以上。

嫁接育苗 2 年出圃，每株成本价在 0.2~0.3 元，其中一级苗木出售价在 1.2~1.6 元，每亩以 5000 株计算，亩收益在 5000~6000 元。

(六)陕西省西安市阎良区

枣树育苗一般 2 年出圃。亩投入 1370 元，其中肥料 350 元、农药 50 元、人工费用 800 元、机械费用 150 元、其他 20 元。

一般每亩出成品枣苗 4000 株，按每株 3 元计算，亩收入 12 000 元(折合年收入 6000 元)，亩纯收入 10 630 元。

(七)陕西省延川县

嫁接育苗(2 年出圃)需亩投资 5330 元，包括租地 400 元、翻地 100 元、施农家肥 600 元(0.6 元/千克 ×1000 千克/亩)、化肥 200 元(2 元/千克 ×100 千克)、种子 150 元(60 元/千克 ×2.5 千克)、地膜 80 元(10 元/千克 ×8 千克)、浇水 300 元(100 元/次 ×3 次)、播种 250 元(50 元/工日 ×5 个工日)、整地 250 元(50 元/工日 ×5 个工日)、接穗 1000 元(0.1 元/个 ×10 000 个、嫁接 1000 元(0.1 元/个 ×10 000 个)、锄草、防虫等管理 1000 元(50 元/工日 ×20 工日)。按亩出苗 8000 株、单价 2.5 元计，毛收入 20 000 元，纯收入 14 670 元。

归圃育苗(2 年出圃)需亩投资 9850 元。包括租地 400 元、翻地 100 元、施农家肥 600 元(0.6 元/千克 ×1000 千克/亩)、化肥 200 元(2 元/千克 ×100 千克)、浇水 300 元(100 元/次 ×3 次)、整地 250 元(50 元/工日 ×5 个工日)、根蘖苗 7500 元(0.5 元/株 ×15 000 株)、锄草、防虫等管理 500 元(50 元/工日 ×10 工日)。按亩出苗 11 000 株、单价 2.5 元计，毛收入 27 500 元，纯收入 17 650 元。

(八)河南省新郑市

采用归圃育苗方式，每亩育苗 15 000 株，每株根蘖苗及管理费 0.23 元，每亩投资 3450 元。当年成苗 6000 株，每株售价 0.8 元，每亩产值为 4800 元，与投资相抵，每亩纯收入为 1350 元。

(九)宁夏中宁县

中宁圆枣采用归圃育苗或酸枣嫁接育苗，2 年为一个周期。平均每亩出圃合格苗 3000 株，平均每株育苗成本 1.5 元左右，每株售价 2.5 元计算，每株净利润 1 元，即每亩纯收入 3000 元。

(十)山东省乐陵市

采用归圃育苗法，每亩育苗 4000 株。亩成本 1010 元，包括购买根蘖苗 800 元、浇水 10 元、人工 200 元。亩毛收入 6000 元，亩纯收入 4990 元。

(十一)山东省沾化县

以金丝小枣嫁接沾化冬枣为例，培育两年成苗，每亩栽树苗 4000 株。总成本 1000 元，其中购买金丝小枣砧木苗 400 元、嫁接费 400 元、化肥等 200 元。卖苗毛收入 8000 元，纯收入 7000 元。

二、栽培的成本和效益

枣树栽培的成本效益亦因地区、品种、管理和经营水平等存在很大差异。总体来看，鲜食品种的效益要好于制干品种。目前，各地枣树的栽培管理亩成本 292~1010 元，亩纯收入 250~15 000 元。下面将各地枣树栽培的成本和效益进行介绍。

(一)河北省阜平县

河北省阜平县的婆枣，以山地果园为主，按标准化无公害管理的栽培成本为每年每亩 440 元。其中，整形修剪(工具、材料及 1 个工)50 元，土壤深翻、除草用工 160 元(40 元/工、4 个工)，农家肥 80 元(400 千克)，病虫害防治用工 40 元(每年 6 次，共用 1 个工)，农药 90 元，夏季修剪 20 元。平均亩产量 400 千克(干枣)，亩产值 3000 元。其中，特级(5%)20 千克，40 元/千克，800 元；一级(15%)60 千克，12 元/千克，720 元；二级(40%)160 千克，6 元/千克，960 元；三级(30%)120 千克，4 元/千克，480 元，等外枣(10%)40 千克，1 元/千克，40 元。亩纯收入 2560 元。

(二)河北省曲阳县

河北省曲阳县的主要栽培品种为婆枣，以山地果园为主。平均年投入 550 元/亩，其中，施肥 250 元(配方施肥 50 千克、150 元，烘干鸡粪 500 千克、100 元)，病虫害防治 100 元，整形修剪用工费 100 元，其他投入 100 元。一般情况下亩产鲜枣 400 千克，特殊丰产年份亩产鲜枣 750 千克。按每千克 1 元计算，亩产值 800~1500 元，亩纯收入 250~950 元/亩。

(三)河北省行唐县

河北省行唐县的主栽品种为婆枣，以山地果园为主，不能正常浇水。以盛果期婆枣为例，正常年份一般每年每亩投资340元，毛收入1200元，纯收入860元。投资包括肥料60元，农药及生长调节剂80元，用工200元。每亩收获干红枣200千克，平均6元/千克，共收入1200元。

近年来，对老枣树进行树体改造，采用无公害生产，高投资、高收入。正常年份一般每年亩投资640元，毛收入3000元，纯收入2360元。投资包括肥料260元(100千克)，农药及杀虫器械80元，用工300元。每亩收获干红枣300千克，平均10元/千克，共收入3000元。

(四)河北省新河县

河北省新河县的主栽品种为婆枣，平原栽培，一般栽培方式为3米×4米。按每亩计算，需用工、肥水、农药等费用400元，每亩盛果期枣树收益在2000元左右。

(五)河北省献县

河北省献县的主要栽培品种为金丝小枣，为平原果园。其从栽植到盛果期需8年，此间的成本效益如下。

建园时每亩苗木成本90元(2元×45株/亩)，挖坑、施基肥及用工等栽植成本300元；栽后至盛果期，每年每亩管理用工10个，每个工按20元计算，合计1600元；肥料农药1600元。前8年总投入3590元。

盛果期每亩产干枣500千克，每千克按4元计算，年毛收入2000元，扣除600元投资，每亩效益1400元。丰产情况下，亩产750千克，每千克6~8元，年毛收入5000元左右，扣除1000元投资，效益4000元。

(六)陕西省大荔县

陕西省大荔县的主栽枣树品种为冬枣、梨枣、水枣。其中，冬枣平均亩产750~1000千克，平均每千克10~14元，亩收益7500~10 000元；梨枣平均亩产2000千克，平均每千克2元，亩收益4000元；水枣以间作种植为主，平均亩产500千克，每千克1.6~2.0元，亩收益800~1000元。冬枣在早熟7~10天的情况下，平均每千克14~18元，亩收益最高可达15 000元。

(七)陕西省延川县

山地枣园(栽植密度3米×4米)，亩需投资736.8元，包括：苗木210元(2.5元/株×84株/亩)，地膜、套袋16.8元(0.2元/株×84株)，整地、挖坑、栽植300元(60元/工日×5)，农家肥30元(0.06元/千克×500千克)，浇水30元，配套生产道路150元。达到盛产期后，按亩产400千克、4元/千克计，产值1600元，亩纯收入863.2元。

川、台、塬地枣园(栽植密度2米×3米)，亩需投资661.2元，包括：苗木140元(2.5元/株×56株/亩)，地膜、套袋11.2元(0.2元/株×56株)，整地、挖坑、栽植300元(60元/工日×5)，农家肥30元(0.06元/千克×500千克)，浇水30元，配套生产道路150元。达到盛产期后，按亩产400千克、4元/千克计，产值1600元，亩纯收入938.8元。

(八)陕西省西安市阎良区

阎良相枣，亩投入550元，包括肥料200元、农药50元、人工费用230元、机械费用50元、其他20元；亩产鲜枣1200千克(4元/千克)，产值4800元，纯收入4250元。阎良脆枣，亩投入600元，包括肥料200元、农药50元、人工费用280元、机械费用50元、其他20元；亩产鲜枣1250千克(6元/千克)，产值7500元，纯收入6900元。沾化冬枣，亩投入650元，包括肥料200元、农药50元、人工费用330元、机械费用50元、其他20元；亩产鲜枣1000千克(7元/千克)，产值7000元，纯收入6350元。

(九)河南省新郑市

河南省新郑市的主栽品种为灰枣。按枣粮间作栽培方式，株行距3米×4米，每亩栽56株，苗木价格2元，苗木费112元。8年后进入盛果期，每株产干枣10千克，每亩560千克。按照最低收购价平均每千克6元计算，每亩收入3360元。扣除每年施肥、防病等管理费用1000元，不算其他间作的小麦、花生等作物的产值，仅枣一项每亩纯收入2360元。

(十)宁夏中宁县

宁夏中宁县的主栽品种是中宁圆枣，一般7年后进入盛果期。盛果期后平均亩产400千克，每千克按2元计算，亩产值达800元。

(十一)山东省乐陵市

主要栽培品种金丝小枣，每亩44株(3米×5米)。每亩每年投资292元，其中化肥220元、农药32元、人工30元、浇水10元。每亩毛收入3960元、纯收入3668元。

(十二)山东省无棣县

主要栽培品种为金丝小枣和冬枣。一般情况下，一株盛果期金丝小枣株产10千克(干)，每千克8元，株收入80元，每株年成本5元，每株年效益70元。冬枣株产20千克，每千克5元，每株年收入100元，每株年成本10元，每株年效益90元。特殊情况下，一株盛果期金丝小枣株产25千克(干)，每千克10元，株产值250元，年株成本5元，年株纯收入245元；冬枣年株产35千克，每千克5元，年株收入175元，年株成本20元，年株效益155元。以3年生，2米×3米密植沾化冬枣园为分析对象，亩栽110株，亩产沾化冬枣1000千克，亩产值6000元；亩成本1000元，其中化肥600元、农药400元；亩纯收入5000元。

第三章　发展趋势展望

■ 第一节　产业竞争优势和发展机遇
■ 第二节　产业发展趋势

第一节　产业竞争优势和发展机遇

总体来看，目前我国的枣树业是市场有需求、群众有热情、技术有潜力，在看得见的未来，枣产业还将持续、稳步的发展，其中鲜食枣产业还会进一步大踏步的发展。改革开放以来，我国枣树面积和枣产量翻了近3番(从20万~200万吨)，但枣产品市场一直保持良好态势，总体价格稳中有升。进入21世纪后，在加入WTO、经济全球化、农业产业结构调整、西部大开发、退耕还林这样一种大调整、大发展的历史背景下，我国特色优势明显的枣产业的发展正在迎来其新的战略机遇期。

一、内在因素

枣产业自身有三大特色优势，一是枣树适应性强、管理容易，可兼顾经济和生态效益，能满足国家生态建设和农民增加收入的双重要求；二是枣果营养丰富、用途广泛，国内外市场空间巨大；三是枣树特产我国，枣产品面临的国际竞争很小。这些决定了枣产业具有持续的竞争优势。

1. 枣树抗逆性强、管理简便

枣树的适应性和抗逆性极强，抗旱、抗寒、耐盐碱、耐瘠薄，适栽区域广泛(表3-1，表3-2，表3-3)，可兼顾经济和生态效益是落实果树上山下滩政策的先锋树种和理想的生态经济林树种。尤以抗旱性最为突出，不仅耐旱，而且能在干旱条件下实现丰收。1986年河北太行山枣区和1997~2001年陕晋黄土高原枣区连年持续高温干旱，秋季作物几乎绝收，核桃、柿树出现焦梢并严重减产，而枣树却喜获丰收。

枣树成花容易，花量大，且具有当年分化、多次分化、花期长达2个多月等特点，丰产潜力大，稳产性强。如管理得当，栽后当年即可开花结果，经济寿命可达千年以上，是一种多收的木本粮食、铁杆庄稼。山西交城林研所每公顷栽植15000株的超密临猗梨枣试验园，实现了栽植当年每公顷产鲜枣1789.5千克、第2年11 323.4千克、第3年19 089千克、第4年26 077.5千克，5年后保持在22 500千克左右，经济效益非常显著。近年来，山西临猗和河北赞皇分别在临猗梨枣和赞皇大枣上创造了每公顷产鲜枣37 500~52 500千克的高产记录。发展枣树生产，经济效益非常显著。

此外，枣树在各种果树中萌芽最晚，落叶最早，加之根稀叶疏，与主要粮油作物物候期交错，间作小麦、谷子和花生等作物，可实现枣粮双丰收，并兼顾经济效益、生态效益和社会效益。特别是河北、山东环渤海枣区的枣麦间作、河北省太行山枣区和黄土高原枣区的枣花生间作以及近年来在新疆沙漠戈壁边缘枣区的枣棉(密植矮化棉花)间作，已被公认为农林复合经营高效利用土地资源的一个典范。

表 3-1 中国枣分布区的气候条件

Table3-1 Natural climatic conditions of the production areas of Chinese jujube in China

项目 Items	数值 Value
年均温 Annul average temperature(℃)	5.5~22
花期平均温度 Average temperature of flower season(℃)	≥22~24
最低温度 Minimum temperature(℃)	≥-38.2
无霜期 Frost-free period (d)	≥100
年降水量 Annual rainfall (mm)	87~2000
年日照时数 Annual sunshine (hr)	≥1100

表 3-2 中国枣分布区的土壤条件

Table3-2 Natural soil conditions of the production areas of Chinese jujube in China

土壤条件 Soil condition	数值 Value
土壤深度 Depth (cm)	≥30
pH	4.5~8.4
NaCl (%)	≤0.15
Na2CO_3(%)	≤0.3
Na2SO_4(%)	≤0.5

表 3-3 中国枣树分布北缘的气候条件

Table3-3 Climatic conditions of the north border of distribution of Chinese jujube in China

产地 District	纬度 Latitude	气温 Temperature(℃)		年降水量 Annual rainfall(mm)	年日照 Sunshine duration(h)
		Average	Minimum		
辽宁朝阳 Chaoyang, Liaoning	41°33′	8.3	-31.1	474.2	2893.9
内蒙古呼和浩特 Huhehaote, Inner Mongolia	40°49′	5.5	-32.8	437.2	2960.7
宁夏灵武 Lingwu, Ningxia	38°06′	9.1	-28.0	219.8	2894.4
甘肃高台 Gaotai, Gansu	39°23′	8.1	-26.4	87.4	3049.3
新疆昌吉 Changji, Xinjiang	44°10′	5.7	-38.2	203.2	2828.0

可见，枣树不仅能够增加农民收入，还可以绿化荒山荒地，高效利用土地资源，产生良好的生态效益。

2. 枣果营养丰富、用途广泛

据测定，枣果的维生素 C(380~600 毫克/100 克鲜重)、cAMP(23~300 微摩尔/100 克干重)、碳水化合物(60~80 克/100 克干重)以及钙(40~61 毫克/100 克干重)等重要食疗成分的含量均居百果前茅，是名副其实的高营养果品(表 3-4，表 3-5)。枣果鲜食制干兼宜，还可加工成蜜枣、乌枣、南枣、醉枣、枣酒、枣泥、枣酱、枣汁、枣茶、滋补精、罐头，烟用香精、食用红色素以及膳食县委、多糖、环核苷酸糖浆等功能性食品。除作为一般果品外，枣果还是重要的节日用品、传统中药、滋补保健佳品以食品加工的重要原料。枣果及其加工品作为我国拳头特色果品，远销亚洲、欧洲、美洲、非洲、大洋洲等洲的几十个国家和地区。此外，枣树还是上等蜜源植物。随着人们生活水平的提高，以营养丰富见长的各种枣产品必将获得更大的国内外市场空间。

表 3-4 不同枣品种间干枣营养成分比较

Table3-4 Nutritional constituents in pulp of dry mature fruit of 9 Chinese jujube cultivars

品种 Cultivar	总糖 Total sugars (%)	还原糖 Reducing sugars (%)	果糖 Fructose (%)	酸 Acidity (%)	维生素C (mg/100g)	纤维素 Cellulose (%)	果胶 Pectin (%)	脂肪 Lipid (%)	蛋白质 Protein (%)	水 Moisture (%)	灰分 Total ash (%)	CaO (μg/g)	P_2O_5 (μg/g)	Fe_2O_3 (μg/g)
尖枣 Jianzao	72.1	66.2	34.7	1.35	14.4	4.45	1.28	0.33	4.04	14.77	2.04	210	683	53.8
骏枣 Junzao	67.3	48.1	17.5	1.34	15.8	4.78	0.88	0.58	5.27	18.03	2.46	862	930	65.1
龙枣 Longzao	70.4	46.9	14.3	1.74	17.7	6.26	0.89	0.56	5.56	16.59	2.33	521	1085	99.7
鸭枣 Yazao	67.1	50.0	15.3	1.75	14.1	5.96	1.21	0.85	5.69	17.42	2.31	576	476	56.8
婆婆枣 Popozao	53.3	50.6	18.4	2.03	18.6	10.30	2.09	0.79	6.84	18.81	2.98	491	1095	62.1
铃铃枣 Linglingzao	70.3	48.4	16.5	1.29	14.7	5.65	0.42	0.36	4.56	11.76	2.58	475	664	93.0
三变红枣 Sanbianhongzao	70.2	55.2	19.2	1.56	14.5	4.56	0.47	0.53	5.41	18.47	2.10	455	878	63.3
金丝小枣 Jinsixiaozao	68.6	48.4	15.8	1.15	16.9	5.13	1.92	0.31	5.47	15.95	1.90	373	676	39.4
清涧木枣 Qingjianmuzao	67.6	62.5	25.5	1.38	9.3	5.75	0.61	0.92	5.45	13.39	1.53	456	441	26.9

表 3-5 不同枣产品与苹果的主要营养成分比较

Table3-5 Comparison of nutritional constituents between apple and different products of Chinese jujube

	水分 Moisture (%)	热量 Calorific value (Therm/100g)	蛋白质 Protein (%)	脂肪 Lipid (%)	碳水化合物 Carbohydrate (%)	纤维素 Cellulose (%)	总灰分 Total ash (%)	CaO (mg/100g)	维生素C (mg/100g)	cAMP (nmol/g)
成熟鲜枣 Fresh mature jujube	73.4	99	1.2	0.2	23.2	1.6	0.4	14	540	10~200
成熟干枣 Dry mature jujube	19.0	308	3.3	0.4	72.8	3.1	1.4	61	12	20~500
蜜枣 Candied jujube	18.6	315	1.3	0.1	77.2	2.1	0.7	43		
成熟鲜苹果 Fresh mature apple	84.6	58	0.4	0.5	13.0	1.2	0.3	11	2~4	<0.01

3. 枣树特产我国

枣树是原产我国的特色优势果树，虽然30多个国家引种了我国的枣树，且在韩国形成了较大规模的商品化栽培，但枣产品能够进入国际市场的只有我国(韩国尚自给不足)。这样，枣产品基本上没有国际竞争对手，出口创汇潜力巨大。

二、客观因素

近年来，枣产业发展还面临三大战略机遇，一是农业产业结构调整、西部大开发、退耕还林国家宏观政策的相继出台助推枣业发展；二是人民生活水平提高和产业技术进步，使枣产品供需双旺；三是我国加入WTO和经济全球化，国际市场更加开放。

1. 国家宏观农业政策

我国目前进行大规模农业产业结构调整的基本思路是，大力发展畜牧业，加强果菜业，稳定粮食生产，而在果品中则强调要大力发展特色果品和小杂果。枣树作为一种适应性强、栽培管理容易、比较效益高、市场前景好、干鲜兼优的特色果树，其发展不仅符合国家的农业产业结构调整政策，而且深受群众欢迎。

改善生态环境是西部大开发的战略重点之一。然而，西部地区经济落后的现状，又决定了西部大开发必须走经济和生态效益兼顾的道路。枣树抗旱性极强，耐粗放管理，是“一种多收”的铁杆庄稼，非常适合西北地区发展。如西北黄土高原，曾连续5年以上严重干旱，导致粮食绝收，苹果、核桃等严重减产甚至死树，而枣树却一直保持了较好收成。西部地区宜枣荒地资源非常丰富，农民发展枣树可享受退耕还林补助政策，兼收良好的生态和经济效益，从而实现国家战略和农民目标的协调统一。可见，西部大开发战略和退耕还林政策的深入实施，将进一步推动枣树的大发展。

2. 人民生活水平提高和枣产业技术进步

到21世纪50年代，我国将整体上达到中等发达国家水平。在今后的40多年间，随着生活水平的大幅度提高，人们对营养型果品及其加工品的需求必然会大幅度增加。在我国，枣果作为传统的滋补保健佳品，早已深入人心。可以预测，枣果及其加工品在国内有十分广阔的市场开发空间。此外，随着中国的日益强大和国家地位的不断上升，枣产品作为我国饮食文化的重要载体必将大踏步走向国际市场。另一方面，近年来枣产业科技进步突飞猛进，新品种、新栽培模式、绿色生产技术、功能食品深加工技术等都取得了长足发展，枣树生产水平正在迅速提高。可见，枣产品有广阔国内外市场，枣树生产有良好的科技支撑，供需两旺，必将推动枣产业进一步的健康发展。

3. 中国加入WTO和经济全球化

我国加入WTO后和经济全球化的不断深入，枣产品的出口门槛大为降低，国际贸易更为自由，出口效益将进一步提高。而在今后相当长一段时期内，我国仍将是世界上最大的枣树生产国和惟一的枣产品出口国。枣作为我国特产，加之营养丰富，食疗价值高，在外贸出口方面可望迎来其黄金时期。

第二节 产业发展趋势

我国的枣产业在经过了20多年持续快速的大发展之后，一方面仍将进一步向深度和广度发展，另一方面将逐步进入大的调整期。在今后的一段时期内，枣产业发展将呈现出一下几大趋势。

一、生产区域化、产业化

随着枣产品市场的逐渐饱和和转向买方市场，枣树生产必将进一步走向区域化生产和产业化经营，以维持和提高产业效益。总体来看，优良品种将向其优生区集中，其中鲜枣将北上南下、干枣稳中西移、加工中原崛起；传统产区将发展趋缓、新兴产区迅速壮大；产前和产中求稳求质、产后将会迅速做大。

具体而言，鲜食品种将北上冷凉地区和南下热带亚热带地区，北上冷凉地区(北纬39°~42°左右)，主要是因为冷凉地区通常病虫害少、裂果轻，特别是鲜食品质更佳(酸甜适口，口味浓)；南下长江以南的热带亚热带地区主要是因为南方枣果可提早成熟15~30天从而实现错季供应，而且历史上南方枣树偏少、市场空间很大；制干品种目前80%集中在河北、山东、山西、河南、陕西等中东部的5个省，这些枣树传统主产区的发展潜力已经相对较小，特别是近年来果实病害(裂果、缩果)日趋严重、产量不稳、效益下降，干枣生产势必向干旱少雨、日照充足、昼夜温差大、病虫害少、管理容易、干枣品质优良的西部地区(陕西、宁夏、甘肃、新疆等)转移；枣产品的加工、经营和研发则会向河北、山东、山西、河南等中东部地区集中，这是因为这些传统的主产区经济、技术和信息发达且有大量过剩枣果和残次果迫切需要加工处理。

此外，在国际枣产业布局方面还可能出现两个趋势，一是中亚、非洲、大洋洲等的干旱地区可能会规模化引种和商品化生产我国的枣树，中国人出去种和外国人自己种都有可能(澳大利亚、朝鲜等已经开始商品化试验种植)；二是一些跨国公司可能会涉足我国的枣产业，特别是加工和贸易。

二、品种多样化、高级化

近年来，随着人们生活水平的提高和枣产品买方市场的逐步发展，枣树品种的多样化和高级化趋向已很明显，品种更新步伐日益加快。一方面，不管良莠、就地繁殖、就近引种的传统做法正在被淘汰，地方品种选优和远距离的大规模引进优良品种蔚然成风；另一方面，枣品种结构正在发生深刻变革，鲜食品种异军突起，制干品种一统天下的格局正被打破，制干、鲜食、兼用、蜜枣和观赏品种协调发展及早、中、晚熟鲜枣有机搭配将成为历史的必然。

多样化和高级化是一个动态的概念和长期的目标，对多样化和高级化的要求会不断更新和提高。为不断适应和满足这种需要，新品种特别是矮化早果、速丰优质、抗裂耐贮、综合性状优良的新品种的选育步伐势必加快。

三、鲜枣系列化、周年化

由于鲜枣较之干枣具有更好的口感、更高的营养(特别是维生素C)、更强的国内外市场亲和性(适口性广)，加之鲜枣设施栽培、贮藏保鲜和冷链供应技术发展迅速，鲜枣产业必将在今后相当长的时期内持续、快速发展，逐步实现供应周年化、经营国际化，成为枣产业中最活跃、最具竞争力和扩张性的部分，必将擎起枣产业的半壁江山。

四、栽培规范化、简易化

栽培是枣树生产中与农民关系最为密切、技术内容最为复杂、劳动力支出最多、对产品质量和采后具有重要影响的关键环节。要提高枣产业的生产效率，栽培技术的规范化、简易化是必然趋势。栽培技术的规范化、简易化主要体现在以下几个方面。

(1)苗木嫁接化、规范化　优良品种只有采取无性繁殖才能保持其优良种性。枣树的无性繁殖方法有分株法、扦插法、嫁接法和组织培养法等。其中传统的分株法繁殖系数低，根系差，栽植成活率低；硬枝扦插不易生根，成苗率低(目前最高只有40%~50%)，尚不能满足生产需要；绿枝扦插虽然成活率可达90%以上，但技术较复杂，要求条件高；组织培养法繁殖系数最高，但对技术和设备要求也最严格。相对而言，嫁接繁殖方法简便，苗木质量好，繁殖系数也比较高(若利用二次枝嫁接，繁殖系数还可提高数倍)，因此近期内嫁接法仍将是生产上的主流发展方向。近年来，枣树的嫁接育苗技术有了很大发展。最新的技术规程为：早春直播酸枣仁(播前清水浸种1~2天)，播后覆膜保墒提温促萌，酸枣苗高25厘米左右时打尖促苗粗壮，翌春贴地嫁接以提高砧苗利用率和嫁接苗生长，秋后、最好翌春出圃。出圃苗木应品种纯正，根系健全，大小规范，苗高和基径分别至少达到80厘米和0.8厘米以上。另外，在起苗、运输和假植过程中，严格采取保水措施，避免苗木失水。同时要加强苗木检疫，严禁携带检疫对象(枣疯病、龟蜡蚧等)的苗木进入非疫区。

(2)栽植矮密化、设施化　矮密栽培已成为当今果树发展的主流，设施栽培则是近年来果树特别是小冠果树的发展热点。枣树生长慢、修剪反应迟钝、树冠比较容易控制，加之进入结果期早、可当年成花当年结果、成花容易而且花量大，因此枣树较一般果树更适合矮密栽培和设施栽培。然而枣树的矮密栽培和设施栽培发展较晚，其中前者开始于20世纪80年代，已被多数枣农所接受，目前推广密度为2米×3米，计划密植时1~1.5米×3米；后者开始于20世纪90年代中期，目前尚在试验起步阶段，主要用于鲜食品种的错季栽培。从长远看，设施栽培特别是延迟成熟栽培由于能够有效延长鲜枣供应期并可解决鲜枣裂果问题，将是今后鲜食品种发展的重点和方向。

(3)施肥平衡化、有机化　和其他作物一样，随着化肥工业的兴起，枣树生产中化肥尤其氮肥的用量剧增，其结果是一方面产量增加了，另一方面品质和抗病性却下降了，同时对环境的污染日趋严重。然而，随着枣产品市场逐渐由卖方市场转向买方市场，对品质的要求会越来越高，品质在效益中的地位将越来越重要。这就要求枣树栽培者，必须对枣树的施肥结构进行调整，其中主要是降低氮肥用量，增加磷钾肥比例，特别是增加有机肥的施用量，尽快实现施肥的平衡化和有机化，以确保在对环境友好的前提下生产出高质量的枣果。

(4)修剪周年化、简易化　修剪是调整树体营养，加快树冠成形，提高产量和品质切实有效的方法。目前枣树修剪上存在的问题仍比较突出，一是许多枣区尚未形成修剪的习惯，长期放任生长的结果导致树形紊乱，枝条过于密集，通风透光不良，结果部位外移，结果少质量差；二是新建枣园不及时进行定干和整形，由于枣树具有单轴延伸习性，常导致成形慢，结果晚；三是偏重冬剪，忽视夏剪，冬季集中修剪，不仅工作量大，而且营养损失多，修剪效果较差。大量的研究和实践表明，夏剪容易操作，效果显著，特别是夏季摘心对促进新枣头结果效果非常明显。事实上，夏季修剪不仅可作为冬剪的补充，而且如果连年修且修得细致的话，冬季修剪的任务会大大减少，甚至不再需要进行冬剪。对于矮密枣园和设施枣园，周年修剪尤为重要。

(5)病虫防治综合化、无害化　病虫害防治是枣树生产上的关键环节，同时也是用工、用钱以及造成环境污染和农药残留的主要环节。通过科学用药和综合治理，尽可能采用物理的、农业的和生物的等非化学的方法，结合必要的化学防治(采用一药多治的复合药物及高效低毒低残留的药物)，通过不用药、少用药或少用剧毒和高残留药，实现降低枣果中农药残留、提高防治效果、减少病虫防治成本的目的。

五、采后机械化、现代化

目前，采后商品化处理是枣树生产上的一个薄弱环节。一是组织化、机械化水平低，浪费严重，如绝大多数的制干和分级都是自发的，手工分级效率低，难以实现标准化；二是自然晒制，浆烂损失和营养损失严重，卫生标准低；三是包装、保鲜和深加工技术滞后，增值不力。应逐步走向分级包装机械化，干制烘烤化，保鲜气调化、运输销售(鲜枣)冷链化，加工现代化。

六、产品绿色化、两极化

随着人们人民生活水平和环境保护意识的提高，以及对自身健康的日益关注，无公害的绿色健康食品越来越受欢迎，而农药、化肥污染的产品越来越没有市场。另一方面，我国的枣产品要大规模走向国际市场要求枣树生产必须走向绿色化。此外，近年来我国枣树无公害绿色生产技术发展很快，技术上日臻成熟。因此，枣树的无公害和绿色生产必将走向普及。

无公害和绿色将是今后枣产品生存和发展的基础。但要进一步培养枣产品的消费群体、壮大枣产品的国内外市场，必须抓住两大消费群体，即两条腿走路。一是大规模发展适口性好、消费方便、价廉物美的中、低档的大宗产品，占领大众消费市场；二是集中力量适度发展能突出枣果高营养优势的高档功能性枣深加工产品，占领高端消费市场。

七、经营组织化、品牌化

随着生活质量的提高，人们不仅对产品的内在和外在质量提出更高的要求，同时更加追求品牌。虽然枣是我国的特色和优势，即使在加入 WTO 后近期内也不会受到国外同行的有力竞争，但枣产品在整个果品市场中的份额却会面临其他果产品的激烈竞争。此外，国外企业来中国从事枣树生产和经营也会给国内的枣树生产者带来压力。鉴于此，我国的枣树生产应突出自身特色，迅速向优质化和品牌化迈进，积极争取和扩大市场份额。而品牌经营不仅要有过硬的产品质量，还必须有足够的经济实力和经营管理能力，这就要求必须提高枣产业的组织化水平。

八、消费全民化、国际化

枣是我国传统饮食文化的重要载体和和我国最具特色优势的农产品之一，加之枣产品营养丰富独特，食疗价值高，随着人们生活水平的不断提高、对枣产品认识的不断深入和对外交流的日益频繁，枣产品的国内外消费群体都必将进一步扩大，不久的将来枣产品将成为最具代表性的中国民族特色食品之一走向全国、走向国际。

第四章　存在问题与对策建议

■ 第一节　存在的主要问题

■ 第二节　面临的挑战和危机

■ 第三节　对策与建议

第一节　存在的主要问题

一、发展盲目轻管护

近年来，由于枣产品供销两旺的势头持续发展，发展枣树的效益比较高，加上国家农业产业结构调整、西部大开发和退耕还林等政策的推动，枣树成为我国果树发展的又一热点。陕西黄土高原、山西吕梁山区、河北太行山区、新疆阿克苏地区等，每年新栽面积都在 1 万公顷以上。但由于缺乏深入细致的市场调研和技术经济分析，没有进行科学有效的宏观指导，各地在发展的规模、速度特别是引种方面普遍存在很大盲目性，重发展轻管理、重成龄结果树轻幼树、重数量增加轻质量提升的现象十分严重。

不少地方，在选择品种时缺乏区域化试验依据，不是根据市场上短缺什么品种而是当地有什么品种就发展什么品种，不是市场需要多少而是当地有多少宜枣面积就发展多少，不是当地适合发展什么品种而是别的地方发展什么品种效益好自己就发展什么。这种状况如果持续下去，潜在危机不容忽视。另一方面，由于发展速度太快，育苗工作没有跟上，优质合格的嫁接苗和归圃苗不能满足需要，大多数采用根系不良的根蘖苗，致使许多地区栽植成活率不到 50%，甚至只有 20%~30%，需 2~3 年才能把苗补齐。还有很多地方，不注意品种的纯正性，品种引种和苗木购置混乱，导致同一枣园内品种混杂现象非常严重。这些先天性不足给日后的早实丰产和优质栽培造成极大困难。

此外，各枣区普遍存在重结果树轻幼树管理的不良习惯，造成幼树成形慢，进入盛果期时间被推迟 3~5 年以上。目前大多数枣区未结果幼树都占到 50% 左右，由于幼树不能及时进入盛果期造成的损失是惊人的。

二、区域布局欠合理

我国枣产业的发展是与黄河文明的发展紧密相关的。黄河中下游地区是黄河文明的发祥地，也是从古至今枣产业最为发达的地区。目前，我国将近 90% 的枣树栽培面积、产量都集中在河北、山东、山西、陕西、河南等黄河中下游省份。近年来迅速兴起的鲜食枣产业也主要集中在这些省份。但这些地区夏秋多雨，许多品质非常优良的制干和鲜食品种由于成熟期遇连阴雨浆烂和发生缩果病等，损失十分严重。另一方面，由于分布过于集中，金丝小枣和冬枣等很多优良品种的价格已开始出现下滑。而非常适合中早熟鲜食品种发展的北方冷凉地区和可提前成熟错季生产的南方地区，鲜食枣的生产还远没有得到充分的发展；又比如，干旱少雨又有地下灌溉条件、没有裂果之忧、特别适合优质干枣生产的我国宁夏、甘肃、新疆等西部地区，枣产业的规模却很小。不过，近几年由于新疆枣产业的迅速崛起使得这种现状有所改善。

三、品种结构待调优

到目前为止，我国的枣树品种基本上仍然是制干品种占统治地位，栽培面积和产量均占到总量的70%以上。迄今对专用加工品种尚缺乏研究和开发，加工在很大程度上仍只是为了解决销售出路问题。鲜食品种的开发虽然已经如火如荼的开展起来，但目前基本上是晚熟的冬枣一枝独秀，占鲜食品种面积和产量的60%以上，优良中早熟品种严重缺乏，极早熟、早熟、中熟、晚熟、极晚熟不同成熟期配套的鲜食品种结构尚未建立起来，而且尚未引起地方政府的足够重视。

另一方面，目前各地的主栽品种基本上都还是传统的地方品种，良莠不齐和品种退化现象严重。各地普遍存在着老产区保守，对更新品种不积极，而新产区又由于发展太快和贪图便宜，新品种比例也不高，造成我国枣品种整体上老化严重，导致一般性的品种甚至比较差的品种在生产上仍占有相当的比例，相反许多优良品种和类型则被局限在很小的规模，不能满足人们日益多样化和高级化的要求。比如，陕晋黄土高原枣区的油枣在品质和综合性状方面均明显优于木枣，但木枣却是主导品种，油枣只占10%~20%；河北和山东省已从金丝小枣中选出了多个换代型新品种，但用其改造老品种的数量还很少；类似的情况在其他各大产枣区也都不同程度地存在着。在市场日趋饱和，竞争日益激烈的情况下，不良品种将会首当其冲，失去市场。

四、重大病虫渐猖獗

随着枣树栽培规模的不断扩大，盲目的非适地时栽和掠夺性的片面追求产量导致树势衰弱，使得近年来枣树的病虫害日趋严重。特别是枣疯病、缩果病、裂果及干枝枯叶病等新的枝干病害和绿盲蝽、皮暗斑螟（甲口虫）等难以防治的重大病虫害的危害地区越来越广、危害程度愈来愈大，严重影响着枣产业的可持续发展。2007年，今年河北、山东、山西、陕西因成熟期连阴雨裂果严重，大面积减产损失50%~80%，仅河北沧州市枣区就损失了12亿元。即使在常年，由于裂果、缩果、绿盲蝽等造成的损失也多在30%以上。特别值得注意的是，诸如桃小食心虫、枣锈病等已经多年没有成灾的老病虫害，近年来开始在一些地区死灰复燃，并造成重大产量损失。

五、产业水平两头低

目前，我国的枣树生产中还普遍存在着重产中轻产前和产后的问题，表现为产前品种选育滞后、苗木培育经营不规范，采后处理技术落后、新产品开发薄弱、贮藏加工比例偏低，产业发展不平衡。近年来，我国枣加工业虽然发展很快，但由于各地从县域经济考虑得多从区域经济考虑得少，对眼前市场和效益看得重对长远市场和效益看得轻，致使枣加工品低档次重复现象非常严重，小而全的加工结构十分普遍，其结果是本不充裕的资金不能集中使用，谁都难以形成规模效益和名牌效益。从河北到河南，从山西到陕西，从平原到山区，各地的枣产品大同小异，往往一个县甚至一家工厂就有十几种几十种产品，但普遍缺乏高市场占有率的名牌产品。能突出枣果特色营养的高新技术产品很少，产品附加值偏低，带动性强的大型龙头企业还严重缺乏。

六、先进典型限局域

近10多年来，我国枣树科技工作者研究开发出了一大批新品种、新技术和新产品，但是由于旧的技术推广体系已经线断网破，而新的推广体系又没有很好地建立起来，导致优良新品种推广慢、先进技术局限于试点、整体生产水平提高较慢。比如，各地相继创造了一批优质高产(亩产1500~3000千克)的典型，但全国平均亩产还只有200千克左右，不及先进示范枣园的1/5。然而更令人担忧的还是质量下降问题。除了品种自身和病虫危害等造成的质量差之外，近年来许多地区由于过度施用化肥和化学农药等造成的质量下降问题也很严重。河北、山东一些枣区急功近利，过量施用赤霉素等生长调节剂和过度"开甲"，加上普遍存在的过分早采现象，造成枣果含糖量及风味大幅度下降，远远达不到品种的固有品质。又比如，陕北和山西吕梁山区普遍存在干制程度不够问题(干枣含水量高达35%，远远超过国家标准规定的25%)，致使贮运销售过程中浆烂损失严重，品质大大下降。质量下降问题的出现，已严重影响到枣产品的市场信誉和外贸出口。

七、市场开拓不得力

随着我国果品流通体制改革，国有果品公司已失去主渠道作用，新的销售网络组织还未建立起来，分散经营的枣农和个体经营者难以准确捕捉市场信息尤为宏观的市场动态，导致国内、国际两大市场均未充分打开，特别是国际市场基本没有拓展，流通在一定程度上已成为制约我国枣树生产发展的瓶颈。这种瓶颈作用在枣加工品上已经显示出来，致使局部地区和一些品种滞销，价格下降，枣农和工厂增产不增收。另一方面，随着低产枣园改造和大批幼树进入结果期，枣果产量将会大幅度增加，如不及时加强市场开拓，届时枣产品的销售将面临严峻挑战。尤其值得注意的是，我国枣产品的外向度还很低，原枣及枣加工品的出口量长期徘徊在总产量的1%左右，出口一直局限在东南亚和世界各地的华人市场，而广大的非华人市场一直没有打开。枣产业的国际影响还很小，迄今在FAO的农林产品统计中还没有枣树的资料。

八、生产经营欠组织

目前，我国的枣树生产，包括育苗、栽培及采后处理和加工，绝大多数还都是以户为单位在进行经营，组织化程度非常低的问题，枣树生产方面的农民专业合作组织还在起步阶段，难以适应大市场和经济全球化发展的要求。由于分散经营，技术普及难度大，抗风险能力差，难以形成强有力的优势品牌，产业效益无法得到充分的发掘。

第二节　面临的挑战和危机

虽然目前枣产业的发展势头很好，但同时也面临着三大严峻危机。

一、生存危机

枣产业的生存正面临枣疯病的毁灭性威胁。枣疯病俗称枣树的癌症，具有高致死、高传染特点。近年来，枣疯病每年导致3%~5%的枣树死亡，全国每年因之死树上千万株，许多枣园甚至著名枣区已因之被毁，经济和生态损失惨重。如不采取有效措施，20年后很多枣区将不复存在或失去其经济和生态功能，事实上很多枣园甚至枣区已因该病遭到毁灭。另一方面，近年来全国各地之间枣树的相互引种非常频繁而且规模很大，但由于缺乏严格的枣疯病检疫制度，使得许多新枣区和过去没有枣疯病的地区也出现了枣疯病成灾势头。能否及时有效地控制枣疯病，已成为枣产业可持续发展的头号威胁。

可喜的是，河北农业大学已培育出国内外首个高抗枣疯病新品种，同时研制出通过树干输液高效治疗枣疯病的新技术，并探索出了在产区水平上有效控制枣疯病的综合治理策略，有关成果于2006年获得国家科技进步二等奖。但是，新技术推广任务艰巨，难度很大。由于枣疯病属于高传染性病害，仅部分农户、局部枣园进行防治，无法控制其蔓延和流行，整体上仍会日趋猖獗。需要以产区为单位，群防群治，这就需要政府有组织地进行规模化的新技术示范推广。

二、绝(欠)收危机

近年来，枣树上的另外两种病害也愈演愈烈，常导致大面积有产无收。一种是裂果，表现为成熟期遇雨后果实开裂、浆烂，严重时失去经济利用价值，2007年国庆(十月一日)前后北方枣区连续10多天阴雨，裂果浆烂普遍高达50%~80%，损失惨重；另一种是缩果病，表现为成熟期果实发生皱缩、凹陷、发苦，提前落果，因苦涩不堪食用，亦无加工利用价值，因此病造成的损失常年达到20%~30%，一些枣区在严重年份的损失甚至达到60%以上，河北省望都枣区，已因此病而毁灭。目前，我国现有的枣树主栽品种大多不抗裂果和缩果病。近年来，这两种病害的发生越来越频繁，受灾面积越来越大，受害程度越来越高，常导致整个产区甚至多个产区大幅度减产甚至绝收，年经济损失高达数亿至数十亿元。枣农常常是一年辛苦付东流，苦不堪言。同时，还会造成市场供应和价格的大幅波动。

另一方面，近年来绿盲蝽等害虫在许多枣区严重成灾，而且由于气候异常也常造成大面积减产，如2008年春夏之交我国北方枣区阴雨低温导致许多产区坐果率只及常年的30%左右。此外，一些地方盲目地上规模，缺乏整体规划和论证，常常出现因引种不当导致结果不良，因技术跟不上导致长期不能形成产量以及单一品种发展过量导致效益大幅下滑等问题，其结果同样是造成枣农无收或收入下降，严重挫伤枣农积极性。所有这些，都使整个枣产业发展面临严峻挑战。

三、市场危机

枣产业发展的根本希望和制约点都在于市场，其中包括国内外枣产品当前的市场容量和对未来市场的开拓水平。这些年，我国枣产业的发展总体上看是发展数量大有成效，发展质量急需提高，市场开拓严重滞后。

历史上曾是全国最有名气、品质最好、价格最高的金丝小枣，如今几乎成了我国最便宜的制干枣品种；五、六年前还曾是全国最有人气、品质最好、价格最高的冬枣，现在几乎成为了中国最便宜的鲜食枣品种。究其原因，除了滥用化肥、农药和激素片面追求产量，以及技术没有跟上导致品质下降外，最主要的原因是市场开拓没有跟上。

具体表现为：①枣产品的国际市场一直局限于华人圈，在有50亿人口的非华人世界没有取得实质性突破，主要是因为出口的干枣、蜜枣等传统产品不符合非华人消费习惯，而以营养见长具有巨大市场需求的鲜枣和功能性枣食品还没有真正打出去，目前枣产品出口量还不到总产量的1%；②枣的生产、加工企业规模偏小，市场开拓和竞争能力不足，消费者对枣产品及其食疗保健价值的了解也远未到位，没有充分调动起市场需求的快速增长；③品种更新速度慢、品种结构不合理，不能适应变化了的多样化的市场需求；④鲜枣周年供应和功能性枣食品等方面的技术开发滞后于生产和市场需求的发展。

第三节　对策与建议

针对枣产业发展现状、存在问题和国内外发展趋势，作者认为枣产业要想抓住历史机遇、实现历史性的新跨越，开拓市场是出路，做强企业是动力，改造农民是基础，完善政策是保障，先行科技是关键。今后应重点抓好以下几方面工作。

一、加强规划与引导

制定优势产业带发展规划，优化品种和产品结构，优化产业结构，优化区域布局。大力提倡枣树生产向其优生区集中，其中鲜食品种北上、南下以延长鲜枣供应期，即一方面向目前枣的分布北缘——河北、北京、山西、陕西与辽宁、内蒙古交界地带的冷凉地区进军，另一方面向南方——热带亚热带地区挺进；制干品种向干旱少雨、日照充足、昼夜温差大的西部山区和北方的滨海盐碱区和河流故道沙荒区集中；加工、营销和研发向枣产业规模大且经济、技术和信息相对发达的中原地带和东部省份集中。

因地制宜地适当控制发展速度和规模，加快品种和产品结构调整步伐；做大做强鲜食枣产业，扩大中、早熟品种种植面积，尽快实现亚周年、周年供应；适度控制制干品种规模，重点放在提高质量上；大力开展传统枣产品改造升级和功能性食品开发，实现产业深层增值；着力培植区域性和国际性龙头企业(包括营销企业和中介机构)，全力开拓国际市场。

二、构筑科技强支撑

根据枣产业全过程各环节的技术需求，系统攻关，并全力示范与推广。

(一)需要重点攻关研究的技术

当前，在枣树高产、优质、高效栽培及产业化开发的关键环节上还存在一些重大技术难题没有解决，如专用品种的选育、优良品种的区域化(各地最适栽的优良品种)、简化实用的整形修剪方式、密植和设施栽培技术、枣疯病及枣缩果病和裂果防治、鲜枣保脆及冷链供应技术、枣果综合加工利用等。这些技术影响面广，带动性强，需跨地区、跨行业联合科技攻关才能解决。然而，近年来全国范围有组织的枣树科技攻关搞得很少，致使科研落后于生产的矛盾变得越来越突出。

1. 枣树优良品种选育

针对枣树杂交困难、现有优良品种退化严重且抗病性差的问题，一方面通过优良品种(冬枣、金丝小枣、婆枣和赞皇大枣等)大规模的内部选优、组培多倍体诱变等快速育种技术，另一方面采用胚挽救和分子标记技术开展杂交育种，尽快培育出一批具有更新换代价值的结果早、果实大、品质好、抗裂果、抗枣疯病和铁皮病、耐贮藏、市场潜力大的制干、鲜食、专用加工新品种，同时搞好新品种的区域化试验，为品种更新换代和适地适栽奠定基础。

2. 枣“绿色”生产标准化技术规程研究

在多年的栽培技术研究成果基础上，以生产优质和创汇型果品为目标，重点研究简化栽培技术、枣草间作等生态果园生产技术、无公害绿色栽培技术和采后的分级、干制、包装等商品化处理技术，进而制定出“绿色”标准化生产技术规程和全程监控技术体系，以确保外向型优质、安全枣产品基地建设。

3. 鲜食枣周年/亚周年供应配套技术研究

鲜枣具有很高的营养和医疗保健价值，特别是维生素 C 含量极高(超过猕猴桃)，市场前景广阔，因比较效益好，近年来发展很快。但是鲜食枣的商品供应期很短，使得鲜枣产业潜伏巨大危机。目前，以晚熟的冬枣一统天下，极早熟、早熟、中熟、晚熟、极晚熟不同成熟期配套的鲜食品种结构尚未建立起来，而现有绝大多数枣品种一般只能保鲜 2~3 个月，货架期保鲜技术还很少有人研究，提前成熟的设施栽培技术还不健全，延迟成熟的设施技术尚处于起步阶段。应重点研究不同成熟期鲜食枣品种合理搭配、设施化错季栽培(提前和延后)调控果实成熟期和货架期短期保鲜，结合对现有的气调保鲜进行改进，实现鲜枣的周年(10~12 个月)或亚周年(8~10 个月)供应，为建设大规模的鲜枣基地提供技术支撑。

4. 重大病虫害防治新技术研究

近年来，枣树的病虫害日趋严重，已成为影响枣树产量、品质乃至枣产业可持续发展的最主要的因素之一。应该重点围绕枣疯病、缩果病、裂果、枝干病害和绿盲蝽、皮暗斑螟(甲口虫)等难以防治的重大病虫害，集中力量、多学科合作，攻关研究其无公害高效治疗和综合治理新技术，以确保枣产业的高效可持续健康发展。

5. 枣果无废弃物综合精细加工技术研究

在枣果加工方面，应针对枣果的营养成分特点，以提取纯化为核心，无废弃地分离、提取枣果中所含的主要功能性成分，并结合现有比较成熟的枣汁、枣酒、枣核活性炭加工等措施，探索建立以枣环核苷酸、多糖、膳食纤维、高果糖糖浆和单细胞蛋白等高附加值产品为主，兼顾保健枣汁、枣酒等的综合配套加工技术工艺，为枣果精深加工产业群的形成提供技术支撑，推进枣产业深层增值。

6. 枣产业化经营与管理模式研究

龙头企业是产业化经营的关键。龙头企业可以使特色果业的硬件、软件、斡件(环境)整合在一起。应从枣产业化经营中存在的问题和龙头企业现代管理模式入手进行研究，探索建立适合我国国情并与国际接轨，产业化组织中各主体(农民、农民合作组织、龙头企业、社会服务组织、科研开发机构等)共赢的——枣产业化经营与管理模式。

(二)需重点示范推广的技术

一是树上品种调优。加快推广新选育优良品种，特别是利用新品种规模化高接改造传统品种，快速实现树上品种调优。

二是树下生草养殖。推行树下生草(百脉根、扁径黄芪等)制度，积极树下生态养殖(鸡下鸭、蚯蚓等)，大力提倡枣(枣树)、草(树下生草)、畜(树下养鸡等或利用枣树下的草圈养牛羊等)、沼(利用动物粪便和枯枝落叶生产沼气)、肥(沼气残渣做肥料)等循环经济型的现代枣树种植新模式。

三是生物物理治虫。大力推广性诱集、粘虫胶、杀虫灯等生物和物理杀虫新技术，以及抗病新品种和枣疯病等的综合治理技术(抗病品种、复合药品、专用药械)。

四是矮壮透光防病。大力提倡矮化、控冠、透光新技术(幼树矮化密植，成龄树落头、开心、拉枝、控冠改造)，推行树干涂抹促花王、树上喷肥、树下有机肥等以替代传统的开甲和喷激素技术，以增强树势、提高树体自身抗病能力、增产提质。

五是设施保鲜增值。积极示范推广可提前和延后成熟的鲜食品种设施栽培新技术，以及集科学采摘、长期贮藏、冷链运输和货架期保鲜于一体的鲜枣供应技术体系。

六是干制分级升质。全面推广制干品种乙烯利催熟化学采收技术、人工干制技术，以提高干枣品质减少浆烂损失；大力提倡枣果的机械分级，以提高枣果的商品价值和市场竞争力。

七是精细加工提效。一方面大力开发适口性好、优质、安全的中低档、大宗新产品加工，另一方面积极开发能突出枣果营养特点的功能性高档产品。

八是智能信息务农。充分利用中国枣网(http://www.zao.com.cn)、枣搜(http://www.zaosou.net)和中国枣智能专家系统(http://www.ziziphus.net)枣产业相关网络资源，构建智能化的枣产业技术和信息服务平台，建立村村(重点村)通的网络智能专家服务系统，大幅度提高技术推广效率和普及范围。

三、打造现代枣产业

要想让枣产品进一步成为全民消费和国际性消费的产品，进一步提高枣产业的整体效益，枣产业必须改变当前面积大、单产低、质量不稳的传统经营模式，必须充分利用现代科学技术，尽快建立起制干、鲜食、加工品种协调发展和鲜食品种早、中、晚熟合理搭配的枣树品种新结构，大力发展以绿色生态、循环经济和标准化、简易化为特征的现代枣树生产新模式，切实加强产前的良种良繁和产后的贮藏保鲜、分级、包装和加工增值工作，从而建立起具有国际先进水平、具有强大市场竞争力的现代化枣产业。

四、开拓内外大市场

毫无疑问，枣产业能否做大做强、能否持续发展、能否保持高效益，归根结底要看枣产品的国内和国际两大市场的开拓情况。这就要求全国从事枣产品经营、枣产品生产、枣产业管理和枣树科学研究的单位和个人以及新闻媒体全部动员起来，上下协调、团结一致，切实加大宣传力度，大力弘扬中华枣文化，同时积极探索现代经营模式，全面开拓国内和国际两大市场，让枣产品家喻户晓、叫响五洲，使之真正成为致富中国人、健康全世界的我国最具影响力的特色名牌农产品之一。

第五章　主要产枣区的枣产业现状

■ 第一节　主要产枣省份

■ 第二节　全国重点产枣县

为全面准确地摸清我国枣产业发展情况，编制好首部“中国枣产业发展报告”(蓝皮书)，国家林业局造林司于2008年8月开展了全国枣产业发展状况调查。下面的内容根据这次调查中各省、自治区、直辖市和新疆建设兵团的林业(农林)厅(局)提供的资料整理而成。

第一节　主要产枣省份

一、河北省

河北省位于华北地区东部，紧靠北京和天津，东临渤海，西依太行，北部与内蒙古相连，南部和东南部平原分别与河南、山东相连，属典型的温带大陆季风性气候，全省无霜期为80~220天，光照条件较好，拥有枣的最佳适生区。

(一)产业现状

河北省是全国产枣大省，到2007年底全省枣树面积达443.7万亩，其中结果面积352.6万亩，年产枣果9.1亿千克，居全国第一位。目前除北部少数县、市外，河北全省均有枣树分布，已初步形成6个栽培区，即太行山低山丘陵栽培区、冀东南平原子牙河流域栽培区、冀南漳河流域栽培区、冀南滏阳河流域栽培区、冀中南滹沱河流域栽培区和燕山低山丘陵栽培区。其中，大枣面积180多万亩，主要分布在太行山区的行唐、赞皇、阜平、曲阳、唐县等地；小枣面积170万亩，主要分布在黑龙港地区的沧县、献县、泊头、盐山、海兴、黄骅、青县、大城等地；冬枣56万亩，主要集中在黄骅、献县、海兴、沧县等地。全省红枣面积超过10万亩的县有14个，其中沧县达到52万亩。

全省80%以上的红枣结果树已通过了无公害产地认定。河北省共有7个县被国家林业局命名为中国大枣之乡，黄骅冬枣、沧州金丝小枣、赞皇大枣分别获得原产地域保护或地理标志产品，赞皇大枣、金丝丰小枣、冬枣、马莲小枣、阜平大枣等在99’昆明世博会、中国红枣交易会等多个大会上获奖。

河北省红枣主要有干制红枣、鲜食枣和加工品，其中干制红枣占70%左右，加工枣占25%左右，鲜食枣不足5%。枣产品主要销往江苏、浙江、广东、广西、福建等南方各省、京津沪及东北、内蒙古等地，蜜枣在我国南方有着广阔的市场。河北红枣常年出口量约300万千克，最高年份500万千克，创汇3000多万美元，出口产品主要是干制红枣和加工品。以大枣和小枣等为主的干枣主要销往马来西亚、新加坡、日本、韩国、北美、西欧、澳大利亚及中国港、澳、台等国家和地区。

(二)产业优势

通过多年的发展，特别是近年来随着我国市场经济体制的建立，河北红枣业得到了长足的发展，已具备了五大优势：

一是地理优势。河北地理位置优越，与果品消费市场潜力巨大的东南亚毗邻；境内有15条主要铁路干线通过，京深高速公路纵贯中部，又有京津塘、保津、石黄、青银高速公路与各大城市相连，有5条国家干线公路通过，又有秦皇岛港、京塘港、黄骅港和石家庄机场，区位优势明显，运输条件十分便利。

二是资源优势。全省现有枣树栽培品种120多个，其中规模最大、发展最快的主导品种婆枣、赞皇大枣、金丝小枣、冬枣等驰名中外，近年来选育出的三倍体赞皇大枣新品种赞晶和早脆王、月光等鲜食枣品种，为全省红枣业发展增添了新的活力。沧县红枣良种繁育中心已储备了200多个品种和50多个金丝小枣优良类型，为全省红枣实现基地化、产业化创造了条件。

三是规模优势。目前已形成了太行山大枣和黑龙港地区金丝小枣、冬枣两大红枣基地，基地总面积350多万亩，占全省枣树总面积的80%以上，区域化布局、规模化生产的格局已初步形成。

四是科技优势。河北农业大学中国枣研究中心自成立以来，已获得多项国家及省部级科技成果，正在承担的国家自然科学基金、博士基金等科研项目10多项；河北省林业科学研究院、石家庄果树研究所、沧州市林科所等多家科研单位都有从事枣研究的科技队伍，在重点市、县、乡、村具有一批精通枣树管理的技术骨干；主产区枣农有传统栽培习惯和管理经验。

五是加工及市场优势。目前河北枣加工率已达20%左右，加工业产值占枣业总产值的30%左右。特别是赞皇蜜枣加工业、阜平枣酒加工业以及沧县崔尔庄红枣交易市场、黄骅孔店冬枣交易市场、河北恩际生物制药有限公司、河南好想你集团沧州枣加工基地等一批国内知名龙头企业的崛起，极大地促进了河北红枣业的发展。

（三）存在问题

当前河北省枣产业发展中存在的主要问题如下：一是枣品种选育工作仍落后于市场和生产发展需要，主栽品种仍为传统品种且良莠不齐。二是品种结构不尽合理，干制品种比例偏大，鲜食品种比例较小。三是产业化程度较低，辐射带动力强的市场及龙头企业还较少。四是基础设施建设薄弱，红枣生产抵御自然灾害的能力差。

（四）发展展望

为了进一步夯实河北枣业的发展基础，实现河北枣业持续、健康发展，今后将做好以下几项工作：

一是进一步优化布局，规模发展。本着发挥区位优势，突出发展优势品种和早中晚配套的鲜食品种，坚持相对集中、优质高效的原则，重点在赞皇、临城、井陉、平山、灵寿等地建设和完善以赞皇大枣和赞皇大枣三倍体优系为主的赞皇大枣基地；在行唐、阜平、唐县、曲阳等地建设和完善以阜平大枣和行唐长枣为主的婆枣基地；在献县、沧县、泊头、青县、东光、南皮、盐山、海兴、黄骅等地建设和完善以冬枣、金丝丰、金丝蜜、无核红等为主的红枣基地，有计划、有步骤地形成与市场需求相适应的区域化发展格局。

二是增加科技含量，提高发展水平。制定和完善鲜食枣、制干枣栽培技术及果实质量标准，并进行强力推广，使红枣无公害标准化生产在全省全面普及。抓好优良品种选育和推广工作，积极发展在国际市场上站得住、叫得响的名优品种，生产名牌产品，努力提高其市场竞争能力。

三是实施品牌战略，推进产业化经营。加大采后商品化处理技术、设备的开发和引进力度，重点培育和完善冬枣专业交易市场，打造河北枣业知名品牌，健全产业化运行机制，规范生产、加工、销售等各个环节，形成利益均沾、风险共担的利益共同体。

四是拓宽市场渠道，实现贸易国际化。利用网络、电子商务等现代化方式开展广泛的商贸活动，扩大宣传。改进包装，开发适宜海外销售的红枣产品，生产出符合不同国家、不同民族、不同年龄消费者需求的多样化高档产品，创出具有国际知名度的民族品牌，在红枣出口上实现新突破。

二、山东省

山东省地处中国中部，北纬34°22′~28°23′，东经114°47′~122°43′，东临大海，西接大陆，总面积为15.67万平方千米。气候属暖温带季风气候类型，年均气温11.0~14.0℃，年降水量550~900毫米，无霜期200天以上，平均日照时数2300~2890小时。山东地形中部突起，为山区丘陵区；东部半岛大部分是起伏和缓的波状丘陵区；西部、北部是黄河冲积而成的鲁西北平原。

(一)枣产业现状

全省各市均有枣树栽培，但主要分为三大区域，分别是鲁北的金丝小枣和冬枣区，鲁西的圆铃枣区和鲁中南的长红枣区。栽培最为集中的是鲁北的金丝小枣和冬枣区，面积为192.15万亩，产量为6.68亿千克，分别占全省枣树面积的71.48%和全省枣产量的81.46%。滨州市面积最大，为139.95万亩。枣树栽培面积在10万亩以上的县(市、区)有：乐陵市、庆云县、无棣县、沾化县、河口区、宁阳县、茌平县等。至2007年底，全省枣栽培面积为268.80万亩，其中结果面积241.95万亩。2005年产量4.8亿千克，2006年产量7.6亿千克，2007年产量8.2亿千克。栽培面积最多的品种为冬枣，面积达117万亩，产量4亿千克，面积和产量分别占全省的43.52%和48.78%；其次为金丝小枣，面积101万亩，产量3亿千克，面积和产量分别占全省的37.57%和36.59%；圆铃枣，面积26万亩，产量0.6亿千克，面积和产量分别占全省面积和产量的9.67%和7.3%；长红枣，面积24万亩，产量0.4亿千克，面积和产量分别占全省的6.51%和4.87%；其他枣面积0.84万亩，产量0.2亿千克，分别占全省的0.31%和2.43%。

枣产区主要集中在平原地区，少量分布在低山丘陵。栽培有间作和枣园两种方式，少部分有在国道和省道作为行道树栽植。间作每亩10~15株左右，根据地区不同栽植密度从每亩55~111株均有。大部分是常规枣园，现乐陵市、庆云县、无棣县、沾化县等已建成生态观光园和采摘园50万亩左右，约占全省枣园面积的15%。枣区主要病虫害有：枣疯病(大枣区较为严重)、枣锈病、炭疽病及轮纹病危害中等偏重，绿盲蝽危害较重，锈壁虱、红蜘蛛危害中等，食心虫、枣瘿蚊危害较轻。观光采摘园占全省枣园面积的15%。冬枣100%鲜销；金丝小枣鲜销5%，制干55%，加工40%；圆铃枣鲜销25%，制干65%，加工10%；长红枣鲜销15%，制干65%，加工20%；其他主要是鲜销。枣在销售时根据客户要求以果个大小进行分级，客户无特殊要求时基本不分级。包装以普通纸箱为主。目前各产区都建有贮藏冷库或气调库，年贮藏枣2.5亿千克。所产各类鲜枣和系列加工制品除在本省销售外，国内主要销往各省会城市及南方和东北等省，国外主要销往欧洲、美国、日本、韩国、新加坡及东南亚等地。地理标志产品方面，乐陵、庆云、沾化、无棣、宁阳、茌平等市(县)正在积极申请中，无公害、绿色、有机栽培已确认120万亩。

省级枣树相关科研机构有两个，分别是山东省果树研究所和山东省林业科学研究院经济林研究所。重点市县都有各自的科研、开发和服务机构(见重点产枣县材料)。山东省枣重点企业有：山东鼎立枣业食品有限公司、山东东映红枣有限公司、汇源（乐陵）食品饮料有限公司、裕华集团农业有限公司等。滨州市和东营市根据当地的具体情况已分别制定了枣生产和质量标准，拟在近期制定枣生产和枣果质量的山东省地方标准。

（二）存在问题

一是执法监管力度不够，有些管理无法可依，缺乏市场监管职责。二是知识含量低，科技创新和具有自主知识产权的品种少，缺乏标准化生产的制约机制。三是产业化程度低，生产、加工、销售等关联性差，小生产与大市场矛盾突出，运输、包装外观装潢技术落后，二次增值能力差。四是良种苗木生产管理不规范，销售缺乏监督和管理，调运秩序混乱。没有专项科研和开发资金，影响工作的进一步开展。

（三）发展规划

按照区域化布局、规模化开发、集约化经营、科学化管理的要求，本着按计划、有比例、因地制宜、统一规划、相对集中的原则，在找准优势确定主导产品实施名牌带动战略的基础上确定：在鲁北以乐陵、庆云、无棣、沾化为中心，建立200万亩的小枣和冬枣及无核枣生产加工基地；在鲁西南和鲁中及其他枣产区建立当地特色突出的60万亩各类枣生产加工基地；在鲁中南、鲁西建立60万亩的优质圆铃枣和长红枣生产基地。

主要工作是：合理调整布局，优化结构，提高质量，增加效益，强化贮藏保鲜加工，扩大生产规模，增加知识含量，提升科技水平。在适地适树原则下，根据立地条件和栽培习惯，选择市场容量大、营养价值高、具当地鲜明特色的产品集中连片形成规模。通过更新改造建设高效优质高科技枣园，适当发展生态观光采摘园。通过几年努力，使全省枣品种优良、技术配套、管理科学、产品具一定竞争力的枣园由目前的不足1/3提高到1/2，使全省枣树结构基本趋于合理，果品质量、经济效益和科技管理水平跃一个新台阶。

三、山西省

山西省是一个内陆山区省份，丘陵山区占到总面积的80.3%。境内气候温和，日照充足，昼夜温差大，适宜多种经济林生长。山西省的红枣栽培历史可追溯到3000年前，至今尚有树龄几百年的枣树，许多地方的群众都有栽培枣树的传统习惯，并掌握了一定的栽培管理技术。

（一）枣产业现状

山西拥有许多在国内外市场上享有较高声誉的红枣名优品种，如稷山板枣、交城骏枣、太谷壶瓶枣、临猗梨枣等。改革开放以来，全省适宜地区掀起了一次又一次种植红枣的高潮。特别是1992年召开了全省林业工作会议，省政府出台了《大力发展经济林的决定》，提出山区达到人均1亩、平川人均半亩，建设经济林大省的发展目标，全省广泛开展了果树管理年活动，掀起了栽植经济林的热潮，使枣树的种植面积大幅度提高。随着面积的扩大，产量的提高，1997年全省举办了首届干果经济林评奖展销会，评选出了适宜山西发展的“十大名枣”，在各红枣适宜栽植区得以大量发展，枣树的种植逐步向良种化过渡，掀起了红枣发展的又一高潮。目前，全省枣树栽植面积为501万亩，正常年份产量6亿千克。2005年面积为450万亩，产量45 300万千克，2006年面积为485万亩，产量为50 900万千克。

随着枣树栽植面积的不断扩大，产量的逐年上升，一批枣加工企业迅速崛起。目前，全省枣加工企业和加工大户已达到500多个，主产区内枣加工企业优势群体已初步形成。如以吕梁、晋中为主的山西中西部红枣加工企业群，代表企业有交城“天骄枣业”、临县“天渊枣业”、太谷“天山斗枣业”、榆次区“宏大枣业”等；以运城、临汾为主的加工企业群，主要是稷山县“胃乐”、“蜜林”、“后稷”和“稷园红”，永和“黄河天然食品”、襄汾“华源枣业”。加工产品主要有蜜枣、酒枣、玉枣、枣泥、枣脯、枣汁、枣酱、枣酸、枣饴糖、枣酒、枣香精、红枣冻干食品等。

栽植枣树已成为山区许多群众致富奔小康的重要产业。在枣主产区，目前农民人均红枣收入300元，占农民人均收入的近10%。石楼、临县、永和等县人均红枣收入达到400元以上，有20多个乡在600元以上，80多个村超过1000元。据统计，全省每年枣加工约3亿千克，加工品产值约10亿元，每加工1吨约增值2000元左右。其中年销售收入在500万元以上的枣加工企业有50余家。省内大部分红枣种植户都不同程度受益于这些加工企业。随着栽植面积的扩大、产量的提高、加工业的发展也带动了包装业、运输业、销售商业的发展。

多年来，通过各级政府培育和相关部门的积极努力，全省名优红枣品种的无公害栽培产地认定已达3万公顷，涉及品种有壶瓶枣、郎枣、梨枣、稷山板枣等。太谷县经向国家质量总局申请获得太谷壶瓶枣国家地理标志产品认证。

(二)存在问题

全省现有红枣面积501万亩，其中挂果面积347万亩，平均亩产150千克。按照国家枣树丰产林指标要求，北方山地枣粮间作6~10年生树亩产150千克，11~20年生树亩产200~400千克，20年生以上每亩500千克，山西省红枣平均亩产综合估算还不到国家标准的一半。

造成平均产量低的原因，除持续干旱对产量有较大影响外，还有以下几个原因。(1)省级经济林管理机构职能不健全，大部分地(市)、县级林业部门没有经济林管理机构和专职人员。(2)重栽植轻管理，有些基层领导重视经济林面积的扩大而忽视经济林管理。因为面积扩大容易看到成绩，而经济林管理需要不断地提高农民的技术水平和改善生产条件。(3)统计不系统和老百姓受传统思想束缚，许多果农不如实上报产量，造成上报产量小，平均亩产量低。(4)有许多果农缺乏管理枣树的技术。

红枣是山西省经济林的主要树种，其面积、产量均为全省干果之首。1997年，在山西省首届干果经济林评奖展销会上，评出原产于山西省的“十大名枣”，占全省95%的红枣产量。但具体分析，全国驰名的稷山板枣、交城骏枣、太谷壶瓶枣只占很小比重，而品质中等的木枣则占全省枣产量的50%以上，这样的品种结构对全省红枣的市场竞争力和经济效益产生了不良的影响。

同时，枣加工业仍处于滞后状态，大型龙头企业为数很少。大部分企业是季节性生产，能维持全年生产的寥寥无几。此外，还有一大批季节性的家庭小作坊。加工对红枣的消化、增值作用还不够显著。

四、陕西省

陕西地处我国内陆腹地，跨越黄河、长江两大流域和温带、暖温带、北亚热带3个气候带。年平均气温8.4~16.1℃，年降水量300~780毫米，地貌类型复杂，南北差异明显。陕西的中北部地区光热资源充足，昼夜温差大，土层深厚，是全国著名的红枣优生区。

(一)枣产业现状

枣树在陕西省已有3000年以上的栽培历史，广泛分布于境内黄河、渭河沿岸的榆林市佳县、清涧，延安市延川，渭南市大荔，咸阳市泾阳，西安市阎良等约20个县(区)，其中种植规模达10万亩的县(区)有7个，5万亩以上10万以下的县(区)4个。2007年，全省枣树栽植面积261.83万亩，其中结果面积179.3万亩，产量52万吨。2006年产量65.7万吨，2005年产量27.68万吨。主要有木枣、油枣、团圆枣、狗头枣、骏枣、条枣、梨枣、冬枣、水枣等近20个品种。木枣、油枣、团圆枣、狗头枣、骏枣、条枣主要用于制干以及加工蜜枣、枣酱和休闲类食品，梨枣、冬枣、水枣、脆枣等主要用于鲜食。发展枣产业已成为枣区农民增收的重要途径。据不完全统计，枣区人口约180万，枣区枣收入约占枣农收入的28%，枣产业产值占农业总产值比例10.5%。

陕西省枣树栽培方式主要有纯枣园和枣粮间作两种方式。在陕西北部的榆林、延安两市枣树多栽植于向阳山坡地带，纯林或间作低秆作物，亩植35~40株。在陕西关中地区的渭南、咸阳、西安等市枣树多栽植于川、台、塬区，密植园亩植枣树80~110株，常规大田园亩植枣树40~50株，纯园或枣粮间作。育苗方式陕西北部归圃育苗占60%~80%，嫁接育苗占20%~40%；关中地区根蘖育苗占20%，嫁接或归圃育苗占80%。

随着全省红枣种植规模不断扩大，产量逐年提升，开发枣资源，延长产业链条，提高附加值成为必由之路。为此，全省各枣主产区高度重视枣产业开发，积极扶持加工企业，壮大龙头企业，最大限度实现枣产业的深层增值。目前，全省有枣贮藏加工企业400个，生产的产品有蜜枣、枣粉、枣精、酒枣、枣酱、枣汁等，远销省内外。其中陕西师范大学、西北农林科技大学在陕西省大荔研制出的“辘辘把”牌蜜枣，神力果品公司推出的“阿胶”牌系列红枣产品、红枣口服液等深受东南亚国家青睐。与此同时，各枣主产区还特别重视无公害、绿色有机栽培认证。2003年，延川县经省农业厅认证为“无公害红枣生产基地”。2005年，佳县建成我国惟一认证的3万亩有机红枣国家农业标准化示范区。2006年，延川县的狗头枣、团圆枣、骏枣、大木枣、条枣又通过国家质检总局地理标志认证。2001年，延川、佳县、大荔被国家林业局命名为“中国枣之乡”。

(二)存在问题

一是缺乏资金支持，枣品种良莠不齐，加之粗放式管理，致使产量不稳定，品质差别大。二是抵御自然灾害能力不强，特别是病虫危害和连阴多雨天气，造成裂果腐烂现象严重，个别年份几乎颗粒无收。三是枣产品贮藏、加工与保鲜能力较低，全省枣加工量仅占总产量的10.7%，导致枣产业附加值不高。四是枣专业协会组织在经济林产业发展中作用不很突出，群众获取信息的渠道，仍然主要以市场价格作为依据，存在很大的盲目性。

(三)发展展望

一是在稳步推进种植规模的同时，积极改良枣树品种，努力提高基地建设水平。二是科学营建枣园，集约化经营，依托现有技术全面提高枣树单位面积产量和效益。三是加大产业化龙头企业培育力度，推进枣产业化进程，不断提高枣产业的附加值和出口创汇能力。四是进一步建立健全枣专业协会机构，充分发挥协会和专业合作组织作用，促进枣产业又快又好发展。

五、河南省

河南省地处中原，属暖温带向北亚热带过渡区，气候环境具有明显的过渡性特征，适宜多种经济林木的生长。其中，枣树栽培历史悠久，品质优良，在国内外享有盛誉，是传统的出口创汇产品，是全国五大产枣区之一。近年来，随着市场经济的发展和农村产业结构的不断调整，枣树作为河南重要的经济林树种，面积和产量得到快速发展，产业化进程进一步加快，已成为促进区域经济发展的支柱产业。

(一)枣产业现状

近年来，随着农村产业结构调整和经济林产业的发展，2007 年全省枣树栽培面积达 122 万亩，形成以新郑灰枣、内黄扁核酸、灵宝圆铃枣、桐柏大枣、淇县无核枣、西华大枣、镇平广洋大枣及引进的冬枣、梨枣等优良品种为主，年产量 2.7 亿多千克，年产值 30 多亿元的枣生产基地。内黄县、新郑市被国家林业局命名为“中国大枣之乡”。

枣种植业的发展促进了加工业的发展。目前，全省已形成大型枣业集团公司 8 个，小型加工厂 600 多家，年加工能力 6000 万千克，产值 10 多亿元，年出口量 1000 多万千克，创汇 2 亿多元的大枣经济。枣产品已形成枣片、枣精、枣酒、枣饮料、焦枣、蜜枣、贡枣、瘦枣、乌枣等 12 大类 100 多个品种，枣产业已形成多样化的发展格局。

随着市场经济的发展和农村产业结构的不断调整，逐步形成了以内黄、新郑、西华、灵宝为主的干食枣生产基地，以濮阳县、淇县、桐柏县为主的鲜食枣生产基地，以新郑、内黄为主的干枣加工业基地，以新郑奥星实业有限公司“好想你”品牌连锁销售的服务业。河南省枣产业的发展在市场经济条件下已形成种植业、加工业和销售服务业为一体的完整的产业链，为河南省枣产业的持续健康发展打下了良好基础。

(二)产业化发展的主要措施

1. 发挥优势，扩大资源，为推进产业化奠定基础

河南省是一个传统农业大省，利用枣树耐干旱、耐瘠薄、适应能力强的特性，河南省委、省政府把大力发展林果作为兴豫富民、振兴农村经济的重要途径。先后制定了《河南省经济林十年发展规划》和《豫西经济林基地开发建设规划》，把建立大枣基地摆到了重要位置。黄河故道沙区的内黄县，把红枣确立为强县富民的支柱产业，实施产业化开发，使红枣生产步入快速健康发展的轨道。全县枣树面积由 20 世纪 80 年代的 20 万亩，发展到目前的 51 万亩，产量也由 2500 万千克提高到 8000 万千克。各重点枣区按照统一规划，合理布局，相对集中，高产优质的原则，建立了一批高起点、高标准的大枣示范基地，起到了辐射和带动作用。

2. 制订优惠政策，为发展大枣生产创造条件

完善落实优惠政策，提高枣农生产积极性。为鼓励发展大枣生产，各地结合实际制订了一系列优惠政策。河南省政府规定，从承包荒山、荒地造林、兴办林(园艺)场，收益除上交少量承包费外，其余全部归农户所有。鼓励党政机关、企事业单位及职工投资与乡、村合作建园，收益比例分成，机关和事业单位分成部分免交所得税，也可以由机关或企事业单位租用山坡，建立小果园。大枣重点产区新郑市人民代表大会通过了《建立新郑市红枣基地保护区的决议》，将该市东北部的 14 万亩宜枣沙地划为红枣基地保护区，延长土地承包期 30 年不变。新郑市政府又对保护区内发展的枣树颁发《土地使用证》和《林权证》，确定土地使

用权，明确林权归属，在资金上实行重点倾斜，促进大枣种植业的发展。

3. 培植龙头企业，争创名牌产品，推进大枣产业化

培育龙头企业，利用公司＋基地＋农户的方式，激发广大干部群众发展枣产业的积极性。枣区各市(县)都建立了枣生产、加工、销售于一体的龙头企业，为促进当地的枣产业化发展，发挥着巨大的推动作用。近几年，河南以大枣为资源的加工业蓬勃发展，全方位打开了红枣市场。重点扶持的内黄食品饮料公司、永盛枣制品公司、新郑大红袍集团、顶真食品厂、灵宝果王有限责任公司等企业，作为红枣产业化经营的龙头带动企业，瞄准红枣加工产品链的前沿，各具特色。内黄生产的枣茶属国内首创；大红袍集团开发的“烟用红枣精”、“SZ－1 娇味剂”等新产品荣获国家星火二等奖，畅销国内 28 个省(市)；永盛枣制品公司以“公司＋农户”的经营模式，带动了 400 多个红枣加工户，初步形成了产加一体化经营格局。在红枣加工业不断发展壮大过程中，各级有关部门都在政策上给予扶持，服务上提供保障，投入了大量的人力、物力，促进些企业的持续健康发展。同时，由于加工业的兴起和科技进步，红枣市场日益繁荣，每年为枣农增加收入在 1 亿元以上。

4. 加速市场培育，疏通销售渠道

在全国五大产枣区中，河南地理位置优越，交通便利，充分利用这一优势条件，加快红枣交易市场培育。河南在重点产区建立了 4 个大型红枣交易市场，并在集中产区建立了上百个小型批发市场。在新郑现有红枣市场的基础上，建设规范化的“红枣商贸城”。为开拓销售渠道，大枣基地县在国内 20 多个省(自治区、直辖市)设立了销售网点，组织了上千人的销售队伍。省外贸稳定向日本、马来西亚、新加坡、澳大利亚、中国香港等国家和地区出口红枣产品。每年收获季节，主产区县(市)兴办“红枣节”、“金城果会”、“枣乡风情游”等促销活动，既提高了知名度，增加了红枣销售，又活跃了当地的经济，促进了运输业、包装业、饮食服务业以及社会交流、旅游观光等行业的发展。

5. 依靠科技进步，提高大枣生产管理水平

近年来，大枣生产运用先进的生产技术，实行科学管理，集约经营，产生了良好的经济效益。

一是围绕枣生产开展科研和推广活动。近几年来，河南省有关单位承担了“枣缩果病的发生规律及防治技术研究”、“枣树主要害虫无公害防治技术”、“稀土在枣树上的应用”等 100 多项科研项目，其中 30 多项获部、省级科技成果奖。科技成果的推广应用使全省大枣产量普遍提高，品质明显改善。

二是积极引进和培育新品种。河南省不断加大名优品种的引进和推广力度，已建立了 5 个冬枣、梨枣等优良鲜食枣树品种推广基地，并引起了配套技术。新郑建立了全国枣树基因库，引进优良品种，开展枣树选优，培育适合本县(市)发展的优良品种。

三是搞好技术培训，提高枣农的管理水平。在枣区对枣农进行栽培技术培训，不断提高果品质量。为此，各枣区市(县)组织科技人员下乡，将科技送到群众手中，进行技术咨询，解决生产中出现的实际问题。通过多种多样的技术服务形式，整体上提高河南省大枣的生产管理水平。

(三)发展展望

河南省枣产业化生产已初具规模，但与先进省区相比还有一定差距。为促进枣产业持续健康发展，下一步的重点工作为：一是做好枣优良品种的培育和推广示范。二是培育一批具有一定资金、实力、加工贮运实力以及市场开拓能力的龙头企业，作为全省枣产业化发展的龙头带动示范企业。三是建立和完善科技服务、市场销售体系，开拓枣产品销售渠道，真正形成以市场为导向，以效益为中心，以龙头企业带动发展，依靠科技进步，实行区域化布局、专业化生产、一体化经营、企业化管理、社会化服务的枣产业经营组织新形式。通过产业化，促进河南枣产业的长足发展，使农民收入得到进一步提高，农村产业结构不断优化和调整。

六、新疆维吾尔自治区

新疆地处亚欧大陆中部，总人口近2100万，全疆辖14个地州市，99个县(市、区)，总面积166万多平方千米，占全国陆地总面积的六分之一。周边与哈萨克斯坦、吉尔吉斯斯坦等八国接壤。新疆地形是山脉与盆地相间排列，俗喻“三山夹两盆”。北为阿尔泰山，南为昆仑山，天山横亘中部，把新疆分为南北两半，南部是塔里木盆地，北部是准噶尔盆地。习惯上称天山以南为南疆，天山以北为北疆。在新疆东部有吐鲁番盆地，最低点-154米，是中国海拔最低的地方。新疆属典型的温带大陆性干旱气候，年均天然降水量155毫米。区内山脉融雪形成众多河流，绿洲分布于盆地边缘和河流流域，绿洲总面积约占全区面积的5%，具有典型的绿洲生态特点。新疆具有得天独厚的水土光热资源。日照时间长，积温多，昼夜温差大，无霜期长，年太阳能辐射量仅次于西藏，对农作物生长十分有利。新疆的土壤特点是在北疆准噶尔盆地北部平原、阿尔泰山及其山前平原、准噶尔盆地以西山地的西北部和塔城盆地，地带性土壤为棕钙土，隐域性土壤有草甸土和面积不大的盐土和沼泽土。西部天山及伊犁谷地土壤为灰钙土，隐域性土壤以草甸土和草甸沼泽土分布较广，草甸盐土面积较小。准噶尔盆地东部戈壁、中部沙漠和西部平原等地，地带性土壤为灰棕色荒漠土。中部天山及其北麓平原，地带性土壤为荒漠灰钙土。南疆地区在平原范围内，地带性土壤为棕色荒漠土和石膏棕色荒漠。随着干旱程度的进一步增强，在塔里木盆地南部和东南部、噶顺戈壁及吐鲁番盆地一带，则分布着石膏盐盘棕色荒漠土。

(一)枣产业现状

新疆枣区人口257.9497万人，枣收入约占枣农收入的18%，枣产业产值37 223万元，约占农业总产值比例8.9%。枣树主要分布在环塔里木盆地的巴音郭楞蒙古自治州(以下简称巴州)、和田地区、喀什地区、阿克苏地区以及吐哈盆地，10万亩以上的县(市)有泽普县(约70%为幼树)、阿克苏市、库车县、沙雅县、温宿县、阿瓦提县、巴楚县、岳普湖县和若羌县。2007年栽培面积127.686万亩，其中结果面积41.93万亩，近3年产量8.5958万吨，其中2005年1.2831万吨，2006年2.2091万吨，2007年5.1036万吨。主要品种有哈密大枣(制干、鲜食、加工)13.95万亩，产量12 500吨，占总产量的24.5%；赞皇大枣(制鲜)3.5万亩，产量1600吨，占总产量的3.14%；灰枣(干鲜两用)92.51万亩，28 759.8吨，占总产量的56.35%；伏脆密、梨枣、七月鲜(全为鲜食)0.1031万亩，120吨，占总产量的0.24%；骏枣(干鲜两用)12.39万亩，产量3249.2吨，占总产量的6.37%；壶瓶枣(干鲜两用)2.5万亩，1450吨，占总产量的2.84%；喀什葛尔长枣(干鲜两用)0.4336万亩，产量1151吨，占总产量的2.25%；其他(制干)2.3万亩，产量2206吨，占总产量的4.43%。栽培方式为大田常规种植，尚无观光枣园。有纯枣园，也有间作园，早期间作主要是枣棉、枣粮间作，栽培密度主要为4米×5米，2米×3米，2米×5米，2米×7米、

6米×2米，4米×1.5米。主要虫害有枣球蚧(轻度)、食心虫(轻度)、春尺蠖(轻度)、红蜘蛛(中度)、枣瘿蚊(轻度)、梨园蚧(中度)、红枣大球蚧(中度)、枣星粉蚧(轻度)、皱大球蚧(轻度)、大青叶蝉(轻度)、糖槭蚧(轻度)、二斑叶螨(轻度)等。病害主要有枣叶斑点病(轻度)、腐烂病(轻度)和缩果病(轻度)等。现阶段枣主要以鲜销和制干为主，30%鲜销、65%制干、5%加工，没有观光采摘，以国内销售为主。由于发展枣产业尚处于初级阶段，大部分枣尚未结果或处于初果期阶段，红枣分级、包装、贮藏、加工等产业链条才开始起步。

2002年，若羌红枣申请获得原产地认证保护，目前已有1856亩枣园获得有机栽培认证。2006年，哈密大枣经自治区质量监督局认定为无公害食品。2006年，库车县荣获"中国灰枣之乡"称号。2007年，阿克苏地区完成了3000亩灰枣有机产品生产基地转换认证。喀什地区岳普湖县有机红枣栽培认证4万亩，喀什地区泽普县无公害农产品生产基地认证3万亩，2004年和田洛浦县被自治区农业科学院认定为绿色无公害产品基地，成功注册了"沙林牌"红枣。

自治区林业科学研究院、自治区农业科学院是新疆枣产业研究、新品种开发和技术服务机构。新疆枣重点企业有6个，分别为楼兰枣业有限公司、三海瓜园、阿克苏地区实验林场、阿克苏地区天山枣业有限责任公司、新疆天海绿洲农业科技有限公司和新疆王液酿造有限公司。

(二)存在问题

一是幼龄树比重大，综合效益低。目前，还是以鲜食、制干出售为主，观光采摘、精深加工滞后，产品市场流通和社会化服务体系不完善。二是科技服务队伍在逐渐壮大，但力量仍然较薄弱，县乡两级林果技术推广机构少，机械化作业水平不高，科技含量较低，服务技术质量有限。三是大型加工企业建设尚处在起步阶段，企业创立名牌和培育品牌方面工作有待推进，产业化经营水平有待提高。四是灾害综合防控体系建设滞后于枣业的快速发展，基础设施薄弱，科技支撑能力不强，防控技术不到位，抵御各种风险的能力不足。五是组织管理机构与产业体系的快速发展不完全适应，资金投入不足，影响了枣产业的产出效益。

(三)发展展望

一是以市场为导向，因地制宜，调整优化树种品种结构，优化区域布局，推进栽培良种化，进一步提高枣产业基地建设能力。二是加快灾害综合防控体系建设，主要在基础设施建设、防控集成技术研究与推广，以及综合防控队伍能力建设方面加大力度，全面提高抵御风险的能力。三是制定、完善整个枣产业各生产环节的技术标准，建立起标准化生产体系和专业技术队伍。推进精细管理，提高机械化作业水平，积极创建优质高效的外向型基地。四是力争用3~5年时间，培育一批年销售收入上亿元的加工企业，逐步形成特色鲜明产业集群。五是加快建立枣产业保险机制，引导枣果农积极参加林果业政策性保险，全面开发产业保险市场，提高保险覆盖面。六是加快建设市场流通体系，支持农村流通基础设施建设和物流企业发展，加快发展中介服务组织。

七、辽宁省

辽宁省位于我国东北地区南部，位于东经118°53′~125°46′，北纬38°43′~43°26′。东部隔鸭绿江与朝鲜民主主义共和国相望，南邻黄海和渤海，西北与内蒙古接壤，西南与河北省毗邻，北部和东北部与吉林省相邻。山地丘陵大致分列于东西两侧，约占全省总面积的2/3；中部为广阔的辽河平原，约占全省总面积的1/3。属于暖温带大陆性季风气候区，年平均气温5~11℃，年均降水量400~1150毫米，由东向西递减，7~8月份为雨季，降水量占全年的70%左右，无霜期约125~215天，≥10℃积温为2893~3710℃，年日照时数2300~3000小时。辽宁西部为枣主要产区，年降水约为400毫米左右，光照充足，土壤主要为褐土。全省辖14个市、100个县(市、区)。总土地面积1480.64万公顷，总人口4189.2万人，其中农业人口2159.5万人。

(一)枣产业现状

在辽宁省，98%的枣都产于辽西的朝阳、锦州、阜新、葫芦岛四市的丘陵山地。截至2007年底，辽宁西部枣栽培面积52.5万亩，其中朝阳县33万亩，全省已结果的枣树46.5万亩。2005~2007年年均产鲜枣8.2万吨，按平均3元/千克价格计算产值达到2.5亿元。枣区农民192万人，人均种植枣树收入达130元。主要栽培品种有大平顶、金铃圆枣、金铃长枣、金铃枣、三兴枣、蜜王枣、骏枣、铃枣、赞皇大枣、梨枣、壶瓶枣等。

辽西地区栽培的枣树70%在山地中下腹，少数在平原地区。初植密度为3米×4米、2米×6米、2米×5米、2米×4米、2米×3米等，现在新建枣园大多数株行距为2米×5米，即宽行栽植，便于作业。平原地区建园后的前3~4年，一般间作黄豆、花生等矮秆农作物和药材等。一些枣园仍采取根蘖育苗方式从事枣苗生产。辽宁枣园很少有水利配套设施，基本靠自然降水。枣园的主要病虫害是红蜘蛛、枣步曲、枣锈病、桃小食心虫、粉蚧、刺蛾、枣黏虫、枣疯病等，大部分地区危害中等。其中枣疯病防治难度大，危害十分严重。过去最严重的虫害——桃小食心虫已得到有效控制。

辽宁主要以生产鲜枣为主，鲜食枣产量占95%以上。其包装规格一般为5千克纸盒，并注明商标、产地、规格等，采用包装箱销售的占30%左右。短期贮藏的枣约占总产量的15%，主要采取气调库或利用废旧山洞进行贮藏。产品主要销往辽宁的沈阳、大连等地，部分销往黑龙江、吉林、广东、深圳等地，很少出口。枣产品的加工能力很小，主要产品是枣饮料、枣醋、枣泥、枣粉、枣干、枣果脯等，占枣产量的5%左右。对枣产品的认证工作起步较晚，大部分地区进行了绿色食品认证，只有少数地区进行了有机食品认证。

朝阳县在1999年和2000年先后被国家农业部、国家林业局授予“中国大平顶枣之乡”和“全国经济林建设示范县”称号。该县会同省、市技术监督部门，先后制定了《枣树丰产栽培技术》、《枣树归圃、嫁接苗木培育》、《枣树无公害丰产栽培》、《无公害食品大枣》、《绿色食品大枣栽培技术》、《绿色食品——大枣》6个地方性技术规程，加快了大枣产业向集约化经营、标准化管理和无害化生产方向转变。

(二)存在问题

一是资金投入不足，影响大枣产业发展；二是枣加工企业技术手段落后，枣产品的加工转化升值率很低；三是干制枣少，鲜食枣多，结构不合理，应对市场变化的能力差；四是适生、丰产、优质、高效的优良枣品种少。

(三)发展展望

辽宁省枣产业下一步的发展规划是：从2008年起，强力推进以“四个百万亩经济林富民工程”，亦即到“十一五”期末，完成杏枣、榛子、板栗和红松果材林4个百万亩高产高效示范基地建设任务。其中，高产高效大枣示范基地建设规模力争达到70万亩以上。为实现规划目标，今后3年省财政每年至少单列300万~500万元专项资金专门扶持枣产业发展。

八、甘肃省

甘肃省地处黄土、青藏和蒙古三大高原交汇地带，位于北纬32°11′~42°57′，东经92°13′~108°46′，地形呈狭长状，地势自西南向东北倾斜。境内地形复杂，高山、盆地、平川、沙漠和戈壁等兼而有之，是山地型高原地貌。从东南到西北包括了北亚热带湿润区到高寒区、干旱区的各种气候类型。甘肃整体上气候干燥，气温日较差大，光照充足，太阳辐射强，干旱少雨，风大沙多，自然条件严酷，生态环境脆弱。

(一)枣产业现状

甘肃省枣树栽培历史悠久，目前尚有300年以上的枣树，产区主要分布在临近陕西的庆阳宁县、平凉灵台、兰州、白银和河西走廊的临泽、民勤、敦煌等地，其中栽植枣树面积达10万亩以上的县有张掖市的临泽、武威市的民勤、平凉市的灵台等。主要品种有临泽小枣、敦煌大枣、民勤小枣、兰州圆枣、宁县金枣等，以鲜食、制干为主。临泽小枣至2007年底，枣园面积发展到13.21万亩，结果面积8.3万亩，年产量(干枣)达1.67万吨；灵台的灰枣栽培面积已达7.21万亩，结果面积5.04万亩，每年可产鲜枣4.345万吨。截至2007年，全省枣树种植面积为49.5915万亩，其中结果面积为32.8万亩，近3年产量分别为：2005年6.2万吨，2006年6.8万吨，2007年7.83万吨。全省枣区人口62万人，枣收入占枣农收入的18%，2007年枣产业产值达1.04亿元，占农业总产值的比例0.8%。

枣树主要在山地栽培，栽培方式多样，有枣粮间作、密植、枣园、林网栽植等，以枣粮间作为主。枣树病虫害以桃小食心虫、枣瘿蚊、枣绮夜蛾、枣龟蜡蚧、枣叶壁虱、介壳虫、枣食芽象甲、枣锈病、枣叶斑点病等为主。全省所产枣的鲜销、制干、加工比例为6∶3∶1。目前，枣产品主要用于内销，基本上是分散经营、自产自销。主产品种临泽小枣主要销往兰州、上海、南京等城市，年销售量2000吨左右，其余地市枣产品主要销往周边地县。为了保护“临泽小枣”品牌及其独特的品质，张掖市临泽县于2007年4月向国家工商行政管理总局申请注册了“临泽小枣”证明商标；2008年5月又向国家质检总局申请，获得了国家地理标志产品保护。庆阳的宁县先后申请注册了“宁州”牌九龙金枣和“玄兴”牌梨枣商标，并取得了“九龙金枣”(鲜枣和干枣)绿色食品产品认证。

目前尚无省级的枣开发研究和服务机构，主要以地方林果业技术中心和林业科研所为主来进行相关的科研开发工作。近年来，随着枣栽培规模的扩大，全省各地形成了一批红枣深加工企业，如白银枣旺有限公司、西域食品公司、京沙酿造公司等加工企业并相继开发出了饮料、保健品、食品三大系列多个品牌的加工产品。庆阳的宁县总结编制了《九龙金枣丰产栽培技术规程》、《枣树组培育苗技术规程》两个地方标准。

(二)存在问题

目前，枣产业存在以下问题：一是龙头企业发展缓慢，还没有形成真正意义上的龙头企业带动，而使枣产业走上规模化、集约化发展的路子。二是支柱产业没有相应的组织措施和资金保证，造成枣产业的科技含量低，单位面积产量不高，枣树增产增收的潜力得不到充分挖掘，示范样板无法培养，对于枣产业的相关研究难以开展。三是流通中介组织发展滞后，生产者、经营者和服务组织之间尚未形成利益共同体，基本处于各自为战的状态，由于近年来市场竞争日趋激烈，市场流通体系建设相对滞后，严重影响了枣及其加工产品的市场竞争力。

(三)发展展望

针对存在的问题，将建立优种苗木繁育基地，严把苗木栽植关，加强病虫害防治，狠抓龙头企业，提高产品档次，开拓枣产品市场，推动枣产业化快速发展。力争从2008年起到2012年，在张掖、武威、白银、庆阳4市的甘州区、临泽县、民勤县、景泰县、靖远县、宁县等6个县新发展优质枣生产基地10万亩。

九、天津市

天津市地处华北平原东北部，在北纬38°34′~40°15′，东经116°43′~118°04′之间，土地总面积11 919.7平方千米，下辖18个区县。天津市地势从西北逐步向东南倾斜，依次为山地、丘陵、平原和海岸带，最高海拔为1052米。平原区约占全市陆地面积的94%。气候具有大陆性季风气候和海洋性气候的双重特点。全市年平均气温约12℃，年极端最高气温42.7℃，极端最低气温-27℃；年平均日照时数2610~3090小时，年平均蒸发量1775毫米；平均无霜期约190天，≥10℃有效积温为4100~4400℃；年降水变率为23%，历史上最多的1977年，年降水量达975.0毫米，少雨年不足300毫米，旱涝发生机会相对较多。土壤类型主要有山地带褐土、棕壤，平原潮土和滨海盐土、湿土，还有少量沼泽土、水稻土和贝壳堤土。

(一)静海县枣区

地处渤海之滨，位于天津市西南端35千米，全县总土地面积212万亩，耕地105万亩，人口52万人，土壤以典型潮土为主，属温带大陆性季风气候，四季分明。静海枣树主要品种为金丝小枣，约17万亩(其中有2万亩在原有的大树上改接了金丝新4号)，其次为冬枣约2.5万亩、金丝无核1.5万亩，其余为阳信大枣、马牙枣、大雪枣等，面积约1.5万亩。目前，全县枣树种植面积约22.5万亩，枣区人口约15万人，被誉为“中国金丝小枣之乡”。静海枣年产量约4000万千克，2005年3500万千克，2006年4000万千克，2007年4500万千克，年销售收入约18 900万元，约占全县农业总产值的6.7%，主产区农民枣的年平均收入占其全年总收入的20.2%。静海枣树生产分两种形式，原先发展的金丝小枣是以枣粮间作为主，而近年发展的是以纯枣园为主，特别是密植的冬枣园每亩80~110株，多建成观光采摘园。目前全县结果的枣树7.5万亩，都进行了无公害产地及产品认证。主产区成立了10余个农民合作组织和专业协会。

(二)大港区枣区

地处天津市最南端，是滨海新区重要组成部分，近几年引进栽植耐盐碱的冬枣，并迅速扩大种植面积，至2007年底全区冬枣种植面积为5.4万亩，占全区果树种植面积的92%，年产冬枣337万千克，培育了颇有影响力的冬枣品牌“翠果”，畅销市场。为加快优质冬枣苗木的繁育，该区还投资230万元建立了冬枣苗木组培中心，研发苗木繁殖技术，使枣树定植成活率由75%提高到2002年的90%以上。目前，大港区有大、中、小型冬枣贮藏保鲜库30座，贮藏能力达到2790吨。以冬枣为加工原料的加工企业两家，其中大港翠果冬枣开发有限公司，引进了意大利生产的气调贮藏保鲜设备，贮藏能力达1000吨，年加工冬枣1080吨，贮藏保鲜期达4个月以上。利用低温脱水干燥等物理方法，加工冬枣脆片，产品保值期延长到1年，鲜枣日加工能力达到4吨，年生产冬枣脆片、冬枣饮料等系列产品2100吨。

此外，大港区天津绿生源食品饮料有限公司开发了鲜冬枣汁、枣酒生产加工技术，日加工生产能力达到5吨，产品深受市场欢迎。

十、北京市

(一)枣产业现状

2007年，北京市枣树总栽培面积为11.002万亩，其中结果面积7.9369万亩。2005年、2006年及2007年鲜枣总产量分别为598.91万千克、742.4万千克、1044.1万千克，枣产值分别为4131.7万元、4959万元、7521.8万元。北京市栽培的枣以鲜食品种为主。截至2007年，栽植面积最大的品种是冬枣，4.1935万亩，占北京市枣树总栽培面积的38.1%；第二是尜尜枣1.44万亩，占13.1%；第三是马牙枣0.8645万亩，占7.9%；其次是菱枣、金丝小枣、脆枣、郎家园枣等。2007年以冬枣产量最高，为4457.15吨，占枣总产量的40.6%；第二是尜尜枣，1750.7吨，占15.9%；第三是脆枣630吨，占5.7%；其次是菱枣、梨枣、红螺脆枣等。截至2007年，全市有设施枣总面积34.2亩，其中结果面积21.2亩。

北京市的枣树大多是利用山地、丘陵散生的野生酸枣嫁接而成，平原地区栽培的较少。在海淀、丰台、朝阳区等有一些新建的观光枣园，都采用常规栽培方式。由于山地土壤瘠薄，部分枣园采取了与豆类植物间作的种植方式。京郊鲜枣产量的20%~30%以观光采摘的形式销售，其余的以团购、批发及零售的形式在北京进行鲜销。目前尚无大枣的加工产品，也很少进行鲜枣的采后分级、包装，但是部分团购的鲜枣采取分级包装。

目前，在北京地区还没有枣的地理标志产品，全北京市的大枣取得无公害认证的有12 050亩，绿色认证的3000亩，有机认证的11 028亩。枣树的主要病虫害有枣锈病、枣瘿蚊、桃小食心虫、绿盲蝽、枣尺蠖、红蜘蛛等。枣疯病的发病率近年有上升趋势。

北京市园林绿化局果树产业处、全市13个区县的林业局(或果办)以及22个枣产业协会或农民合作组织的服务机构，负责对枣农进行生产培训、技术指导以及枣产业的研究、开发。北京市林业局牵头制定了北京市地方标准《枣无公害生产技术》。另外，一些区县还制定了《郎家园枣绿色食品地方生产标准》、《金丝小枣栽培技术》、《冬枣无公害生产综合技术》。怀柔区桥梓镇制定了《桥梓镇人民政府关于大枣观光采摘园建设的奖励办法》和《桥梓镇人民政府关于对本镇农民发展当地优质大枣的奖励办法》。房山区大石窝镇制定了《大石窝镇北部各村建设菱枣基地致富农民》。

(二)存在问题

目前，北京市枣产业发展过程中存在的主要问题有：一是由于资金的短缺，没有典型的枣树示范园，连片成规模的枣园很少，造成管理粗放，果品品质低，在市场竞争中处于劣势。二是技术力量薄弱，在整形修剪以及病虫害防治方面较差。三是鲜枣的采后保鲜贮藏措施少，没有专门的加工企业，随着枣树进入丰产期，这种问题会突出表现出来。

(三)发展展望

一是做好新品种、新技术引进和试验示范推广工作。二是做好肥料、农药等生产资料供应和技术指导工作。三是继续开展培训工作，不断提高农民大枣生产技术水平。四是继续加强大枣生产的宣传力度，举办大枣采摘节和评比大赛，扩大知名度，拓展销售渠道，调动农民种枣的积极性，促进农民增收。五是继续加强标准化基地建设，加快都市休闲农业发展，促进大枣产业升级和可持续发展。

(四) 重点企业和基地

1. 房山区大石窝镇菱枣基地

位于房山区西南，集中分布在房易路以北的 12 个村。基地于 2000 年开始建设，涉及 12 个行政村，种植户数达 600 余户。2001 年注册了“福临”商标，2002 年通过了绿色食品证书，2007 年 1 月进行了菱枣有机食品认证。截至 2007 年，全镇菱枣总面积 6300 多亩、60 万株，其中结果面积 5000 亩，年总产量达到 30 万千克，产值达到 300 万元，户均 5000 元，最高的达到 10 万元。销售方式主要以采摘为主，2007 年采摘收入达到 200 万元。在扩大菱枣种植面积的同时，加大采摘区的基础设施建设，方便游人采摘和娱乐。

2. 怀柔区桥梓镇凤山大枣协会

于 2005 年 7 月成立，通过会员大会成立了理事会、监事会两个机构，共有组织成员 8 人，会员 63 人，是由桥梓镇政府牵头自愿联合发起成立的非赢利性协会。以镇政府提出的“花果之乡，人居圣地”为目标，以建设凤山百果园区为依托，以发展大枣产业为方向，以点带面带动全镇农户发展大枣产业，通过吸收枣农大户入会，共带动 1000 余户从事大枣种植，社会效益、经济效益显著。截至目前，全镇共发展大枣面积 13 000 亩，总收入 1500 万元，总产量达 130 万千克，人均增加收入 1000 余元。其中协会成员鲍品贤、鲍俊贤、丁学玉等大枣种植户枣业收入每户达到 10 万元以上，成为农民致富带头人。

十一、湖南省

湖南省位于长江中游，大部分处于洞庭湖以南，“湘、资、沅、澧”四水贯穿全境。地处东经 108°47′~114 °15′，北纬 24°38′~30°08′。东以罗霄山脉与江西交界，西以云贵高原连接贵州，西北以武陵山脉毗邻重庆，南枕南岭与广东、广西相邻，北以滨湖平原与湖北接壤。土地总面积 211 829 平方千米，其中平原 4167.9 万亩，盆地 4411.8 万亩，丘陵地 4893.3 万亩，山地 16 270.8 万亩，水面 2930.5 万亩。海拔大多在 500 米以下，最高峰 2099 米；全省平均气温 16~18℃，1 月最冷、平均气温 4~7℃，7 月最热、平均气温 26.5~30℃，≥10℃的活动积温 5000~5800℃，全年无霜期 260~310 天，日照 1300~1800 小时，降水量 1300~1800 毫米，蒸发量 700~1000 毫米。土壤有红壤、黄红壤、黄壤、黄棕壤、石灰土、紫色土等多种类。

(一) 枣产业现状

枣树主要分布在怀化、衡阳、永州和郴州四市，重点在溆浦、麻阳、衡阳盆地和湘南的石灰岩山地，溆浦、麻阳、衡山、茶陵、攸县、衡阳县、衡东县等是重点发展区域。到 2007 年底，全省枣树栽培面积 15.4 万亩，其中结果面积 13.2 万亩，常年产量 9 万吨左右。2005、2006、2007 年年产量分别为 95 264 吨、91 290 吨、93 642 吨。全省有 20 多个枣品种，其中经省鉴定的优良品种有鸡蛋枣、牛奶枣等 9 个。鸡蛋枣属鲜食和加工兼用品种，面积 3.23 万亩，常年产量 2.2 万吨左右，占总产量的 24% 左右；牛奶枣属加工品种，面积 9100 亩，产量 0.6 万吨左右，占总产量的 6%；其他品种如木枣、观音枣、长枣、大枣等品种面积 9.02 万亩，常年产量 6 万吨左右，占总产量的 70%。枣果鲜销、制干、加工比为 31∶56∶13。全省枣树栽培大多是山地，有少量水田、旱土和四旁栽培。

(二) 存在问题

一是高水平集约经营面积较少，常规经营面积较多。由于湖南特殊的地理位置，山地和洞庭湖平原不适宜枣树规模种植，枣树主要栽培区相对集中在湘中丘陵区，立地条件相对较差，保水保肥能力不高，适宜枣树生长的区域很难形成规模，除部分地段以农田和旱土栽培可以进行规模经营外，一般以散生和四旁林分布，不具备集约经营的条件。全省枣林面积中高水平集约经营占总面积的17%，产量占29%。

二是种植密度不一，树龄老化现象严重。全省现有枣林中有近25%为老枣园，种植密度较低，亩平均为50株，结果能力差，经济效益不显著。虽然近10年来，对枣园经营方式进行了大力改进，采用无性系优良嫁接苗造林，在栽植密度上有较大提高，新建的枣园栽培密度为每亩110株，但总体发展不平衡，栽植密度合理、结果盛期的枣园仅占栽培面积的20%。

三是品种良莠不齐，规模效益不强。湖南枣生产的历史悠久，但集约经营时间短，老的经营枣树基本上是自然分布的常规品种，优良品种比例约为20%，亩产量不到600千克。由于品质不优，生产分散，不能很好地形成市场效益和规模效益，亩平均年产值500~800元，最低仅300元。

四是加工产品单一，市场渠道不畅。湖南有一定规模的枣加工企业仅两家，年加工能力1.2万吨，加工产品为干枣、蜜饯、风味枣、枣精等常规产品，贮藏保鲜能力仅为3000吨。销售主要依靠沿海城市，内部销售组织和外部销售网点不健全，销售渠道不畅，产品的商品率低，特别是鲜食枣商品转化率低，没有形成产品经济。

(三)发展展望

一是以重点工程为龙头，大搞枣园基地建设。结合名优经济林、农业综合开发、重点生态工程建设等，在适宜枣树生长的区域大力开展枣园基地建设，计划用5~10年时间新建优质枣园5万亩，使全省面积达到20万亩，其中优质枣园面积达到10万亩。

二是以低产低效林改造为主体，全面提高果林生产潜力。目前，全省枣林面积中有60%处于低产低效状态，树龄老化严重，经营水平低，部分还处于自然生长状态，如不进行改造不仅影响枣产业发展，还在一定程度上影响枣农生产的积极性。为此，该省拟对现有的10万亩枣林进行全面改造。一是对有培育前景的中壮龄枣林进行复壮培育，提高单位面积的生产力。二是对部分中幼林劣质枣树进行品种改造，用名优新品种替代原有的品种。三是淘汰树龄老化的劣质枣园，在枣园上进行2~3年的农耕后，再用优质品种重新造林。

三是以优质品种培育为发展方向，积极实施品牌战略。结合湖南的立地条件和经营特点，选择适合栽培的优质品种，以鲜果和加工需求为目标，重点培育一批具有发展前景的优质基地，实施目标生产，品牌培育。拟计划用5年时间完成2万亩以上优质品种园建设，用2~3年时间对现有加工企业进行改造，对加工产品进行调整，力争5~10年打造湖南品牌，完成全省枣产业战略转型。

四是优化环境，用政策调动发展枣业积极性。湖南枣产业发展得到了社会的有力支持，但产业发展环境还有待进一步优化。特别是投入机制和政策机制还有待优化，要支持和鼓励有积极性的枣农加大资源培育力度，扶植加工企业积极开展产品的精深加工。同时，引导社会组织积极开展产品销售，建立健全销售网络，提高产品的商品转化率。

五是以科技为依托，努力提高经营水平。以现有的科研院所为依托，以栽培和加工为重点，大力开展科技创新，努力提高枣产业的科技含量，不断提高经营水平。

十二、四川省

四川省位于我国西南地区，地处青藏高原与长江中下游平原之间的过渡地带，大致以龙门山、大相岭、大小凉山为界。东部为著名的“四川盆地”，海拔一般在300~700米，西部为高山和高原地区，一般海拔为3000~4000米。四川南北地跨8个纬度，东西跨越11个经度，相对高差7400多米。地貌由盆地丘陵逐渐经过低山、中山、高山而过渡到高原地带。由盆地温暖、湿润气候，经过半湿润，温凉山地气候而过渡到严寒干燥的高原气候。土壤由紫色土、黄壤、棕色森林土而过渡到草甸土。

(一)枣产业现状

枣在四川的种植历史悠久，在四川盆周山区和盆中丘陵区都有零星种植。枣区主要在德阳市罗江县(调元枣)1万亩、绵阳市三台县(崭山米枣)5万亩，在南充市有一些引进的梨枣和晋枣，保存有约0.8万亩。其他，如广安市、眉山市、成都市、资阳市、遂宁市等亦有一定自然分布，主要满足当地市场消费。

枣园前期主要采取间作种植，进入盛果期进行纯枣园经营。近年来，在四川重点枣产区已形成了一整套符合当地特点的生产技术和栽培模式。一是发展矮化密植枣园，推广密植丰产栽培技术，最佳行距2.5米、株距2米，亩植135株；二是对枣树重整形修剪，便于管理；三是合理利用枣园搞立体生态养殖；四是协调规划观光和乡村旅游发展；五是通过合理矮化密植、整形，按无公害农产品规则用肥、用药，减少病虫的危害，培育枣“绿色食品”。

四川枣区病虫害时有发生，但没有发生大范围的病虫害。病害主要有锈病、枣花叶病、枣褐斑病、炭疽病、枣缩果病、枣裂果病、枣疯病等，虫害主要是蚜虫、红蜘蛛、黏虫、枣大灰象甲、枣食心虫、枣褐蟑等。

四川栽培的枣以鲜食为主。大部分地方产品分级、包装不严格，包装档次低。但在三台县和罗江县，产品分级、包装情况较好，制定了严格的分级包装标准，并注册了商标“调元枣”和“崭山米枣”。三台县通过协会对崭山米枣实行“统一生产技术标准，统一管理技术，统一品种培育，统一分级包装销售”的运作模式，产销率达100%。

(二)存在问题

一是发展不均衡，重点枣产区不多，急需大力发展。二是鲜食枣销售时间短，贮藏条件差。三是没有注重分级销售，没有稳定的销售网点和具有竞争力的营销手段，效益不高。

(三)发展展望

计划今后5年(2009~2013年)，新发展枣园10万亩，枣总产量达到10万吨，枣销售收入达到8亿元，重点枣区人均收入超过2000元。

十三、重庆市

重庆市位于我国西南地区东部，东经105°17′~110°11′，北纬28°10′~32°13′，土地面积8.24万平方千米。东邻湖北省和湖南省，南接贵州省，西面、北面与四川省相连，东北角与陕西省交界，是长江上游的经济中心、西南工业重镇和水陆交通枢纽。重庆属中亚热带湿润季风气候类型区，具有夏热冬暖、无霜期长、雨量充沛、温润多阴、雨热同季等特点，年平均气温16~18℃，最冷月平均气温4~8℃，最热月平均气温26~29℃，无霜期116~361

天，年日照总时数1000~1400小时，降水量1000~1350毫米。属中亚热带四川东北部盆地山地黄壤区，土壤类型主要有黄壤、紫色土、黄棕壤、石灰土，还有少量的红壤。

(一)枣产业现状

枣树主要分布在东南部三峡库区的周边和三峡库区腹心地带，在长江三峡瞿塘峡口附近。主要品种有猪腰枣、鸡蛋枣、梨枣、义乌枣和金丝枣等。重庆市奉节县的枣树种植历史可追溯到唐代，有诗人杜甫"堂前扑枣任西邻"诗佐证。通过多年的发展，奉节不断引进和发掘新品种，筛选出了本地鸡蛋枣、山西临沂引进的梨枣两个拳头品种。并于1998年开始与北京林业大学合作，开展"枣树组织培养及脱毒技术研究"课题研究，通过组培的苗木建立采穗圃50亩，采集枝条进行嫩枝扦插育苗、嫁接育苗，每年可提供20多万株质优、价廉，无病毒的苗木。2002年退耕还林工程实施以后，奉节县委、县政府审时度势，抓住机遇，大力实施农村产业结构调整，在适宜乡镇积极发展枣树种植，以鹤峰、永乐、朱衣、新民、大树等乡镇为重点产枣乡镇。目前，建有大枣密植园1.8万亩，间作0.2万亩。

武隆猪腰枣是重庆市特有的地方鲜食枣品种，集中分布在武隆羊角镇境内的乌江河谷沿线，因其枣果长圆形略扁似猪腰状而得名。2006年，猪腰枣被审定为优良经济林品种，主要产地羊角镇被授予《重庆市枣子之乡》称号。该品种含糖量高、鲜食口感好，优良特性突出，深受广大消费者青睐，鲜枣最高售价达120元/千克，平均售价60元/千克，市场供不应求。经调查，武隆县共有猪腰枣原生资源约2万株，幼林5000亩，年平均产量约5万千克，当地林农户均年增收5000元以上，具有很强的发展优势和广阔的市场空间，是优化农村产业结构，增加农村居民收入，拉动一方群众"最先脱贫、率先致富"的富民产业。武隆还建立了每年不低于30万元的枣产业发展基金，制定了5年发展10万亩枣产业基地的目标，编制了《武隆县猪腰枣建设项目建议书》和《武隆县10万亩枣子基地建设方案》。目前，有1家枣业发展公司落户该县，建立了鲜枣冷藏库，组建了农村合作经济组织，建设苗圃500亩，在圃嫁接苗80万株，培育砧木300万株。

2005年，重庆市枣树结果面积39 500余亩，产量达3000吨；2006年结果面积45 000亩，产量达4600吨；2007年全面进入盛果期，结果面积达47 100亩，产量达6085吨，年产值近15 000万元。产枣区枣农人均枣收入达200元以上，占全年纯收入的近0.4%。目前，多数以鲜枣出售，少量以加工的干、蜜枣出售。

奉节县以"夔州蜜枣场"为代表的加工企业迅速兴起，形成了枣的种植、加工和销售产业链。特别是鸡蛋枣的干制产品"杜甫晒枣"，其色似琥珀，纹如金丝，外酥内润，醇甜爽口，化渣离核。"夔州牌晒枣"、"杜甫晒枣"分别荣获2004年首届中国食品博览会银质奖和轻工部优质产品奖，产品远销国内外。

(二)存在问题

重庆市枣产业主要存在以下问题：一是病虫害特别是枣疯病、丛枝病比较严重，防治经费紧张，防治手段相对落后。二是枣产品加工还处于家庭作坊式，规模不大。三是适于枣树种植的区域广，目前种植规模还比较小。四是没有较好的科技支撑，缺乏管理技术，产量低。五是缺乏政策支撑，群众的积极性不高。

(三)发展展望

今后枣产业将围绕重庆森林工程建设，结合经济林和林业产业的发展规划，加大发展力度。计划到2015年，全市枣树规模达到20万亩，产枣户的人均收入在500元以上，枣产业总产值达到15亿元以上。枣产业基地主要布局在三峡库区，黔江、涪陵、武隆乌江河谷沿线等海拔800米以下的枣树适宜区。

配套建设项目包括：武隆猪腰枣采穗圃200亩，投产后每年提供优良穗条200万枝；对表现优良的单株实行挂牌保护；建良种繁育基地500亩，投产后年产合格嫁接苗500万株以上；建年保鲜贮藏、加工能力2万吨以上的枣制品加工企业1个；每500亩枣基地配套建设小型蓄水池1个。

主要保障措施：一是积极争取造林项目，采取招投标方式，每年安排林业造林项目资金用于发展猪腰枣产业；二是结合社会主义新农村建设，整合各部门项目经费，支持枣产业基地建设，配套建设道路、交通等基础设施；三是组织相关人员赴北方枣产区考察、学习，培养带头人、技术骨干和农村技术能人；四是出台激励机制，鼓励大户、业主规模经营，建立示范园区，带动群众自觉发展枣产业；五是打造品牌，注册商标，进一步提高武隆猪腰枣的知名度和市场竞争力；六是加大枣业公司的扶持力度，建立"公司+基地+农户"的经营模式，牢固产销体系，解决林农后顾之忧。

十四、贵州省

贵州省位于我国西南地区云贵高原东部，面积17.6万平方千米，人口3800万。省内平均海拔约1000米，以中低山为主，是典型的南方山区，其中以喀斯特地形居多；气候属亚热带季风气候，积温充足，雨量充沛；土壤主要有黄壤、黄红壤、石灰性土壤和紫色土等。

贵州是我国南方枣的产地之一。主要产区有东部地区的玉屏、万山、铜仁、石阡、岑巩、施秉、镇远、黎平，北部地区的赤水、习水、仁怀、遵义、湄潭，南部地区的兴义、兴仁、安龙、都匀、平塘、三都、惠水以及中部地区的贵阳、安顺、息锋、开阳等县(市)，常年产鲜枣1500~2000吨，其中2006年为1792吨，2004年为1628吨。产区群众常将枣树栽植于房前屋后、道路两旁，以散生为主，少有成片种植。据估算，全省资源面积约有1万亩。

地方品种主要有鸡蛋枣、梨枣、珍珠枣等。2001年，施秉县从山东引进冬枣栽培，目前已开花结果，获得初步成功。枣果是省内有名的特色经济林产品之一，但由于栽植规模和总产量有限，主要以满足当地群众鲜食为主，加工尚处于空白阶段。目前，省内市场上流通的各类枣制品主要来自北方。

十五、新疆生产建设兵团

新疆生产建设兵团(以下简称兵团)地处我国西北部新疆维吾尔自治区境内，位于东经73°30′~96°30′、北纬34°10′~49°30′，天山南北沙漠周边辽阔的戈壁、盐碱滩上。全兵团现有14个师、179个农牧团(场)，分别与新疆维吾尔自治区的13个地(州)的74个县(市)相毗连，土地面积745.2万公顷。红枣产主区属暖温带大陆性干旱荒漠气候，年均气温在10℃以上，≥10℃积温在4000℃左右，极端低温可达-25~-35℃，极端高温可达40~45℃，历年平均无霜期200~220天，年降水量10~100毫米，蒸发量2100~2900毫米，日照时数2556~2991小时。土壤多数为砂壤土，含盐碱。

(一)枣产业现状

兵团红枣主产区全部位于天山以南(下称南疆)，塔里木盆地、塔克拉玛干大沙漠周边地带，为塔里木河流域冲积平原。兵团红枣的主要产区农一师（阿克苏垦区）、农二师（库尔勒垦区）处于新疆腹心地带，紧靠古尔班通古特和塔克拉玛干两大沙漠；农三师（喀什垦区）、农十四师（和田垦区）位于新疆西南部，与我国西藏及印度、巴基斯坦、阿富汗、塔吉克斯坦、吉尔吉斯斯坦等国相邻；农十三师（哈密垦区）位于新疆东部，与蒙古共和国及我国甘肃省相邻。人口约 85 万人。

截至 2007 年，兵团枣树总面积达 42.75 万亩、结果面积 10.13 万亩、总产量21 482.1 吨，分别占兵团果树总面积、结果面积和总产量的 28.4%、16.4%、3.4%。其中，农一师 131 878.3 亩、结果面积21 512.8 亩、总产量8174.3 吨，分别占兵团红枣总面积、结果面积和总产量的 30.8%、21.2%、38.1%；农二师 81 742.0 亩、结果面积 11029.0 亩、总产量 3506.7 吨，分别占兵团红枣总面积、结果面积和总产量的 19.1%、10.9%、16.3%；农三师 62 257.2 亩、结果面积 5386.9 亩、总产量 1111.0 吨，分别占兵团红枣总面积、结果面积和总产量的 14.6%、5.3%、5.2%；农十三师 38 628.0 亩、结果面积 16 955.0 亩、总产量 3437.5 吨，分别占兵团红枣总面积、结果面积和总产量的 9.0%、16.7%、16.0%；农十四师 110 925.0 亩、结果面积 45 344.0 亩、总产量 5026.4 吨，分别占兵团红枣总面积、结果面积和总产量的 25.9%、44.7%、23.4%。

“九五”期间，兵团确立并制定了发展特色果品的基本思路和产业布局，相继出台了一系列指导园艺产业发展的纲领性文件。兵团有规模种植枣树是从 2005 开始的，基地建设、引种选育、品种更新、贮藏加工、外销出口等开始步入正轨。由于兵团垦区多处在“三边”地带，即沙漠、戈壁和盐碱滩上，灌溉水系的下游，自然条件恶劣，加之大多数为刚发展起来的幼龄枣园，有些刚开始结果，枣产业产值占农业总产值的比例还很少。

主要栽培品种为灰枣、骏枣和哈密大枣以及少量的赞皇大枣和冬枣，主要用于制干。枣园以建在平原的农田和沙漠戈壁滩上（如 224 团）居多。一般都采用株行距 2 米 ×3 米密植栽培。为了便于机械作业，也有采用 1.5 米 ×4 米的株行距。在栽后前两年都进行间作（棉花、饲草）。主要病虫害是介壳虫、枣壁虱、枣瘿蚊，危害程度为轻度或中度。产品销售主要是河南、山西来的商贩收购，销售到中部沿海城市，少数销售到东南亚。十四师于 2005 年成立了以保鲜、加工、仓储、包装等为一体的“和田昆仑山枣业有限公司”，注册商标为“昆仑山”。2007 年，兵团 10 万亩枣园通过绿色食品认证，3600 亩通过有机食品认证。

（二）存在问题和发展展望

存在的主要问题：一是对枣产业发展的认识不足、准备不足，发展规模与枣树苗木供应不协调，造成品种混杂，成活率不高；二是栽培管理相对粗放，集约化管理面积还很有限，生产总体水平面不高，单位面积产量低；三是产业链还没有完全形成，目前只出售枣的初级产品，科技附加值低，产品销售还停留在传统的原始阶段。

按照兵团园艺产业发展规划，“十一五”末，以枣为主的干果经济林将达到 100 万亩。

（三）典型事迹

十四师 224 团，所在的皮墨垦区过去是一片沙漠瀚海，频繁发生的沙尘暴严重影响和威胁着和田人民的生活和生存。自 2003 年起，种植了十几万亩枣园和防风林带，全部采用自压式节水滴灌。过去的茫茫沙海现已变成一望无际的绿洲。224 团 10 万亩红枣园的建立，对发展沙产业起到了巨大的示范推动作用。2006 年，胡锦涛总书记莅临枣园视察。

第二节　全国重点产枣县

一、河北省的主要产枣县

(一)沧县

沧县隶属于河北省沧州市，位于华北平原中东部的黑龙港流域，境内京沪铁路纵贯南北，朔黄铁路横贯东西，交通十分便利。土壤为中壤潮土，土层深厚，有机质含量1.2%，年平均降水量630毫米，集中在6、7、8月3个月，平均气温12.5℃，年日照2904小时，无霜期200天，其春旱、夏涝、雨热同季的气候特点和土壤类型非常适合枣果的生长发育。

1. 枣产业现状

枣区人口294 339人，枣果收入占枣农收入的80%，枣产业产值约占农业总产值的40%。枣区大部分位于西杜林、大官厅、杜生、大褚村、纸房头、黄递铺、高川、崔尔庄8个乡(镇)，且基本实现了枣园化生产。2007年枣树栽培面积51.5万亩，其中结果面积44.9万亩，2005年红枣产量20万吨(干)，2006、2007年红枣产量均为25万吨(干)。干制、鲜食和加工枣品种比例为8.77∶0.64∶0.59。主要虫害为绿盲蝽和桃小食心虫，其中绿盲蝽为重度发生，桃小食心虫为轻度发生。2007年由于枣果采收期遭遇20余天的连阴雨天气，枣锈病中偏重发生，枣浆果病、烂果病大发生。

沧县的结果枣树全部实行了无公害标准化生产，已有近万亩枣果通过无公害、绿色、有机食品认证。“沧县金丝小枣”通过了国家工商局和国家质检总局证明商标的注册和国家原产地域产品保护注册，建立了沧县红枣科技园和沧县红枣产业协会，并出台了《沧县金丝小枣无公害生产技术规程》地方标准、《沧州金丝小枣原产地域产品保护管理办法》。

全县红枣加工企业500多家，龙头加工企业6个，年加工规模5000万千克，保鲜贮藏能力80 000平方米，产品主要有蜜枣、乌枣、脆枣等10多个系列50多个品种，并研发出枣蜜素、沛然浓缩枣汁、枣精粉等专利产品。“御封”、“沛然”、“好想你”、“绿凯”、“枣香村”等品牌，在全国有较高的知名度，产品畅销国内30多个大中城市，并出口到东南亚、韩国等20多个国家和地区。崔尔庄红枣交易市场，辐射全国23个省(自治区、直辖市)，集交易、储藏、加工、服务为一体，年交易量45万吨，年交易额达到近30亿元，是设施先进、功能齐全、信息灵通的中国最大的现代化红枣交易市场。

2. 存在问题

一是基地发展不平衡，品种较单一，小枣东扩进展缓慢，品质参差不齐；二是加工龙头带动不强，加工产品科技含量低；三是市场开拓不足，销售渠道狭窄；四是科技人员少，果品检测体系不健全，科研和技术推广经费不足；五是整体宣传力度不够，政府服务力度有待加强。

3. 发展规划

针对枣产业发展现状及存在问题，今后枣产业的发展将从外抓市场、抓信息、树品牌，内抓龙头、抓质量、降成本入手；用现代工业理念指导红枣产业，强力推进枣产业企业化经营、标准化生产、市场化运作、多元化发展、品牌化战略，不断提升红枣业优质化、集约化、外向化程度。

(二)献县

献县隶属于河北省沧州市，位于沧州市西部，东经115°30′~116°30′，北纬38°3′~38°22′。辖18个乡镇，500个行政村，总面积1174平方千米，总人口57.2万，其中农业人口52.6万。土壤质地以潮土、风积土为主，属半干旱潮湿大陆性季风气候，年平均气温12.3℃，无霜期平均189天，全年日照时数2851小时，年太阳辐射总量132.25大卡/厘米，大于0℃的积温为4830℃，年平均降水量560毫米，多集中在7、8、9月份。

献县枣产区主要集中在县城东部7个乡镇，其中面积万亩以上的乡镇有高官、韩村、淮镇、郭庄、垒头、河街、段村、临河、张村8个乡镇。截至2007年，全县枣栽培面积达50.3万亩，结果面积30.2万亩，2005年产量13.5万吨，2006年产量15万吨，2007年产量15.2万吨，常年产值8亿元，占农业总值的35%，红枣收入占枣农收入的70%。其中，金丝小枣40万亩，占总面积的79.5%，年产量13.8万吨，占红枣总产量的90%，主要用于制干、鲜食、加工；冬枣9.3万亩，占总面积的18.5%，年产量1.2万吨，占总产量的8%，主要用于鲜食和加工；献王枣1万亩，占总面积的2%，年产量0.2万吨，占总产量的1.3%，主要用于制干。栽培方式为平原栽培，其中纯枣园50%，间作50%。冬枣、献王枣为密植栽培，小枣为常规栽培，部分密植，全部为大田栽培，常规果园。主要虫害有绿盲蝽、红蜘蛛、枣步曲、刺蛾等，其中绿盲蝽危害最为严重，其他虫害危害一般。病害主要有枣锈病、浆果病、烂果病。枣锈病一般危害不严重，但近几年浆、烂果病危害较重。枣制品为鲜销、干制、加工，其比例为1.5∶8.7∶5，分为特级、一级、二级、三级4个级别，包装有精品包装和粗包装，重量0.5~10千克。2004年献县金丝小枣通过了国家原产地保护，目前全县结果枣树全部通过省林业局无公害基地环评认定，2.71万亩通过了省林业局果品认证。

1983年献县在枣区成立了红枣技术推广站，专门从事红枣技术研究，并获成果奖3项，其中国家星火奖1项。2000年又成立了绿缘冬枣产业技术开发中心，向社会提供优质冬枣苗100万株，收购、销售冬枣15万千克。2006年与河北农业大学合作成立了献县红枣试验站，引进60余个新品种进行试验推广。献县林业技术推广站，推广先进实用技术，指导全县枣农红枣生产，成功引进红枣烘干房建设及使用技术。2007年"5万亩金丝小枣标准化建设"获得省林业局科技进步二等奖。全县从事枣加工的企业300余家，重点企业有冀东枣业加工中心、沧华园食品有限公司、绿洲枣业有限公司、康宇枣业有限公司等12家。有占地面积60万平方米的尚庄北方红枣交易市场1个，从事红枣销售的经济人3000余人。自1984年以来，县委、县政府多次下发关于红枣产业发展文件、意见及规划，并制定了操作标准DBT/56—2003、食品标准DBT/55—2003等地方标准，推动了全县红枣产业的健康稳定发展。

(三)黄骅市

黄骅市隶属于河北省沧州市，地处河北东北部，东临渤海，西接沧州，北部与青县、天津郊区接壤，南部与海兴县、孟村县、盐山县相邻。全市气候属暖温带季风性气候，年平均降水量500毫米，无霜期为190~210天左右，全市属滨海冲积平原，土层深厚，地下水位高(1.5~2.5米)，土壤盐碱(0.1%~0.6%)。全市土地面积232万亩，耕地面积75.8万亩，总人口41万，其中枣区人口35万。全市现有林地面积36万亩(林木覆盖率15.8%)，其中冬枣面积30万亩。农业总产值7.1亿元，其中冬枣产业产值2.5亿元，占农业总产值的35%，农民人均纯收入达4339元，其中枣业收入550元，占人均纯收入的12.7%。

1. 枣产业现状

在"十五"期间，黄骅市立足地碱水咸的实际，大力发展冬枣产业，走出了一条具有黄骅特色的林果业发展新路子。通过了"冬枣原产地域保护"，被国家林业局命名为"中国冬枣之乡"、"全国经济林示范县"。目前，全市冬枣面积达30万亩，建成万亩冬枣基地1个(孔店)、千亩冬枣基地35个、500亩冬枣基地126个，遍及全市9个农业乡镇、270个村、7万农户。2005年冬枣总产2000万千克，2006年冬枣总产3000万千克，2007年冬枣总产4000万千克。建成无公害生产示范园116个，无公害生产基地认证面积达20万亩。成立了由河北农业大学专家、教授加盟，集科研、推广、服务为一体的"河北省冬枣研究所"，先后开展了"盐碱地冬枣无公害栽培技术研究与示范"等多项技术创新，进一步提升了冬枣无公害生产水平。

投资2000多万元，建成了占地100亩、建筑面积3万平方米的孔店冬枣专业交易市场。形成了辐射全国的营销网络，产品畅销上海、江苏等30余个省(自治区、直辖市)。培育了"十月红"、"古园"、"华夏"、"遥乡村"等冬枣品牌，2004年在国家工商总局注册了"黄骅冬枣"证明商标。由枣农、枣商和龙头企业联合成立了黄骅冬枣协会，共有会员1720个，涵盖全市冬枣种植户和15家龙头企业。现有天天食品、神农食品、国润生态食品、华夏冬枣、华盛公司、众宝脆冬枣加工厂、孔店再就业开发公司、华林食品、百丰食品、海王食品、孔店冬枣市场等15家冬枣龙头企业，冬枣贮藏保鲜能力达1万吨，脆冬枣加工能力4000吨，企业产值达到2亿元，带动农户3万农户。

2. 发展展望

到2010年，全市冬枣种植面积达到40万亩，产量达到1亿千克，实现产业产值10亿元；30万亩冬枣全部达到无公害绿色食品标准；全市果品龙头企业(以冬枣龙头为主)达到20家，果品贮藏保鲜能力达到3万吨，果品加工能力达到1万吨，实现果品加工销售收入3亿元。

(四)青县

青县隶属于河北省沧州市，位于冀中东部，沧州北部，东经116°34′~117°06′，北纬38°24′~38°45′，为冀中平原边缘向滨海平原过渡地带，系古黄河、子牙河冲积而成。自然地势低平，由西向东北方向微倾，最高海拔7.5米，最低海拔3.5米，坡降1/11000，构成低洼平原地形。属暖温带大陆性季风气候，年平均气温12.1℃，年平均日照量时数为3769.8小时，全年无霜期180~236天，年降水量603毫米左右，集中在6~9月份，约占全年的80%，有灌溉条件。土壤pH值在7~8之间，有机质含量在1%左右。

青县几乎每个村都有枣树，主产区在运河以西。枣收入占枣农收入40%~80%以上(主产区)，枣区人口20万人以上，枣产业产值近2亿元，占农业总产值10%。主要品种为金丝小枣，面积17.2万亩，产量78 550吨，占80%以上，以制干为主、鲜食为辅，栽培方式为平原纯枣园和枣粮间作；冬枣8500亩，产量4500吨，以鲜食为主，栽培方式为密植纯园；无核枣8500亩，产量3000吨，常规栽培；早脆王，鲜食，密植栽培(有少量设施栽培)；金丝新四号，纯枣园，鲜食、制干；其他还有婆枣、大枣等，产量约8500吨，鲜食或加工。主要病虫害有枣锈病、浆果和烂果病、缩果病，危害程度较重；害虫中绿盲蝽危害重，食芽象甲、桃小食心虫、红蜘蛛、枣瘿蚊、枣步曲等危害一般。全县已取得14万亩无公害基地认证，实行无公害标准化栽培的有近2万亩。

(五)盐山县

1. 枣产业现状

盐山县隶属于河北省沧州市，辖12个乡镇，450个自然村，耕地面积70.8万亩。属半湿润大陆性季风气候。枣树栽培历史悠久，目前全县枣种植面积21.9万亩，占全县经济林总面积的85%，结果面积11.3万亩，无公害基地认定面积7.2333万亩，年产红枣17 437吨，其中2005年产量16 662吨，2006年产量17 255吨，2007年产量17 437吨。品种以金丝小枣为主，面积为21.9万亩；鲜食枣以冬枣为主，面积0.4万亩；另有无核枣、婆枣、雪枣、胎里红、龙须枣等许多干食、鲜食、观赏品种，面积约0.4万亩。主产区农民红枣年人均收入1300元，占年人均总收入的71%。1991年盐山县十届人大二次会议把枣树定为“县树”。盐山县现有小规律的蜜枣、酸枣等加工企业多家，还有大型的枣功能成分提取和枣酒加工企业河北省沧州恩际生物制品有限公司。该企业现有干部职工450人，公司下设企业管理部、生产技术部、产品开发部、供销部、财务部和办公室。该公司于2003年9月成立，2004年被列为省重点建设项目，同年9月被国家发改委立项批复并给予1000万元资金补助，2005年5月国家科技部把该项目评为“国家级星火计划项目”。

2. 存在问题

首先，发展速度缓慢，潜力尚待充分挖掘。其次，发展还很不平衡，现有枣树的分布主要集中在韩集、常庄、庆云、孟店等几个乡镇，其他乡镇零零星星难以形成规模，管理水平低、降低了商品率，不能发挥应有的经济效益。第三，就整体管理水平而言，多数仍属粗放经营，放任生长，幼树结果晚，盛果期树不高产，老树更新不及时。第四，枣的深加工增值乏力，目前加工量尚不足总产量的10%。

3. 发展展望

今后拟重点做好以下几点：强化宣传，统一认识，营造发展红枣生产的浓厚氛围；科学谋划，政策引导，壮大红枣产业；依靠科技，提高质量，实行标准化生产；培育市场，组建龙头，推进产业化经营；加强领导，抓好协调，规范管理。

(六)阜平县

阜平县隶属于河北省保定市，共有13个乡镇，209个行政村，其中大枣产区占8个乡镇，135个行政村，近3万户，13万人。产枣区为太行山浅山丘陵区，坡度大都在25°以下，海拔在50~200米之间，土层厚度20~30厘米，年平均气温12.7℃，年降水量570毫米，无霜期170~190天，年日照2800小时。

1. 枣产业现状

2007年，全县共有枣树28.4万亩，11 360万株，结果面积15万亩，600万株，2005年产鲜枣6万吨，2006年产鲜枣6.8万吨，2007年产鲜枣7万吨。枣产业年产值2.8亿~3.5亿元，占农业总产值的30%，占枣区农业总收入的30%~50%。栽培方式为山地枣园。主要病虫害有枣步曲、枣黏虫、桃小食心虫、绿盲蝽、龟蜡蚧、红蜘蛛、枣缩果病、枣疯病、枣裂果病、枣锈病等，危害程度一般。阜平大枣主要用于制干和加工，鲜销、制干、加工的比例为5∶35∶60。各类枣产品内地主要销往北京、天津、河北、山西、辽宁、吉林、黑龙江、广东、安徽、上海、内蒙古、湖北、湖南、四川，销售量6.5万吨，5~10元/千克。国外主要销往加拿大、澳大利亚、新加坡、日本、泰国、美国、马来西亚，销售量0.3万吨，40元/千克。目前原产地申请认证工作正在进行，到2007年全县共认证无公害大枣基地13.6万亩。2003年，出台了阜平大枣地方标准和无公害操作规程。

2. 存在问题

一是枣树品种单一，部分树龄老化，产量和品质有所下降，农民收入欠佳。加强结构调整，利用选育出的阜平大枣优良品种类型进行改接换头，实现提质增效是当务之急。

二是红枣成熟期裂果严重，降低果品质量，影响农民收入。迫切需要建立枣烘干房以减少大枣在晾晒过程中的浆烂，提高大枣质量。

三是宣传力度还不够，市场开拓面小，营销缺乏统一组织，需要加强广告宣传，建立大规模的销售市场，尽快形成产供销一条龙的产业化体系。

3. 发展展望

(1) 制定了2006~2010年枣树发展规划　红枣基地建设在县城东南部的北果元、城南庄、阜平镇、平阳、王林口、台峪、史家寨、大台8个乡(镇)，其范围南北长40千米，东西宽35千米，总面积169.21万亩，新规划基地建设规模20万亩，加上现有28.4万亩，基地总建设规模达到48.4万亩。红枣基地建设从2006年开始到2010年结束，分5年完成。

(2) 大枣加工　到2010年，在原有的300多个加工厂家的基础上，通过引进技术、设备和工艺，发展生产技术先进、设备一流、卫生条件达标、科技含量高、商品化程度高、加工规模大的大枣加工龙头企业5个，其中：枣脯类、枣酒类、枣饮料类、干制枣加工(清洗、分级、包装)及枣色素、枣香精加工企业各1个。龙头企业加工能力达到2500万千克以上，占总加工量的50%以上。注册商品品种达到30个以上，在加工品包装上实现精品化、高档化，使包装成本达到商品价值的25%，提高阜平大枣加工品的附加值。

(3) 营销体系建设　阜平大枣产业多年来一直处于产地直接出售，营销体系不健全，影响了产业的发展和经济效益的发挥。为最大限度地发挥大枣产业的经济效益，加快枣产业的发展壮大，必须建立健全大枣产品营销体系，把抓生产、加工与抓营销有机地结合起来，促进提高大枣产品的市场占有率。

一是行业间组织成立阜平县大枣产业协会，吸收骨干大枣加工企业、生产基地为协会成员，协调指导大枣产业的生产、加工及销售运行情况，实现生产、加工、销售的一条龙运行机制。使红枣产业的盲目无序生产转向有计划有目的的商业化生产。

二是行业内组成以基地、龙头企业、重点经销公司为骨干的行业工厂专业协会，对产业体系中的各个环节加强管理指导、交流经验，互通信息，形成合力，从而使红枣产业走向商品化生产，提高行业竞争力，打出阜平大枣的品牌优势和效益优势，真正成为支柱产业。

三是有目的、有目标的在全国部分城市设立阜平大枣销售窗口，广泛宣传，充分利用阜平大枣的品牌优势，由市场带动和指导生产与加工，实现阜平大枣的商品化、市场化。

(七) 唐县

唐县地处太行山东麓，隶属于河北省保定市，素有“七山一水二分田”之称，全县辖20个乡镇345个行政村，总人口53万，总面积212.5万亩，属于中低山丘陵区，地势呈西北高、东南低。西北部为山地，约占全县总面积的82%，东南部为平原，最低海拔52米，最高海拔1898.8米。全县土壤多为花岗岩、片麻岩、石灰岩风化母质发育而成，分为棕壤、褐土、草甸土、水稻土4个土类，其中褐土为主要类型，分布于全县低山、丘陵和山麓平原一带。唐县属于暖温带半干旱半湿润大陆性季风气候，年平均气温12.2℃，极端最高气温40.7℃，极端最低气温-22.6℃，无霜期195天。年平均降水量539.2毫米，降水多集中在7~9月份，约占全年降水量的65%。

1. 枣产业现状

全县经济林总面积28.5万亩，其中红枣14.8万亩，占全县经济林总面积的52%，盛果期及优良品种枣树面积均为8.3万亩，红枣常年产量2.09万吨，产值11 700万元，占农业总产值的10.3%。2005、2006、2007年分别为20 700吨、21 900吨、10 950吨，红枣集中分布在军城、羊角、石门、川里、雹水、大洋、都亭、北店头等乡镇，倒马关、黄石口、齐家佐、白合、南店头、仁厚镇等乡镇有零星分布，遍布山区100多个村，枣产区人口16万人。全县靠红枣生产人均可增收200多元，占人均纯收入的11%，枣主产区红枣产品人均收入800~1000元，是枣集中产区农民生产生活的主要经济来源。

唐县主要枣品种为婆枣，其栽培历史悠久，据《唐县志》记载，公元1668年金秋，清康熙皇帝西巡路过唐县食得此枣，赞不绝口。为此，御定每年向皇宫进贡一百担大红枣，后被封为贡枣。唐县大枣以干制品销售为主，以加工枣酒为辅，主要销往日本、香港、广东、浙江、江苏以及京津、东北一带。鲜销、干制、加工比例约为1∶7∶2。红枣酿酒业是枣主产区的传统产业，在枣产区几乎村村都有枣酒作坊，枣酒已形成规模产量。1990年，唐县红枣被河北省林业厅评为一级果品。1999年11月，唐县“山丹”牌红枣被认定为河北省农业名优产品。2000年在全国红枣交易会上被中国经济林协会评为银奖，2003年在中国第七届农产品交易会上获名优农产品。2005年在国家工商局注册“黄金峪牌大枣”商标，2007年在国家工商局注册“唐尧”牌大红枣。

唐县大枣主要栽培在山区的坡耕地和山坡上，坡耕地以林粮间作栽培为主，山坡上以整大穴栽植成品枣树和利用野生酸枣嫁接大枣两种栽培方式发展大枣。主要病虫害：枣桃小食心虫、枣锈病、缩果病、枣疯病。在病虫害防治当中，通过推广烟雾除虫和生物防治新技术，桃小食心虫和枣锈病已得到很好的控制，枣缩果病和枣疯病无法根治因而发生率较高。

近几年，在管理上遵循“预防为主、综合防治”原则，严格按照《无公害枣标准化栽培技术规程》和《无公害枣质量标准》组织生产，采取农业措施防治、生物和化学防治相结合的方法，注重使用生物农药和微生物农药以及利用天敌等生物措施，注重使用有机肥。从种植模式上改变以前的清耕、免耕法，推广果—草—畜禽的有机化发展方式。全县枣树无公害生产推广面积达到100%，全部进行了产地认证。

2. 发展展望

唐县今后红枣发展的思路是：进一步科学定位，高起点、高站位谋划市场建设和发展，引导枣农转变种植和加工销售观念。不断创新市场经营方式，拓宽销售渠道，让农民更多地在市场环节获取利益，增加收入。在红枣销售上，针对不同的市场需求采取相应的销售策略，改进包装，提高市场竞争力，最大程度地满足各种市场的需求。在枣加工上，坚持多品种、系列化满足市场不同层次的需求。加强市场引导，在更大范围内推广红枣标准化生产，加快无公害枣、“放心枣”的生产和销售。同时，进一步加大宣传力度，进一步挖掘和弘扬唐县枣文化，在更大范围和更高层次上扩大影响力。通过各种方式引进外地的人才、资金、技术，积极参与枣产品加工、最大限度地延长产业链，有效带动包装、运输等相关产业的发展，促进唐县枣产业的整体升值。

（八）曲阳县

曲阳县位于河北省保定市中部、太行山东麓，总面积1084平方千米，地形复杂，地貌类型较多。属暖温带半干旱大陆性季风气候，年平均气温12.4℃，无霜期198天，年均降水量500毫米，集中在7、8月份，占70%。

1. 枣产业现状

全县枣区人口8.2万，枣收入占枣农收入的65%，枣产业产值5000万元，占农业总产值的13.7%。常年产鲜枣2000万千克左右，分布在10个乡镇108个村。万亩以上乡镇4个，为北台、齐村、范家庄、郎家庄。2007年大枣栽植面积11万亩，其中结果树7万亩。2005年产量为18 240吨，2006年产量为20 145吨，2007年产量为20 152吨。主要品种为婆枣，以制干枣为主，鲜食品种极少。枣产区多在低山片麻岩区，纯枣园和间作枣园各占一半，大田常规栽植。缩果病、枣锈病、桃小食心虫普遍发生；枣疯病危害率5%~10%。枣果鲜销、制干、加工的比例为0.05：0.8：0.15。年产蜜枣2015吨，枣酒300吨。干枣主要销往北京、石家庄、保定等地，价格3~40元/千克；蜜枣主要销往南方城市，价格5~10元/千克；枣酒主要销在当地，价格3~10元/千克。110 000亩大枣基地全部环评认定，11 700亩无公害产地认证。

曲阳县林业局优质果品产业协会主要负责枣产业技术服务，建于1991年，现有会员500余人，专业技术人员26人。有中小型加工销售龙头企业3个。

2. 存在问题

一是管理水平有待进一步提高，投入不足。

二是与县内采矿、打工等行业的比较效益低，影响枣农生产积极性。

三是缺乏龙头企业带动，加工能力有限，抵御自然灾害能力低。

3. 发展展望

为加快曲阳县大枣产业发展，今后拟突出抓好3方面工作：

一是搞好大枣提质增效示范园建设。在大枣重点产区的上阁尔、青山、虎山、范家庄、椴树等村搞好5000亩提质增效示范园建设，加强现有枣树管理，示范带动全县大枣生产，不断提高大枣管理水平。

二是搞好大枣烘干房建设。按《曲阳县大枣烘干房建设工作实施方案》安排，抓好80间烘干房建设工作。改变自然晾晒法耗时周期长、霉烂率高、质量难保证，损失率高，市场竞争力低的难题，推进全县大枣产业由传统自然晾干向现代商品化烘干转变，解决产业发展“瓶颈”问题，提高大枣市场竞争力。

三是搞好大枣产业基地建设。在范家庄乡下高堡、葡萄口、范家庄等村高标准机械水平沟整地3000亩，栽植枣树18万株。

4. 先进典型事迹

（1）虎山村　虎山村位于曲阳县城北部山区，全村耕地面积320亩，现有人口550人，是曲阳县红枣主产区之一，2006年全村人均总收入5300元，其中枣产品收入4240元，约占人均总收入的80%。现有枣树3000亩，品种为婆枣，年均产量50万千克，产值233.2万元。为把枣树这一优势产业做大做强，该村成立了果品协会，对全村果树实行统一管理、统一销售、分户经营，协会培养专门经纪人负责联系销路。协会每年从省、市、县聘请专家教授来村指导林果生产，建立了枣桃小食心虫测报点，及时发布虫情信息，及时组织防治，科学合理施药，枣产量、质量逐年提高。

(2)青山村　青山村位于曲阳县城北部山区，全村耕地面积452亩，现有人口924人，是曲阳县红枣主产区之一，2006年全村人均总收入9300元，其中枣产品收入8184元，占人均总收入的88%。现共有枣树3200亩，品种为婆枣，年均产量80万千克，产值756.20万元。

(3)阁尔村　上阁尔村位于曲阳县城北部山区，全村耕地面积120亩，现有人口572人，是曲阳县红枣主产区之一，2006年全村人均总收入5500元，其中枣产品收入4235元，约占人均总收入的77%。现有枣树3000亩，品种为婆枣，年均产量55万千克，产值242.2万元。

(4)上下跑村　上下跑村位于曲阳县城北部山区，全村耕地面积84亩，现有人口248人，是曲阳县红枣主产区之一，2006年全村人均总收入5300元，其中枣产品收入4611元，约占人均总收入的87%。现有枣树900亩，品种为婆枣，年均产量30万千克，产值114.4万元。

(九)赞皇县

1. 枣产业现状

赞皇县隶属于河北省石家庄市，位于石家庄市西南50千米，为大陆性季风气候，土质为片麻岩风化土。枣区人口15万，枣收入占枣农收入的60%，枣产业产值及占农业总产值比例35%。

赞皇县有11乡镇，11乡镇均有枣树的分布，万亩以上的乡镇有9个，分别是阳泽乡、院头镇、张楞乡、清河乡、黄北坪乡、土门乡、赞皇镇、龙门乡、许亭乡。2007年栽培面积45万亩、其中结果面积30万亩，近三年产量74 800万吨。品种为赞皇大枣。栽培方式为山地、纯枣园或间作，常规密度，大田栽培常规果园为主，观光果园为辅。枣园主要病虫害为龟蜡蚧、枣粉蚧、红蜘蛛点片发生，危害较重；绿盲蝽、桃小食心虫普遍发生，其中盲蝽危害重，桃小危害轻；枣锈病、裂果、缩果病、枣疯病，黑斑病、炭疽病等病害发生均较普遍，有的年份发生较重。枣产品分为特、一、二、等外4个级别，全县枣加工量占到总产量的85%以上。2006年通过了国家地理标志产品认证，2004～2005年全部枣区通过了无公害产地环境认证，2007年绿色认证3万亩，2008年有机认证150亩。

现内拥有赞皇县大河道枣树研究所(民间组织)，服务机构有赞皇县大枣协会、荣康枣业合作社、绿康枣业合作社、赞绿枣业合作社、富众枣业合作社、大河道枣业合作社等10余家合作社。枣重点企业有荣康枣业合作社、绿康枣业合作社、赞红枣业合作社、赞绿枣业合作社等。制订了河北省地方标准DB13/T733—2005《无公害食品 赞皇大枣生产技术规程》，于2005年4月由河北省质量技术监督局发布实施。

2. 存在问题和发展展望

目前在赞皇县枣产业中，主要存在枣产品单一(95%以上为蜜枣，鲜红枣和干枣比例太小，其他枣加工产品缺乏)、枣裂果和枣缩果病危害严重以及加工龙头作用小等问题。发展规划为稳定枣树现有面积，提高干制枣栽培比例，开辟枣采摘旅游观光市场，壮大龙头、开发枣加工产品。

(十)行唐县

行唐县隶属于河北省石家庄市，位于河北省西南部，太行山东麓的浅山丘陵区，东经114°40′23″~114°15′0″，北纬36°21′24″~38°34′30″。全县主要基岩以片麻岩、石灰岩为主，土壤类型主要为山地褐土、风沙土和固定风沙土。属暖温带半干旱半湿润大陆性季风气候区，年平均气温13.5℃，无霜期196天，年均降水量429.5毫米，集中在6~8月份，约占全年降水量的67.3%。

行唐县枣区总人口46 300人，枣收入占枣农收入的80%，枣产业产值4.8亿元，占全县农业总产值的11.3%。枣树分布在北部的低山、丘陵区，万亩以上的乡镇有3个，分别是九口子乡、口头镇、上闫庄乡。2007年栽培面积达到了60万亩，其中结果面积40万亩，近3年产量2005年80 000吨，2006年16 000吨，2007年75 000吨。主要品种为婆枣系统的行唐大圆枣，面积30万亩，其中结果面积25万亩，常年产量37 500吨，占全县枣总产量的62.5%；行唐长枣，面积10万亩，其中结果5万亩，常年产量7500吨，占全县枣总产量的12.5%；行唐墩子枣，面积10万亩，其中结果5万亩，常年产量7500吨，占全县枣总产量的12.5%。以上3个主栽品种均为制干、鲜食、加工兼用。栽培方式为山地间作，常规果园大田栽植。主要病虫害为枣黏虫、枣桃小、盲蝽、枣锈病、枣缩果病。观光采摘、鲜销、干制、加工(干制品种鲜食化)比例为3∶2∶70∶25。各类枣产品都实行分级、包装，主要有纸箱、塑料袋密封包装，贮藏条件以自然干贮为主。鲜枣主要销售范围为石家庄市，制干枣和蜜枣主要销往国内的京、津、港、澳等30多个地区及日本、韩国、新加坡、澳大利亚等20多个国家。主要加工产品有蜜枣、枣酒。2003~2005年进行大枣无公害生产认证32万亩

2004年行唐县成立了以枣的研究、开发和服务为主旨的机构——行唐县大枣产业管理局。共有从事大枣技术培训和信息服务的专业人员80名。目前，已形成以初加工为主的大枣加工企业325家，大型现代化蜜枣厂、枣果茶厂、红枣酒厂各一座，大枣加工产品5大系列36个品种。全县已建成以口头华北行唐红枣商埠、县城南马路红枣一条街批发市场为主体的红枣专业市场5个。2004~2008年又建成大枣烘房800余间。

目前，红枣生产上存在的主要问题是：病虫、自然灾害对枣产量和质量的影响大，优质果率低。目前，已制定了行唐县大枣产业发展规划。

(十一)邯郸县

邯郸县隶属于河北省邯郸市，位于太行山东麓，环抱邯郸市区，总面积522平方千米，总人口40万，气候属暖温带半干旱大陆性季风气候，年平均温度13.2℃，年均降水量513.7毫米，无霜期207天，土壤以适宜大枣生长的中性砂壤土为主，是邯郸市枣重点产区。

1. 枣产业现状

邯郸县枣树主要分布于陈三陵乡及周边地区，主要品种是鲜食冬枣，栽培方式以大田常规种植为主，枣园间作苜蓿、花生等，栽植密度是3米×4米。近年来邯郸县枣产业发展较快。一是产量和面积增长较快。2005产量为1.08万吨，2006年产量1.14万吨，到2007年底，邯郸县枣树栽培面积发展到1.5万亩，其中结果面积1万亩，产量1.2万吨。产品主要是内销，枣产业产值占农业总产值比例10%，枣收入占枣农收入的20%。二是产业化发展较快。截至2007年底，累计通过无公害果品基地认定3万亩，其中无公害冬枣基地1万亩。

2007 年成立了邯郸县甘丹冬枣专业合作社，并成功注册了“甘丹”牌商标。目前，该县枣重点企业有邯郸县绿源农林业发展有限公司。

2. 存在问题

目前生产上存在的问题主要是：绿盲蝽危害较为严重，造成冬枣坐果率低；鲜枣的贮藏、加工等发展滞后；无公害、绿色、有机果品认证步伐缓慢。

3. 发展展望

一是稳定枣产量和面积。到 2009 年面积和产量稳定在 1.5 万亩，1.2 万吨；到 2010 年面积和产量稳定在 1.5 万亩，1.4 万吨；到 2011 年面积和产量稳定在 1.6 万亩，1.6 万吨。二是加强绿盲蝽等病虫害的生物防治研究。2010 年建设生物防治研究实验室和天敌扩繁车间。三是加强贮藏、加工设施建设。2009～2010 年建成气调保鲜库一个，2011 年上鲜枣加工生产链一条。四是进行有机冬枣种植的实验示范。2009 年建设有机堆肥厂一个，2010～2011 年完成 1 万亩有机冬枣示范基地建设。

（十二）新河县

新河县隶属于河北省邢台市，位于河北省东南部，属黑龙港流域，地处北纬37°23′30″～37°34′45″，东经 115°04′～115°30′。全县辖 2 镇 4 乡，169 个行政村，3.8 万户，16.5 万人。土层深厚，土壤多为潮土、质地为轻壤。气候属温带半湿润大陆性气候，全年日照 2654 小时，日照率为 60%，平均气温 12.9℃，极端最高气温 42.2℃，极端最低气温 -21℃，无霜期 199 天，年降水量 467.9 毫米。

1. 枣产业现状

新河县枣树栽培历史悠久，主栽品种为新河婆枣。2007 年枣栽培面积为 8.5 万亩，其中结果面积为 6.15 万亩；2005、2006、2007 年产量分别 40 000、40 000、41 000 吨。枣种植涉及 5 个乡镇近百村，万亩以上的乡镇有 3 个，其中西流乡 1.6 万亩，仁里乡 2.38 万亩，寻寨镇 1.35 万亩。枣区人口 1.84 万人，枣收入占枣农收入的 40%，枣产业产值占农业总产值的 2%。枣种植方式一般采用 3 米 ×4 米。一般亩产 1000 千克，高的可达 1500 千克，亩收入 3000 元左右。主要病虫害为枣缩果病、枣尺蠖等，危害程度较重。红枣销售方面鲜枣和干枣比例为 9: 1，主要销往北京、上海、浙江、福建、宁波、山东等大中城市。全县 8.5 万亩红枣全部通过无公害果品生产基地认定。县林业主管部门帮助仁里乡西边村在 2004 年建立了“红枣协会”，组织营销人员搞好红枣产前、产中、产后服务，逐步实现红枣科学化管理和拓宽销售渠道。

2. 存在问题

由于枣树由各家各户分散种植，缺乏统一管理，病虫防治时间不一，影响枣树的标准化生产，从而影响到果品的产量、质量与效益。

3. 发展展望

为把红枣产业做大做强，编制了《新河县 2008 年红枣结构调整项目书》，该项目涉及 4 个乡镇，1 万亩红枣，主要是进行树体整理改造，实行标准化生产与提质增效，项目实施后红枣产量可提高 10%～30%，亩增产值 100～300 元，项目区人均将增加收入 120 元，实现经济、社会、生态三大效益。

（十三）临城县

临城县隶属于河北省邢台市，地处太行山中段东麓，河北省西南部，位于北纬 37°20′～

37°35′，东经114°~114°38′，全县总面积119.4万亩，中山区、低山丘陵区、山前平原区分别占总面积的35.4%、49.8%和14.8%。中山区基岩主要是片麻岩、花岗岩，土壤以棕壤为主，土层厚度40厘米左右，pH值6.5；低山丘陵区成土母质以片麻岩为主，有少量石灰岩，土壤以褐土为主，土层厚度15厘米左右，pH值呈中性；山前平原区土壤主要是冲积土，厚度50厘米以上。全县属暖温带半干旱大陆性季风气候，光照充足，年均气温13℃，无霜期209天。县域年均降水量539.4毫米。

1. 枣产业现状

全县大枣总面积10万余亩，其中结果面积7.8万亩。分布在全县8个乡镇，枣区人口12万，主产区人均大枣收入1600余元，占枣农收入的50%以上。全县大枣年产量2500万千克，产值5000余万元，占农业总产值的28%。枣业收入成为主产区群众收入的主要来源之一。枣的分布以丘陵区的黑城乡、临城镇、西竖镇、石城乡为主体，郝庄镇、赵庄乡、东镇镇、鸭鸽营乡为辅。万亩以上的乡镇有黑城、石城、西竖、临城4个。近几年大枣产量增长很快，2005年产量1600万千克，2006年产量2000万千克，2007年产量2500万千克。主栽品种——临城大串杆枣(制干、鲜食、加工兼用品种)栽植面积9万余亩，年产量2400万千克，占总产量的96%。丘陵区是大枣主产区，栽植面积7.8万亩，占总面积的78%，多为大田间作种植的常规园，有极少量观光园。主要病虫害有枣缩果病、枣步曲、桃小食心虫、枣瘿蚊、绿盲蝽等，这两年缩果病、绿盲蝽危害程度最大。销售方式中鲜销、制干、加工分别占60%、20%、20%。目前，生产上普遍采用了分级、包装销售。县内有加工企业15个，冷藏库3座，以生产蜜枣为主。主要销往附近地区以及广州、石家庄等国内大中城市。2005年全县10万余亩大枣全部通过了无公害果品基地认定。

2. 存在问题

一是目前绝大多数枣农仍然是抱着望天收的思想，管理意识淡薄，管理水平低，管护意识差，影响了产量和品质的进一步提高；二是资金投入不足，近几年大枣基地建设缺少项目支持和政策扶持，果农投资不足，严重制约了大枣基地建设水平的提高；三是产业链条短，销售风险大，蜜枣加工厂规模小、标准低，还未形成产业化；四是大枣销售受市场影响太大，丰产不增收的现象时有发生，严重挫伤了群众发展大枣的积极性。

3. 发展展望

加强大枣管理技术培训，对大枣进行精细管理，生产优质果品，并通过筛选分级销售，努力打造临城"大串杆枣"的品牌；在销售上加强营销中介组织的建设、经纪人的培育及销售市场的建立，进一步加大投入。加强示范基地建设，多建几个高标准管理示范典型，以辐射带动周边乡村管理大枣的积极性；加大科技推广力度，积极引导枣农多生产鲜红枣和干红枣，鼓励集体或个人投资建立大枣加工企业，逐步形成多元化的销售渠道，切实做大、做强大枣产业。

(十四)南宫市

南宫市隶属于河北省邢台市，地处河北省东南部的黑龙港流域，为冲积低洼平原区。该市栽枣树栽培历史悠久，主要品种为紫枣。全市现有紫枣40多万株，年产鲜枣200万千克。分布于全市15个乡镇办，450多个自然村，基本上村村有枣树，主要分布在农民房前屋后、村边及闲散宅基地等零星栽植。

近几年，南宫大枣通过了无公害果品和产地认定，注册了"南宫大紫枣"商标。"南宫大紫枣”荣获2007中国国际林业产业博览会金奖、北京奥运推荐果品一等奖、“中华名果”称号，并获得北京奥运会标志使用权，并被河北省林木品种审定委员会评定为“优良品种”。

紫枣主要销往华北、西北、东北、江浙、两广等地，价格由原来的10元/千克上升至50元/千克。2007年，该市林业主管部门在群英湖湿地公园建立了南宫大紫枣生产示范区100亩，繁育枣树苗10余亩。同时开展了南宫大紫枣的选优定株，确定了1000余株优树，提供接穗16万个。并组织成立了由50名技术骨干人员参加的南宫市大枣行业发展协会，便于更好地服务枣农。

下一步将重点培育发展南宫大枣生产基地6000亩，以枣招商上项目，发展枣深加工企业，开发加工大枣降血脂醋饮料、大枣降血糖发酵乳等系列产品，由枣树种植单一型逐步向种植、加工、经营型多元化发展。

二、山东省的主要产枣县

(一)沾化县

沾化县隶属于山东省滨州市，濒临渤海，地处黄河三角洲腹地，面积2214.57平方千米。属暖温带大陆性季风气候区，土壤表层质地多为砂壤土、轻壤土、中壤土。

1. 枣产业现状

沾化县枣树栽植具有上千年的历史，枣区人口38万，2007年枣产业总产值达到23.7亿元，占农业总产值的55.23%，枣收入占枣农收入的83.36%。全县农民人均冬枣收入6000元，冬枣已成为富民强县的支柱产业。主要品种为沾化冬枣和金丝小枣。全县沾化冬枣栽植面积达到38.8万亩，结果面积38.2万亩。2005年总产量1.64亿千克，2006年2.5亿千克，2007年突破3亿千克。

沾化冬枣主要采取合理密植的纯枣园栽培方式。主要病虫害为绿盲蝽、红蜘蛛、枣锈病等。近年来开发研制了冬枣卷、冬枣醋、冬枣汁等深加工产品。逐步建设大型冬枣批发市场4个、中型冬枣批发市场15个、小型冬枣批发市场120个。在销售终端上，在全国建立专卖网点600多个。金丝小枣主要用于制干及加工阿胶蜜枣、水晶枣等。如今，沾化冬枣和沾化枣制品已在全国100多个大中城市进行销售，并已远销美国、日本、欧洲、澳大利亚、东南亚等国家和地区。产、供、销一体的枣产业发展格局已经基本形成，枣业也已成为沾化的重要支柱产业。

从1998年起，用2年多时间制定了包括冬枣脱毒树苗培育、冬枣树栽植、整形修剪、病虫害防治、贮存保鲜等13项内容的综合标准，2002年通过中国标准化协会的审查，成为沾化冬枣强制性国家标准。2003年，制定出台了《无公害沾化冬枣标准化生产技术规程》。截止2007年，建成无公害沾化冬枣基地30万亩、绿色沾化冬枣基地3万亩、出口沾化冬枣基地2万亩。“金丝红”牌沾化冬枣先后被批准为“山东省名牌农产品”和“中国名牌农产品”。全县共有6家企业的43个产品被认定为绿色食品；黄升乡孙家沾化冬枣标准化示范基地、山东沾化万亩冬枣园有限公司等3个标准化基地为山东第一批市级农业标准化示范基地。全县已注册冬枣商标27个。

沾化县先后被国家命名为“中国冬枣之乡”、全国绿色农业示范区、全国经济林建设先进县、全国经济林产业示范县。沾化冬枣先后获得“国际农产品博览会名牌产品”、“中华名果”、“中国名牌农产品”等称号，2002年6月，国家质量监督检验检疫总局批准沾化冬枣为原产地域保护产品。1999 年，经国家工商总局商标局批准沾化冬枣注册为"黄河三角洲"商标，同时注册了证明商标。2007 年荣获"首届中国国际林产品博览会金奖"。

2. 存在问题

一是部分枣农的质量意识不强，接受新技术、新观念的意识差。二是部分密植园品系混杂，品质退化。三是生产管理不够科学，标准化生产水平不高。四是品牌保护措施不到位，产业组织化程度不高，影响了产业的发展。

3. 发展展望

下一步将着重加强对枣农的市场引导，规范标准化生产，加大对于企业研发性投入，实行强企带动，做好管理创新、品牌创新、宣传创新、企业创新。坚定不移地抓质量建设、抓品牌打造、抓宣传推介、抓龙头培植、抓市场建设，进一步加快沾化枣产业发展步伐，把沾化冬枣品牌保护好、培植好。

(二)乐陵市

乐陵市隶属于山东省德州市，位于鲁西北平原北部，马颊河下游，地处北纬 37°26′~37°52′，东经 117°21′~117°56′。东临庆云、阳信，西与陵县、宁津接壤，南靠商河、临邑县，北隔漳卫南运河与河北省盐山、南皮相望，总面积 117.22 平方千米。属北温带半湿润季风气候，年平均气温 12.4℃，年平均日照时数 2701 小时，日平均气温稳定通过 10℃的积温为 4348.1℃，无霜期 196 天，年均降水量 587.3 毫米，其中夏季降雨 447.7 毫米。土壤分为潮土类、盐土类和风沙土类。

1. 枣产业现状

枣区主要从事枣的生产、加工、销售的人口 20 万，枣收入占枣农收入的 26%，枣产业产值占农业总产值的 35%。枣树分布主要在朱集镇、云红街道办事处、市中街道办事处、郭家街道办事处、胡家街道办事处。面积 102 万亩，其中结果面积 55 万亩，2005 年产量 10 万吨，2006 年 15 万吨，2007 年由于受百年不遇的自然灾害造成大面积绝产，为 4 万吨。主要品种为金丝小枣(制干、鲜食)，面积 88.5 万亩，其中结果面积 46.5 万亩，产量 2006 年 12.66 万吨，2007 年 3.376 万吨，占总产量的 84.4%；无核小枣(制干)面积 3 万亩，其中结果面积 1 万亩，2006 年产量 0.21 万吨，2007 年 0.056 万吨，占总产量的 1.4%；圆铃枣(制干、加工)面积 10 万亩，其中结果面积 7 万亩，2006 年产量 1.95 万吨，2007 年 0.52 万吨，占总产量的 13%。

乐陵枣区为黄河冲积平原，栽培方式以枣粮间作为主，纯枣园次之。纯枣园主要为原间作园加密而成，密度为常规密度，大田常规栽培。主要病虫害有：绿盲蝽，危害较重；锈壁虱、红蜘蛛，危害程度中等；桃小食心虫、枣尺蠖、枣粘虫，危害程度轻；枣锈病，危害程度重；枣黑腐病(轮纹病)，危害程度中等偏重。枣果干制比例 60%，鲜销采摘占 5%，加工占 35%。干制枣分一级、二级、三级和等外枣，包装主要为纸箱包装，常温和冷库贮藏。加工主要以圆铃枣为主，少量为金丝小枣。主要加工产品有：阿胶蜜枣、枣酒、枣醋、红枣莲子羹、枣泥、枣汁等。枣产品内销主要销往福建、浙江、上海等地，销量在 4.4 万吨。外销销往美国、俄罗斯、日本、新加坡、中国台湾等国家和地区，销量为 5.6 万吨。拥有国家划定的全国惟一的百万亩金丝小枣标准化示范区，并获得了国家绿色食品认证；乐陵富硒小枣已获得国家有机产品认证，"富硒枣的生产方法"于 2007 年 8 月 15 日获得国家专利(03139025·0)；在国家工商总局进行了"乐陵小枣"商标注册。乐陵金丝小枣被列入原产地域保护。乐陵金丝小枣森林公园已获得省级森林公园认定。

有关枣的研究、开发和服务机构有乐陵市枣树生产办公室、乐陵市小枣研究中心、林业局林果技术服务部。重点枣企业有乐陵市国有枣苗圃、乐陵市国有苗圃、乐陵市富硒金丝枣业有限公司、乐华食品有限公司、盛达枣制品有限公司、美乐食品有限公司、乐陵市宏冠枣制品有限公司、乐陵市红宝枣制品有限公司、乐陵市鑫源枣制品有限公司、乐陵市乐鑫小枣精制品厂、乐陵市新康源食品有限公司、江南食品有限公司、赛福佳食品有限公司、金丝红食品有限公司、福盈园枣制品有限公司、交通枣业有限公司、汇源集团(乐陵)。

制定的枣产业相关法规、条例、地方标准有乐陵市《关于大力发展枣树生产的决定》、《关于加快枣树发展的意见》、《枣树种植若干政策规定》，2006 年先后出台《关于加快小枣产业发展的意见》、《关于推进乐陵富硒金丝小枣产业化的实施意见》，《关于加快发展特色旅游业的意见》、《乐陵市金丝小枣质量标准》。

2. 存在问题

枣树生产上存在的主要问题是近几年来病虫害发生趋势有所上升，绿盲蝽连续 3 年发生比较严重，枣锈病也有上升趋势。因产品比较单一，枣产品附加值低，导致枣的价格降低，部分枣农对枣树的生产管理投入不足。

3. 发展展望

首先，统一思想认识，突出发展小枣产业。其次，加强基地建设，夯实产业基础，把红枣生产基地建设作为红枣产业化的突破口和切入点。第三，增加科技投入，实现优质高产稳产。市、乡两级都建立林业科技队伍，每村配备一名林业技术员，加强对病虫害的监测预报工作，加强与中国林业科学研究院、中国科学院等科研单位的合作，不断更新技术，通过市、乡、村三级林业技术人员，把最新的枣树生产管理技术传授给枣农。第四，抓好龙头企业，深化产品加工。以市场需求为导向，对红枣进行系列深层次加工，把龙头企业建设作为推进枣产业化经营的重中之重。

(三)无棣县

无棣县位于山东省北部，北纬 37°41′~38°16′，东经 117°31′~118°04′，面积 1998 平方千米。属温带大陆性季风气候，年降水量 583.7 毫米，无霜期 206~255 天，年均气温 12.5℃。属黄泛冲积平原，土壤分为滨海潮土、滨海盐化潮土、滨海潮盐土 3 个类型。

1. 枣产业现状

无棣县枣树栽培历史悠久，目前全县枣树栽培面积 115 万亩，遍布全县 11 个乡镇 593 村，除马山子镇、埕口镇两个近海乡镇外，其他乡镇枣树面积都达 10 万亩以上。截至 2007 年底，全县有枣品种 123 个，主要栽培品种为金丝小枣、冬枣。枣园面积 76 万亩，金丝小枣园面积 41 万亩，冬枣园面积 35 万亩，拥有枣树 4100 万株，其中冬枣树 1380 万株。2005 年全县冬枣产量 4365 万千克，金丝小枣干枣 3325 万千克；2006 年全县冬枣产量 5516 万千克，金丝小枣干枣 4116 万千克；2007 年全县冬枣产量 7750 万千克，金丝小枣干枣 4300 万千克，枣业总产值达到 7.2 亿元。枣区人口 38 万人，枣收入占枣农收入的 30%，枣产业产值占农业总产值的 30%。2001 年被国家林业局授予"中国枣乡"光荣称号。

枣树栽培以密植园和间作为主，密植园的株行距一般为 3 米×4 米，间作的株行距一般为 3 米×15 米，间作物主要为大豆、玉米、棉花等。主要病虫害是绿盲蝽、枣瘿蚊、红蜘蛛、枣锈病、枣缩果病等，其中绿盲蝽、枣锈病发生逐年加重。冬枣全部鲜销，全县建有

2160座库容10吨以上的小型保鲜库和1500吨的气调库一座，主要销往京、津、沪、浙等国内都市；金丝小枣主要采取自然晾晒和烘干，其中90%以上以干枣形式销售，10%左右用于加工。2001年，山东万德酒业集团金丝小枣制品通过绿色食品A级认证；2004年，10万亩金丝小枣标准化生产基地通过无公害产品认证；2005年，金丝小枣通过地理标志产品（原产地保护）认证；2004年，山东舜园枣业冬枣生产基地通过绿色食品A级认证，同年10万亩标准化冬枣生产基地通过无公害产品认证。

县林业局为枣业技术推广部门，1998年建立了山东无棣金丝小枣研究所，2007年设无棣县枣业生产管理办公室。各乡镇设有林业站，部分乡镇设有枣业办公室。境内有重点枣业加工企业两家：分别是山东万德酒业公司和舜园枣业公司。年加工、贮藏能力分别达到600万千克和2000万千克。主要产品为枣汁、冬枣汁、枣脯、枣酒、枣片、枣醋饮等产品。

2. 先进典型

水湾镇常店村。749口人，耕地面积1323亩，枣园面积1200亩，有冬枣树13万株，建设冬枣保鲜库120座。2006年，该村高度重视枣业推行枣标准化生产，率先建起了冬枣采摘园，第一个成立了冬枣专业合作社，打造“生态冬枣”品牌。2007年冬枣产量达到198万千克，人均枣业收入1万元。

水湾镇北齐村。1998年起，发展金丝小枣改接换头和冬枣密植园，嫁接大田冬枣树8000余株。2000年，全村90%的金丝小枣树被嫁接成冬枣，实现冬枣密植化。2007年底，冬枣密植园发展到460亩，有冬枣4.6万株，全部结果，年产冬枣46万千克。建冬枣保鲜库68座，储存能力达650吨。全村枣业产值300万元，占农业总收入的96.8%，人均收入达1.02万元。

无棣镇袁白杨村。1997年，开始引进冬枣。至2007年，建成冬枣密植园1000亩，有冬枣3.6万株，其中结果树2.5万株。年产冬枣18万千克，产值360余万元，占农业总收入的64.6%，人均纯收入8000余元。

典型户杨宝俊。无棣镇杨白杨村人，1986年，在全县率先开始金丝小枣育苗，1991年开始从事冬枣苗繁育，1994年成立80余人的嫁接队伍专事冬枣嫁接。1999年，建成冬枣密植园150亩。2007年，年产冬枣9万千克，收入36万元，人均6万元。

典型户丁玉升。丁王庄村枣业协会会长。夫妇二人从事枣业，现有结果冬枣树1700株，2007年冬枣总收入7.2万元。被县政府评为枣业管理“明星示范户”。

(四)宁阳县

宁阳县隶属于山东省泰安市，位于鲁西南和鲁中山区的交界处，泰安市西南部。属暖温带大陆性季风气候，年平均气温13.4℃，年均降水量689.6毫米。土壤分为棕壤、褐土、潮土、砂姜黑土4个土类。总面积325平方千米。

1. 枣产业现状

枣区人口约20万人，枣收入占枣农收入的50%左右，枣产业的产值8000万元，占枣区农业总产值的15%左右。2007年全县共有枣树18万亩，其中结果面积16万亩。主栽品种为圆铃枣、长红枣和酸铃枣。圆铃枣适于干食和熏制乌枣，现有2万亩；长红枣为生食干制兼用品种，是加工酒枣和泰山牙枣的主要原料，现有7万亩；酸铃枣是加工金丝蜜枣的主要原料，现有9万亩。全县现有大枣面积18万亩，其中片林3万亩，密植园8000亩。2007年枣总产量为1700万千克。

主要病虫害有枣锈病、枣疯病、裂果病、枣步曲（枣尺蠖）、红蜘蛛、枣粘虫、桃小食心虫、枣瘿蚊。枣加工品种类繁多，有“泰山牙枣”、“硬式蜜枣”、“无核软式蜜枣”、“夹心蜜枣”、“圣门酒枣”、“枣泥”、“枣脯”等13个系列，年加工及制干总量达1000万千克。此外，全县年产枣花蜜100万千克。宁阳大枣远销南京、上海等南方一些大中城市以及香港、新加坡、日本、朝鲜等国家和地区。近年来枣园观光发展良好。

2005年7月宁阳大枣通过山东省无公害农产品产地认证（证书编号：WNCR－SD04－00251），2006年9月“神童山”牌大枣通过农业部无公害农产品认证（证书编号：WGH－04－02220）。在科研方面先后开展了宁阳大枣优良品系选育及产业化开发、宁阳大枣密植早期丰产技术研究、大枣优良变异单株调查、枣疯病防治、大枣高接换头技术等，制定了大枣无公害生产技术标准规程。

2. 存在的问题

一是发展速度略有缓慢；二是枣园管理水平整体不高，差别大；三是枣产业化进程缓慢；四是原有老品种效益低、投资少、管理差；五是基层林业工作者限于技术水平和工作条件，难以发挥更大的作用。

3. 发展规划

全县计划用6年的时间，新发展以圆铃枣为主的枣粮间作5万亩，新发展大枣密植园5万亩，使全县枣粮间作面积达到23万亩，大枣密植园达到8万亩，枣树总株数达到500万株，人均6株，鲜枣年产量达0.5亿千克，产值达10亿元，加工贸易增值2000万元。

（五）庆云县

庆云县隶属于山东省德州市，位于鲁北黄河冲积平原。暖温带湿润季风气候，土壤以潮土为主，有少量盐土。总人口32万。枣树遍布全县，枣收入占枣农收入的37.1%，枣产业产值为4869万，占农业总产值的42.6%。

庆云县是金丝小枣主产区，万亩以上的乡镇有常家镇、尚堂镇、东辛店乡、庆云镇、严务乡、徐园子乡。2007年结果面积为25.02万亩。2005年枣产量为107 500吨，2006年109 200吨，2007年115 500吨。品种以金丝小枣和冬枣为主。金丝小枣面积29.27万亩，占88.1%，以纯枣园和间作为主，常规栽植。冬枣面积2.72万亩，占8.2%，主要以纯枣园为主，密植栽培。

主要病害有枣尺蠖、绿盲蝽、红蜘蛛、食芽象甲、桃小食心虫、枣锈病、枣轮纹病、枣炭疽病、枣疯病，轻度危害。全县较大的枣加工企业有鼎力枣业食品有限公司和鲁丰科技食品有限公司，其中鼎力枣业食品有限公司是省级农业产业化龙头企业，年加工金丝小枣1300万千克，主要产品有金丝小枣汁、百合枣汁、金丝阿胶枣、水晶蜜枣、灭菌免洗枣、笑口常开、速冻食品等四大系列，20余个品种，销往全国各地，部分产品出口东南亚各国，研制开发出了纯天然金丝小枣汁。鲁丰科技食品有限公司是市级农业产业化龙头企业，年加工金丝小枣2400万千克，产品主要销往国内各大城市。

三、山西省的主要产枣县

（一）临县

临县隶属于山西省吕梁市，位于晋西黄土高原，全县总面积2979平方千米，辖23个乡（镇），1027个村委，耕地总面积173.2万亩，人口55万。2000年被国家林业局命名为“中国名特优经济林红枣之乡”。

临县红枣生产历史悠久。据旧县志载，早在西汉时期，就有人栽培红枣。进入清代以后，红枣是晋商经销的重要商品之一。2005 年面积 74 万亩、产量 9000 万千克，2006 年面积 78 万亩、产量为 9600 万千克，2007 年面积已达 80 万亩，其中挂果面积 50 万亩，产量为 1 亿千克。总收入达到 3. 15 亿元，枣区农民人均受入达 1000 元以上，全县农民人均超 500 元，红枣成了农民脱贫和财政脱补的重要支柱产业。

临县红枣品种以木枣为主，间有牙枣、团枣、哈八枣、油枣等十几个品种。从 1991 年开始，全县先后从全国各地引进 108 个红枣新品种。优选出赞皇大枣、骏枣、梨枣等 20 多个适宜本地发展的优良品种，并从本地的木枣中选育出木优 1 –4 号。

临县红枣加工以天渊枣业有限公司为龙头，联结鸿潮、晋西等经营加工企业 300 余个，年加工转化能力达到 1500 万千克，红枣系列产品有中华大红枣、天渊枣圣、芪杞枣、黄河滩枣等 30 多个品种。山西天渊公司引进世界一流生产设备，实施红枣深加工，主导产品天渊枣圣已通过英国摩迪公司 ISO9000：2000 质量体系认证，日本文部科学省已正式批准作为日本中小学生配套食品使用。

目前，临县红枣产业已初步形成了“生产有基地，加工有体系，销售有网络”的产业化格局。在丛罗峪、克虎、三交、林家坪等地初步形成红枣批发市场和集散地，辐射带动了枣区 25 个基层供销社，20 个红枣营销专业村，300 多户红枣营销大户，直接参与红枣的流通销售。全县分别在北京、太原、南京、上海建立了销售公司，在广州、深圳、天津、中山、厦门等 13 个城市开设 800 多个销售网点，使红枣产品进入全国各大城市的超市，并打入日本、俄罗斯、韩国、新加坡和中国香港、台湾地区。

(二)稷山县

稷山县隶属于山西省运城市。稷山已有 1000 余年的枣树栽培历史，其主栽品种已被定为“县树”。稷山板枣品质优良，曾为历代皇庭之贡品，1957 年打入国际市场；1997 年在山西省干果经济林评比展销会上，获山西省十大名枣之首。2000 年，稷山县被国家林业局命名为“中国名特优经济林之乡”。

2007 年，全县枣树栽植面积 34. 5 万亩，盛果期树 7. 5 万亩，产量 3000 万千克，产值 1. 0 亿元，占农业总产值的 34. 5%。红枣年加工量为 1000 多万千克，年产值 1. 5 亿元，创利税 2000 万元。2005 年面积 30. 3 万亩、产量 2400 万千克，2006 年面积 32. 5 万亩、产量 2700 万千克。全县农民从枣产品中获得的年人均收入为 300 元，占农民年人均纯收入的 18%。

多年来，稷山县充分发挥资源优势，多方筹措资金，统一规划、连片开发、强化管理。建成了结构合理、纵贯全县南北的板枣生产基地样板园 200 个。为了使板枣持续占稳市场，稷山县通过农业部信息司、稷山县政府、稷山邮政局、稷山广播电视中心 4 个网站向全国发布有关板枣的信息，同时进行了板枣的绿色食品认证和“稷山板枣”的商标注册登记，并于 2002 年 9 月 18 日举办了首届中国—稷山板枣展销会，兴建了山西省最大的“两红”(红枣、红提)市场，产、供、销一体化商业链已形成规模。

(三)太谷

太谷县隶属于山西省晋中市。红枣在太谷县林业生产占有相当比重，以壶瓶枣为龙头的干果经济林已成为当地一项支柱产业。壶瓶枣是山西十大名枣之一，在太谷已有 2000 多年的栽培历史，老枣树以零星分布为主。1986 年以来，红枣经济林建设列入林业工程造林范围，林业部门统一规划设计，推广宽行窄株，实行枣粮间作。1991 年推广了红枣经济林密植丰产栽培技术，走上了规模发展的路子。

2007 年，全县枣树栽培面积为 30.25 万亩，主要栽植品种有壶瓶枣、郎枣、梨枣等。栽培模式为零星栽植、枣粮间作、矮化密植栽植。2007 年，全县鲜枣总产量为 1985 万千克，产值 7800 万元；2005 年面积 20.3 万亩，产量 1260 万千克；2006 年面积 24.8 万亩，产量为 1580 万千克。近几年，全县红枣产量以 20% 的幅度递增。太谷县已有 1 万公顷枣园被认定为无公害农产品红枣产地，进行了壶瓶枣、郎枣、梨枣产品认证。2007 年 9 月向国家质量总局申请并获批太谷壶瓶枣地理标志产品保护。

在太谷县红枣发展进程中，涌现出许多农民经纪人从事红枣产品的经营、销售。目前的主要营销方式是依靠有实力的公司或代理商直接向枣农收购，实行集中销售；另外，依托了红枣种植大户或经纪人选择销售量大的地区，设立直销点。近两三年中，全县建起冷藏保鲜库 20 多座，年贮藏量为 100 万千克，保鲜期为 1～2 个月，其中壶瓶枣保鲜 40～60 天，其销售价格与采收期价格相比提高 4～8 倍，达 15～30 元/千克。全县现有山西太谷天山斗枣业有限公司等 7 个红枣加工企业，年加工量 250 万千克。

太谷县发展枣产业的思路是：充分利用边山丘陵区、旧果园更新改造区域、乌马河、津水河等流域土地资源，选择适应性强的优良品种－壶瓶枣作为主栽品种，采用一级健壮苗木，确定科学合理的种植模式，实施综合管理措施，在全县范围内大规模的发展枣树经济林。同时，加大宣传力度，提高太谷红枣知名度；建立红枣观光旅游景点，组建红枣集团；加强流通领域建设，开拓太谷红枣市场；增加科技含量，选优提纯，提高红枣品质。尽快实现全县红枣产量 5000 万千克，产值 2 亿元，农民人均增收 800 元的目标。

（四）石楼

石楼县隶属于山西省吕梁市，地处吕梁山西侧，黄河中游东岸，北纬 36°52′～37°13′，东经 110°22′～111°06′。属暖温带大陆性季风气候区，年平均气温 9.2℃，无霜期 183 天，≥10℃的有效积温为 3400℃，年均降水量 561 毫米。该区具有深厚的黄土母质与砂壤土结构，在枣树花期高温干燥，果期昼夜温差大，有利于枣树的丰产和优质。

石楼枣树栽培历史悠久，至少可上溯到唐代，全县现有 80 年生以上老枣树 4 万亩，96 万株。主栽品种为帅枣，占到总面积的 60% 以上，其次有条木枣、脆枣、灰枣、团枣、骏枣、梨枣、赞皇大枣等 13 个品种。2005 年全县枣树栽培面积为 24.6 万亩，产量为 1500 万千克；2006 年面积为 26.5 万亩，产量为 1850 万千克；2007 年面积为 28.1 万亩，其中枣粮及枣和油料经济作物间作面积 17.69 万亩，总产量 2500 万千克，产值 5400 万元，占到全县国民生产总值的 34% 以上，纯收入 3780 万元。年枣产业税值在 200 万元左右，占到县财政收入的 20% 以上。全县农民人均枣收入 424 元，枣区农民人均 804 元，分别占到年农民人均纯收入的 39.7% 和 75.4%。全县枣产品加工企业有 140 个，较大的加工企业有石楼县红枣总公司、石楼县果品厂、石楼县红枣腾飞公司。全县年加工（原枣）能力 500 万千克，加工产品产值为 1500 万元。加工产品有马牙枣、滩枣、枣饴糖、枣香精、香酥枣、蜜枣等 10 多个产品。产品主要销往南宁、浙江、义乌、北京等地，由外商转手出口到东南亚地区。

近年来，石楼县提出因地而异，抓好品种布局；依托科技成果，搞好标准化绿色枣产品生产；放活政策，调动一切社会力量，加速发展，扶植大型龙头加工企业，走农、工、贸一体化路子；加快硬软环境建设，形成创汇支柱产业的总体发展战略。

(五)保德

保德县隶属于山西省忻州市，地处晋西北黄河岸边，属黄土丘陵沟壑区，西临黄河。境内大部分是灰褐土，土层深厚、质地均匀，海拔高度为780~1590米，重点枣区海拔均在1200米以下，年均降水量470毫米，年均气温8.8℃，全年日照时数为2741.7小时，昼夜温差大，无霜期在150天以上。保德县总土地面积149.63万亩，全县有13个乡镇、343个政村，总人口15万人，农业人口13万人，全县国民生产总值58600万元，财政收入6348万元，农民人均纯收入1268万元。其中红枣产业收入占总收入的15%。红枣专业户410户，兼业户3500户，从事红枣产业人口6080人，其中种植业3500人，加工业2350人，流通业230人。

保德红枣栽培历史悠久，主要产区在沿黄河岸的冯家川乡、林遮峪乡、韩家川乡、杨家湾镇、南河沟乡、孙家沟乡。2005年，枣树面积9.8万亩，产量为1050万千克；2006年面积为12.3万亩，产量为1180万千克；2007年，全县红枣栽培面积15.8万亩，其中10年以下的枣树面积9.8万亩，10~80年的枣树面积5.18万亩，80年以上的枣树面积0.12万亩，有3万株，总产量650万千克，其中干枣产量390万千克，鲜枣产量260万千克，总产值1380万元。主要品种是油枣。

保德红枣加工最初是干枣、酒枣，20世纪80年代开始加工无核糖枣、益寿枣、马牙枣、枣粉、枣泥、枣精等六大系列12个品种，销往全国各地。2006年红枣年销售量900万千克，总收入2400万元。红枣产业年增加财政收入640万元，农民从红枣中获得年收入200元。

(六)永和县

永和县隶属于山西省临汾市，地处晋陕峡谷的黄河中游东岸。2005年，枣树栽培面积21.6万亩，产量1542万千克；2006年，面积24.8万亩，产量1850万千克；2007年，面积27.3万亩，产量2000万千克，年产值4000余万元，人均红枣收入690余元，枣产区人均红枣收入高达1500元以上。

永和县发展红枣产业采取的主要措施为：(1)大力发展基地建设，充分发挥规模经济效益。(2)大力开展技术服务，提高红枣生产的科技含量。一是抓技术管理网络建设；二是抓技术培训，全县已拥有一支300余人的红枣生产技术人才和众多的果园管理能手；三是抓新品种的推广应用。(3)大力开发精深加工产品，完善红枣产业化经营体系。全县新发展经营红枣加工企业2个，社办红枣加工企业10个，家庭红枣加工专业户500个。运用市场机制组织全县红枣生产、加工、销售，在全县范围内建立了稳定的营销队伍和营销网络，在南方省市建立永和红枣销售处，扩大营销渠道。利用新闻媒体宣传永和红枣，广邀天下客商经营永和红枣，聘请全国红枣专家指导永和红枣。枣产品远销越南以及深圳、广州、北京等多个省(直辖市)。

四、陕西省的主要产枣县

(一)佳县

隶属于陕西省榆林市，地处北纬37°41′47″~38°23′34″、东经110°0′45″~110°45′101″，陕西省东北部，黄河中游晋陕峡谷中段西岸，周边同榆阳、神木、吴堡、米脂、绥德等县

(区)接壤，与山西省临县隔黄河相望，土地面积304万亩。地势由西北向东南倾斜，海拔675~1339.5米，分为北部丘陵片沙区、西南丘陵沟壑区、黄河沿岸土石山区3个地貌类型区。全县辖8镇12乡，653个行政村，总人口27.2万人，其中农业人口占92%。

1. 枣产业现状

截至2007年，全县枣树面积达到50万亩，其中挂果面积40万亩，红枣总产量1亿千克，产值2亿元，占农民人均纯收入40.7%。枣树布局以黄河沿岸为主向西部呈辐射分布，万亩以上的乡镇有11个，即螅镇、坑镇、康家巷、店镇、木头峪、峪口，佳芦镇、通镇、朱家洼、上高寨、刘国具。2005、2006、2007年红枣产量分别是0.86亿千克、1亿千克、1000万千克(裂果损失严重)。近年来，选用佳县油枣、赞皇大枣等优良品种，在"三线一带"(佳米线、佳吴线、佳榆线、黄河沿岸一带)建成高标准红枣示范园2万亩；建成年产100万株的育苗基地；建成有机红枣基地3万亩，涉及10个镇32村，年产有机红枣1200万千克。先后通过国家绿色、有机和日本JAS认证，有机红枣直销日本、韩国、台湾等东南亚市场。佳县红枣地理标志产品保护材料已呈报国家质监总局。

佳县枣园分滩水地枣园和山地枣园两种。滩水地枣园大部分是原始枣林，面积占10%。山地枣园面积占90%，采用鱼鳞坑、水平阶、反坡梯田整地造林。现有枣树品种46个，其中油枣占30%、木枣占60%、其他占10%。主要虫害有枣象甲、枣镰翅小卷蛾、枣尺蠖、桃小食心虫等。目前，全县已建成有一定规模的5个红枣加工企业，天一、神泉红枣加工营销一体化市场功能逐步完善，东方红、佳宝、海纳公司新建红枣加工企业起步良好，新建各类红枣烤炉1500座，年红枣综合加工能力达到2000千克以上。主要加工产品有烤枣、空心枣、礼品枣、枣浆、鲜枣冷藏等。佳县红枣大部分以原枣干制品销售，加工枣仅占总产的10%，鲜藏仅占1%~2%。原枣干制品销售分为特级、混枣(一、二级枣)、三级；加工枣分为特、一、二、三级枣。包袋统一使用纸箱，礼品枣加无菌塑料袋。销售主要通过个体商贩销往全国各大、中城市。1998年被国家命名为《中国红枣名乡》，2006年被国家林业局命名为《全国经济林产业示范县》。

县政府成立了直属事业机构"红枣产业办公室"，县林业局下设红枣工作站，指导全县红枣基地发展、病虫害预测和防治。成立了"枣农协会"，协调全县枣产业发展。

2. 存在问题和发展展望

主要问题一是资金缺乏，制约了红枣生产的发展；二是管理粗放，单产水平低，平均亩产量只有250千克，仅为本县示范园的25%；三是产品技术含量低，90%的红枣仍以初级产品出售，经济效益很不理想。争取到2010年，枣产业化水平显著提高，全县枣林面积达55万亩，年产红枣1.1亿千克，年产值2.2亿元。

(二)彬县

彬县隶属于陕西省咸阳市，地处渭北黄土高原区，位于东经107°49′~108°22′，北纬34°51′~35°17′，东邻旬邑县、淳化县，西连永寿县、麟游县，北与甘肃省正宁县接壤，共辖16个乡镇，31.2万人，其中农业人口28.65万人，海拔715~1501米，年均气温9.7℃，年均降水量579.5毫米，全年日照时数2199.3小时。土壤是在黄土母质上发育而成，其中以黄盖黏黑垆土和淋溶黄盖黏黑垆土面积最大，pH值一般都在8.1~8.6之间，其中pH值为8.6的泾河川道区为重点产枣区。

1. 枣产业现状

彬县枣树栽培历史已有3000多年之久。全县现有枣园12 000亩左右，93 000余株。分布范围东起龙高镇土陵村，西到车家庄乡的阎家河，北起永乐镇王村，南到底店乡的晁家塬一带，包括7个乡镇123个村。海拔715~1200米，其中分布在城关、义门、炭店3乡镇海拔715~900米的泾河川道及北部塬坡的占现存枣园面积的85%。多以粮枣间作经营形式为主，其中近几年新建密植枣园约5000亩。全县总结果面积约12 000亩左右，近3年产量为2005年3521吨，2006年3543吨，2007年3600吨。

主要品种为晋枣，又名吊枣，为鲜食和制干兼用良种，近几年以鲜销为主，平均每千克销售价为16~20元，主产在彬县境内泾河流域及其支流两岸河滩，占总栽植面积的80%。主栽品种还有黑疙瘩枣、红疙瘩枣，水枣、马牙枣呈零星分布。栽培方式多为枣粮间作，每亩7~9株，但近年新建的密植丰产园，亩栽80~110株。目前，对彬县枣园造成危害的主要病虫害有枣尺蠖、枣黏虫、桃小食心虫、枣瘿蚊、食芽象甲、枣锈病、枣疯病、枣缩果病等。

2007年初，义门镇六十湾村新成立了“义门润杨农业开发综合公司”，集枣生产、加工、贮藏、营销为一体，主要以鲜枣烘干为主产业，企业人数约30人。

2. 存在问题

近年来，由于高速公路建设及煤矿开发征占用地使原有枣树面积逐渐减少。现存枣园树龄大，树势老化衰弱，树龄多为百年以上且多以粮枣间作为主。农民把枣当作“捎带活”管理，致使管理粗放，产量低，品质差、经济效益低而不稳。

3. 发展展望

2009~2010年，计划建设集中连片晋枣丰产密植示范园1000亩，辐射带动2000亩，设计密度为80~110株/亩。主要分布在泾河川道的城关、炭店2个乡镇。

(三)长武县

长武县隶属于陕西省咸阳市，地处陕甘两省交界处，属渭北高原沟壑区，东经107°38′49″~107°58′02″，北纬34°59′09″~35°18′37″。地势西南高、东北低，海拔847~1274米，境内泾、黑、南3条河流，将全县切割为南北两塬。年均气温9.1℃，无霜期171天，年降水量587~600毫米，土壤以黄土性土、黑垆土为主，微碱性，有机质平均含量为0.98%。

自古以来南、黑二河流域群众就有因地制宜大力发展蜜枣的传统习惯。新中国成立前所建的枣园，由于树龄大、老化严重，已基本被淘汰。从20世纪90年代开始，实施了“南川枣、北川梨、台田柿子、地埂椒”的总体规划，现保存下来的枣园面积3000多亩。品种主要有晋枣、梨枣、雪枣、冬枣等，主要分布在南、黑二河川道，另有少量分布于塬面，涉及7个乡镇，23个行政村。

由于各种原因，目前还没形成规模的枣产品市场，多数枣产品还在本县内销售，其中鲜枣占销售的20%，通过普通晒干或烘干的占80%。多以农民自销为主，未形成固定市场。枣树产量受干旱和冻灾危害，产量不稳定，受灾年份产量几乎为零，其余年份鲜枣产量平均为500吨，枣收入占枣农收入的10%，占农业总产值的0.2%。枣树病虫害主要为枣实蝇和枣疯病，2007年发病率为30%左右。

(四)大荔县

大荔县古称同州，隶属于陕西省，地处关中平原东部，东临黄河，南依渭水，北枕镰山，洛河横贯其中。全县辖13镇13乡，415个行政村，总人口72万，面积1776平方千米。境内地势平坦，属暖温带半干旱大陆性季风气候区，年均气温13.4℃，年降水量514毫米，日照时数2385.2小时，无霜期212~218天。

1. 枣产业现状

2001年大荔县被国家林业局命名为“中国枣乡”。2007年通过中国绿色产业发展中心的10万亩冬枣绿色基地认证。2007年，全县枣树栽培面积42万亩，其中冬枣面积15万亩、梨枣4万亩，以密植园栽培为主。水枣23万亩，以枣粮间作、枣菜间作为主。全县年产鲜枣10万吨，产值达3亿元，占枣区群众收入的50%以上，占全县农业总产值的30%以上。冬枣栽植万亩以上乡镇3个，包括赵渡、平民、安仁、埝桥等。水枣栽植万亩以上乡镇9个，主要分布在沙苑地区以及张家、苏村、官池等乡镇。在加工贮藏方面，现有以飞龙蜜枣加工厂为主的各类加工企业百余家。年加工蜜枣3万吨，加工品种以水枣为主。建成以光大公司为龙头的大中型冬枣保鲜贮藏冷库25座，加上一大批家庭式小型冷库，贮藏能力达到1.5万吨。在市场建设上，建立了以石槽红枣专业销售市场为主的3个红枣专业销售市场。

2001年，成立了大荔县红枣研究所，编制人数8人，负责红枣先进管理技术的引进、试验、示范和推广工作。2004年，制定了大荔县红枣无公害栽培管理标准6个。

2. 存在问题

一是基地规模有待进一步增大，主栽品种产量低。大荔县宜枣面积48万亩，目前只有42万亩。二是技术含量不高，管理水平较低。目前全县冬枣园的标准化生产程度普通较低，关键技术推广不到位，无公害绿色食品配套系列生产技术还未完全应用到生产中去。三是产业化整体水平仍然较低，贮藏保鲜和加工发展缓慢。红枣加工停留在粗加工的低水平，贮藏保鲜还处在小批量的试验阶段。四是营销体系不健全，枣区缺少较大的专业批发市场，交易手段比较原始，管理不规范，监督不到位。枣农组织化程度低，营销企业小、少、散，市场竞争能力不强。

3. 发展展望

2010年全县红枣面积达到45万亩，年产鲜枣15万吨，加工产品达13万吨，总产值6亿元，枣区人均红枣收入3000元。开发利用四荒地栽植枣树7万亩，绿化防洪堤坝300千米，渠道200千米，红枣林木覆盖率达全县15%以上。全县成立村级红枣专业合作社100个，培养技术人员5万人次。2010年达到每专业村有2名以上专业水平的红枣管理人员。全县95%以上密植园实行标准化管理。鲜枣商品率达到80%以上。依靠红枣收入占总收入50%以上的专业乡镇达15个，红枣专业村达100个。通过招商引资，项目带动等方式，组建集育苗、栽培、加工、贮藏、外销为一体的产业化集团，带动全县红枣产业健康稳步发展。

(五)高陵县

高陵县隶属于陕西省西安市，地处关中平原腹地。境内地势平坦，泾、渭二水横贯东西，分为平川、塬地、滩地3个不同的自然带。全县辖8个乡镇2个管委会，88个行政村，740个村民小组。总面积294平方千米，总人口26万人，其中农业人口21.4万人。

1. 枣产业现状

高陵县从20世纪90年代开始，从山西、山东等地先后引进梨枣、雪枣、冬枣等十几个鲜食枣品种。截至2007年底，全县10个乡镇均有枣树分布，以梨枣为主的鲜枣总面积已达

2.56万亩，其中结果面积2.45万亩，年产鲜枣1.97万吨以上(2005年、2006年分别年产1.89万吨、2.09万吨)，年产值6628万元，占2007年县农业总产值的5.7%。农民人均枣产业收入309元，占农民年人均纯收入的7.9%。所产枣果全部鲜销，产品主要销往省内各大超市、水果批发市场及南方省市。

枣树栽植方式以纯枣园栽植为主，实行矮化密植。主要病虫害有枣锈病、枣瘿蚊。目前，通远镇华邑村2000亩鲜枣已通过无公害认证。1998年4月由县农林局牵头组织，成立了高陵县通远梨枣发展有限责任公司，2000年成立了高陵梨枣协会，公司和协会成立后，以公司+农户+协会的生产经营形式，对果农实行产前信息服务、产中技术服务、产后销售服务，大大地消除了枣产业发展中的各种不利因素，减少了广大果农的市场风险。科研方面，泾渭鲜枣设施栽培提早成熟和一季两熟技术已初步试验成功。

2. 存在问题

一是思想认识不足，部分干部群众对鲜食枣的发展前景认识不足。二是规模较小，规范化生产阻力较大，发展速度较慢。三是销售网络还比较单一，大部分还限于坐在家里等客商。四是贮藏能力有限，大多果农在枣成熟期都急于销售，造成短期过剩的局面，既影响了销售，又影响了群众的收益。

3. 发展展望

加强宣传引导，积极组织群众外出参观学习，以事实说服群众，以典型经验引导群众，将现有的种植大户和种植能手组织起来，通过现身说法和帮扶带动，解除群众思想上的顾虑。

采取措施促进土地的合理流转，为鲜食枣的规模化发展创造有利条件。一是鼓励群众，采用转让、转包、租赁、互换等形式进行合理的土地流转，确保有土地栽树和土地的集中连片。二是采取各种措施增加农民就业的机会，将一部分农民从土地上解放出来，同时让一些有积极性、懂技术的农民获得更多的土地去栽植枣树。

继续施行各种优惠政策，保障鲜食枣产业有一个良好的发展环境。一是制定政策，通过补助、贷款等形式扶持农民栽植枣树。二是帮助农民解决水、电、路等基础设施问题。三是保护果农，严厉打击焚烧秸秆、偷盗等破坏果园的行为，使果农无后顾之忧。

提高管理水平，推广无公害生产管理技术，生产高档果品。彻底改变在麦行套栽的问题，提高栽植成活率。推动标准化管理措施，建立无公害生产基地。

加强科技服务和产销环节的配套服务。鼓励和支持民营科技服务机构开展科技服务，鼓励农业科技人员兴办科技示范园，鼓励各部门抓好科技示范园建设。

积极推动鲜枣采后产业。鼓励企业和个人从事鲜枣的采后包装、贮藏。通过严格的分级和丰富的包装，提升鲜果的档次和市场价格。通过贮藏，延长鲜枣的市场供应期，缓解卖果的压力。

(六) 泾阳县

泾阳县隶属于陕西省咸阳市，位于关中平原中部，泾河下游，东经108°29′40″~108°58′23″，北纬34°26′37″~34°44′57″。属暖温带大陆性季风气候，年均气温13℃，日照时数2195.2小时，年均降水量548.7毫米，无霜期213天。土壤有黄土、红土、沼泽土、褐土、岩石、砾石、垆土、潮土、淤土9个土类。全县辖4乡12镇，231个行政村，农业人口44.6万，农民人均纯收入3120元。

枣树主要分布在泾河沿线的太平镇寨头、庙店、陈负、牛杨、临泾、孙家、太平堡等村，总面积7000多亩，枣区人口31 000人，枣收入占枣农总收入的10%，枣产业产值1500万元，占农业总产值的0.3%。地方品种5000余亩，年产750吨，占71.4%。另有2000余亩的梨枣，年产量300吨，占28.6%。枣园均在河滩坡地，纯枣园或大田间作。主要病虫害为裂果和腐烂病。鲜枣销售占28.6%，加工占71.4%。2001年成立了太平镇杏枣专业合作社（原为协会），开展枣农的培训服务工作。

存在的主要问题：一是当地没有枣深加工企业，仅有枣农自己的手工作坊式加工，利润小；二是枣农一直沿用本地的品种，产量较低，发展后劲不大。

（七）西安市阎良区

西安市阎良区位于关中盆地中部偏北，属西安市远郊区，东与渭南市相邻，南与临潼区隔清河相望，西接三原县、北靠富平县。土地总面积244.4平方千米，海拔379.2~483.2米。属暖温带大陆性季风气候。主要有黄土性土、娄土和淤土3个土类。

1. 枣产业现状

阎良区石川河流域及附近镇街是枣树主要栽培区域，占全区栽植总面积的96%以上。主要有关山镇、武屯镇。2007年枣树栽培面积18 000亩左右，其中百年以上老枣园6000余亩，结果面积18 000亩，2005年、2006年、2007年三年产量（按鲜枣计）分别是18 730吨、17 560吨、19 250吨。从事枣树栽植人口72 430人，枣业收入占枣农收入的46%，枣业总产值占全区农业总产值的12%。

主要品种为阎良相枣、阎良脆枣和沾化冬枣，其中阎良相枣制干为主、鲜食为辅，栽植面积13 000亩，总产量16 250吨；阎良脆枣、沾化冬枣主要用于鲜食，总产量3000吨左右。二者分别占总产量的84%、16%。栽培方式为纯枣园和间作两种栽培模式。2007年，鲜食枣大棚栽培技术试验成功，1.5亩大棚枣（平均售价24元/千克）当年收入达4.2万元/棚左右，扣除成本，盈利2.2万元。主要病虫害有绿盲蝽、枣黏虫、红蜘蛛、枣步曲等害虫和炭疽病、枣锈病、缩果病、浆果病等病害。其中绿盲蝽、红蜘蛛及炭疽病、缩果病、浆果病有逐年加重的趋势。地理标志产品（原产地保护）申请认证品种为阎良相枣，面积15 000亩。无公害认证品种为阎良脆枣，面积500亩。

2. 存在问题

一是近年来石川河的断流以及极端低温和极端高温等都极大地影响了枣树生产。二是病虫害危害严重，表现在早春和花期虫害和7月份后的病害难以控制，常造成惨重损失，伤害了枣农信心。三是老枣园更新不够，新枣园树形混乱。四是缺乏无公害农产品生产意识，盲目使用，超标准用药和使用高毒、高残留农药现象普遍。五是虽然建立了枣树产业合作社，也有了自己的品牌“东丁牌”，但还远没有发挥应有作用。六是品种改良和引进力度不足，枣树高新栽培技术空缺。

3. 发展展望

做好整体规划，实现枣树连片，管理精细。改善基础设施，加强田间管理，做好预测预报，使不良自然条件带来的危害降低到最低程度。加强病虫害防治，组建枣树病虫害防治专业队。积极推广设施栽培等新技术，实现枣树管理现代化。积极宣传，积极实现枣树生产的无公害化。下大力气开展枣产品的深加工，积极推广相枣人工干制技术。充分发挥“东丁牌”注册商标的作用，把品牌做大、做强。进一步完善相枣生产合作社的建设，使其真正承担起产前、产中、产后的各项服务任务。

(八)清涧县

清涧县隶属于陕西省榆林市，地处无定河下游，北纬36°57′30"~37°25′00"，东经109°55′27"~110°38′50"，面积1881平方千米，海拔559.6~1282米，属典型的黄土高原丘陵沟壑区。属暖温带半干旱大陆性季风气候，年均气温9.6℃，年均日照2722.9小时，年均降水量493毫米，且主要集中在7~9月，无霜期160天左右。全县辖7乡8镇1个街道办事处，4个社区居委会，640个行政村，总人口21.7万，其中农业人口19.66万，非农业人口2.04万。

清涧县枣树栽培历史悠久。目前枣树面积58万亩，主要栽培品种为本地的木枣，同时引进了梨枣、骏枣、赞皇、灵宝大枣、灰枣、金丝小枣、京昌一号、八月鲜、晋枣。年产量达11.8万吨，产值达3亿元，占农业总产值的45%，占农民人均纯收入的48%。现有红枣加工企业28家，注册资金达1亿元。主要骨干企业有巨鹰公司、宏祥公司、宏图公司、人和仙和惠民食业公司等，主要产品有红枣饮料、枣酒、滩枣、薰枣、醉枣、蜜枣、贡枣、保鲜枣和枣膨化食品等两大类40余个品种，其中“巨鹰牌”滩枣被评定为陕西省名牌产品，授予“绿色食品”称号。产品销往全国50多个大中城市，出口美国、日本及东南亚地区。专业营销人员2000多人，一级代理经销商100多家，除公司的自设分公司、办事处、直销点外，代理、零售各种方式并存，基本形成了功能完善，形式多样，网络齐全的销售体系。

清涧现有专门从事红枣产业发展的机构，包括科级事业单位清涧县红枣技术推广站，科级事业单位清涧县红枣服务中心和红枣产业局，成立了红枣产业协会，并常年同西北农林科技大学合作，建立红枣科研试验基地。

(九)延川县

延川县隶属于陕西省延安市，全县辖8镇6乡，346个行政村，18.7万人，其中枣区人口14.5万，枣收入占枣农收入的21%，枣产业产值占农业总产值的22%。属温带大陆性季风气候，日平均气温10.6℃，年日照时数2558.5小时，年降水量500毫米左右，年无霜期183天。地形地貌属黄土高原丘陵沟壑区，平均海拔850米。

1. 枣产业现状

延川枣树分布在全县14个乡镇，其中万亩以上的乡镇有8个。2007年，全县枣树栽培面积32万亩，其中挂果面积14万亩，鲜枣产量达4.22万吨(注：2005年鲜枣产量3万吨，2006年鲜枣产量3.8万吨，2007年鲜枣产量4.22万吨因成熟期连阴雨几乎全部浆烂损失)。有枣品种49个，以狗头枣、骏枣、梨枣、团圆枣、条枣为主栽品种。其中狗头枣为干鲜兼用品种，栽植面积0.2万亩，占总面积的0.63%，产量0.08万吨，占总产量的1.90%；骏枣为干鲜兼用品种，栽植面积8万亩，占总面积的25%，产量达0.9万吨，占总产量的21.33%；梨枣为鲜食品种，栽植面积0.1万亩，占总面积的0.31%，产量达0.03万吨，占总产量的0.71%；团圆枣为制干品种，栽植面积10万亩，占总面积的31.25%，产量达1.2万吨，占总产量的28.44%；条枣为制干品种，栽植面积12万亩，占总面积的37.50%，产量达1.8万吨，占总产量的42.65%；其他为干鲜兼用品种，栽植面积1.7万亩，占总面积的5.31%，产量达0.21万吨，占总产量的4.98%。

栽培一般选择在山地，园内间作低秆作物，亩植56株(川、台、塬地亩植84株)，以建常规枣园为主。主要病害有炭疽病、枣锈病等，虫害有桃小食心虫、红蜘蛛、象甲等，影响轻微。鲜销(观光采摘)、干制、加工(干制品种鲜食化)比例是：3∶6∶1。通常按不同品种及用途进行分级处理，以袋装和瓶装为主，再按不同的等级(Ⅰ、Ⅱ、Ⅲ、Ⅳ级)进行冷藏处理；加工以初加工为主，主要生产空心枣、紫晶枣、金丝蜜枣等；深加工主要以生产枣酱、枣酒、枣汁、枣粉等产品。国内主要销售点有广州、上海、四川、北京、西安等大中城市，以布点销售和合同供需销售为主；国外主要销往俄罗斯、美国、韩国、加拿大等国，以合同销售为主。2003 年，陕西省农业厅将延川县认证为“无公害红枣生产基地”。2006 年 3 月，延川红枣(狗头枣、团圆枣、骏枣、大木枣、条枣)顺利通过国家质检总局地理标志认证评审。并制定了《红枣生产综合标准》。

全县现有红枣深加工企业 4 个(陕西延川红海实业有限责任公司、延安资航工贸有限责任公司、延川兴盛红枣开发有限责任公司、延川县锦春枣业有限责任公司)，初加工企业 25 个，季节性加工点 11 个，主要加工枣汁、枣脯、枣酱、枣粉等四大类 8 个系列产品，年加工能力达 2.5 万吨；普通烤房 1518 座，标准烤房 147 座，晾枣房 710 个，年烘烤、晾晒能力达 1 万吨；小型贮藏冷库 11 个，鲜枣贮藏能力 500 吨；红枣营销企业 34 个，销售网点 68 个，专门营销市场 1 个，年销售红枣达 5000 吨左右。现已建立了县有局、站、红枣协会，乡(镇)有产业工作队，村有枣农协会的服务体系，红枣的生产、加工、销售、信息服务一体化格局基本形成。

2. 存在问题和发展展望

一是苗木混杂，质量不高，栽植成活率很低。二是抵御自然灾害能力不强，枣成熟期一旦阴雨连绵，便会严重裂果霉烂。三是贮藏量小，保鲜期短，只能快收、快售。四是加工企业规模小，带动力不强。五是管理技术人才缺乏。

今后，延川县将立足资源优势，扩大基地规模，加强协调服务，进一步做大做强红枣特色产业，以实现红枣富民的目标。计划到 2012 年末，全县红枣面积突破 45 万亩，农民人均达到 3 亩。

五、河南省的主要产枣县

(一)内黄县

1. 枣产业现状

内黄县隶属于河南省安阳市，是一个平原沙区农业大县。属暖温带大陆性季风气候。总面积 1161 平方千米，其中枣区人口占 40 万。内黄县红枣现有 46 万亩，700 多万株，其中盛果期枣树 30 万亩，490 万株，集中分布在卫河以南沙区 12 个乡镇的 352 个行政村。枣树面积超万亩的乡镇有 9 个，主要品种有内黄大枣(扁核酸)等 50 余个品种，其中以内黄大枣为大宗，占 91.34%。栽培模式主要是农枣间作，有部分观光园。主要病虫害有绿盲蝽、枣瘿蚊、象鼻虫、枣步曲、枣锈病、枣黄斑病等，危害中等。观光采摘及鲜销比例占 5%，干制占 75%，加工占 20%。枣的销售大多不分级，包装主要是纸箱包装，绝大多数是内销，有少量出口。后河镇 7.3 万亩枣区已通过无公害栽培认证，地理标志产品申请工作正在进行。县林业局、内黄县林业科学研究所、内黄县红枣开发办公室等机构负责枣树生产技术服务。县政府专门发布了关于加强枣树保护的通告和关于加快红枣产业发展的意见等文件，出台了一系列奖补优惠政策。

全县主要红枣加工产品有枣茶、枣酒、蜜枣、无核糖枣、焦枣、酒枣、乌枣等，年加工能力3万吨。近三年全县红枣总产量稳定在12万吨，全县红枣总产值达3.5亿元，占全县农业总产值的8.5%，枣区占农业总产值的30%~50%。

2. 存在问题

一是科研经费不足，枣业科技发展缓慢。二是品种单一，经济效益不高。三是宣传力度不够，产品知名度低。四是商品意识不强，市场竞争力差。

3. 发展规划

一是要进一步扩大面积，壮大规模。全县现有46万亩枣树多是前人留下的产业，将进一步加快发展速度，早日实现百里枣乡、百万亩枣林的宏伟目标。二是引进优良品种，调整品种结构。在今后的红枣发展过程中，要引进一批全国名特优新品种，并利用高接换头技术对现有枣树进行品种改良，进一步优化品种结构。

(二)新郑市

新郑市隶属于河南省郑州市，位于河南省中部，北纬34°16′~34°39′，东经113°30′~113°54′，总面积873平方千米。新郑位于豫西山区向豫东平原的过渡地带，地势西高东低，西部、西南部为侵蚀低山区，峡谷或谷峰相间，东部为平原和沙丘岗地。土壤类型分褐土类、潮土类和风沙土类三类。属暖温带大陆性季风气候，年均气温14.4℃，年均日照时数2114.2小时，年均降水量676.1毫米，年均霜期152天。

1. 枣产业现状

新郑市总人口66万，其中枣区人口28万，枣收入占枣农平均收入的37%，枣区枣产业产值占当地农业总产值的10%以上，重点产区孟庄镇则达60%以上。枣树分布在东北部8个乡镇，其中万亩以上的乡镇有孟庄、薛店、郭店、龙王、和庄。2007年全市枣树栽培面积22万亩，其中新栽0.8万亩。近3年产量为2005年3000万千克，2006年3000万千克和2007年3220万千克。新郑枣树的主栽品种为灰枣和鸡心枣，均为制干品种，其中灰枣面积占枣树栽培面积85%，鸡心枣面积占10%，主栽品种产量占全市枣总产量的99%。

枣树栽培方式为平原沙区枣农间作，常规栽植。主要病虫害有枣步曲、枣介壳虫、枣壁虱、枣食心虫、枣缩果病等。新郑灰枣和鸡心枣产量的99%用于干制，其中80%由枣加工企业收购，大部分进行分级包装后销售，部分进行深加工，其余部分由枣农自行销售。新郑大枣及其制品行销全国，并远销东南亚地区及世界其他地方，大枣及其制品年平均出口量达600万千克。

2002年5月新郑大枣、新郑小枣、新郑灰枣、新郑鸡心枣被国家质量监督检验检疫总局认定，并颁发了“原产地标记注册证”。新郑灰枣、鸡心枣经国家工商行政管理局商标局注册为证明商标。2002年7月，新郑灰枣、新郑鸡心枣被国家绿色食品发展中心认定为绿色食品。

新郑市枣树科学研究所是全国第一家县级专门进行枣树研究、开发和服务的机构，主要负责全市枣树栽培新技术研究与推广、新品种引进选育与开发，加工技术研究与开发、对枣农进行技术指导，开展技术承包等技术服务。重点企业为河南好想你枣业发展有限公司。

《新郑灰枣》是河南省林业地方标准，经省质量技术监督局审核批准，已于2004年10月10日正式发布，并于2005年1月1日开始实施。《新郑红枣》是河南省新郑市地方标准，经新郑市质量技术监督局审核批准，已于2002年7月25日正式发布，并于2002年8月1日开始实施。《枣树根蘖归圃育苗技术规程》、《枣树嫁接育苗技术规程》、《枣树栽培与田间管理技术规程》、《枣树病虫害防治技术规程》是河南省新郑市地方标准，经新郑市质量技术监督局审核批准，已于1996年5月1日正式发布，并于1996年6月1日开始实施。

2. 存在问题和发展展望

新郑枣产业存在的主要问题是枣基地规模偏小，加工品种档次不高，科技普及的程度不够。今后5年的发展规划如下：

(1) 实施经营战略，提高产业层次　一是壮大规模，夯实经营基础。按照相对集中、连片发展的原则，在巩固老枣区同时，到新枣区每年新发展优质大枣1万亩。二是培育龙头，建立经营组织，重点是枣加工龙头企业。三是办好大枣节，拓展经营内涵。

(2) 把握经营核心，加快科技创新　一是抓队伍。建立健全市、乡、村三级科技推广和技术服务网络。二是抓推广。通过技术承包、现场指导、组织培训、热线服务等方式，使广大群众掌握大枣标准化生产技术。

(3) 积极开拓市场，提高产品占有率　一是加快市场建设。在全国省会城市和各大中城市建设销售网点和连锁店，搞好网络销售。二是壮大营销队伍。健全完善大枣经纪协会，壮大大枣经纪人队伍。三是扩大产品出口。积极开展对外贸易，努力扩大出口规模。

3. 主要经验

近年来，新郑市委、市政府把大枣产业作为强市富民的基础产业、一号产业，围绕做大、做强、做精、做响，扩大规模，提高品质，经营推动，拉长链条，全面加快大枣产业化进程，形成了市场牵龙头，龙头带基地、基地连农户产业化发展新格局，实现了大枣产业第二次飞跃。主要做法是：

一是提升认识，构筑思想新优势。从“头”抓起，科学决策，确立了跳出“立足优势抓大枣，跳出大枣抓大枣”的大经营、大市场、大产业的发展方向；从“中”抓起，形成共识；从“下”抓起，炒热群众。

二是夯实基础，加快产业化经营。把示范基地建设作为扩大产业规模的一个重要途径，以点带面，连片开发，对现有老龄枣园和边缘枣区、零星枣区，严格实施“警示区”管理制度，挂牌警示，明确责任，对因管理不善的“警示区”责任人通报批评，追究责任；大力发展大枣加工业，把初具规模的企业作为重点扶持对象，坚持政策、资金、技术三倾斜，积极鼓励流通组织、经纪能人因地制宜兴办大枣加工企业，促进大枣就地加工转化；鼓励引导企业成立销售队伍，建立销售网络，提高产品知名度；培养壮大农民经纪人队伍，鼓励引导农产品营销组织和专业协会，带领农民闯市场。

三是立足科技，提高市场竞争力。聘请了20多名全国和省内著名的专家、教授，对新郑市大枣产业的发展进行研讨、策划。同时，围绕大枣良种培育、枣树嫁接改造、枣树标准化管理和无公害防治等技术问题进行科学研究。建立新郑市红枣管理协会，大力推广，普及枣树管理技术。近年来，协会每年开展技术承包面积6.5万亩，推广先进技术成果6项，新增经济效益1000万元。

四是旅游促动，拓宽经营内涵。以枣为媒，大力发展旅游经济，从1998年开始，推出了集观赏性、娱乐性、参与性、知识性为一体的中华枣乡风情游活动。每年接纳游客达15万余人，综合经济效益达2000万元，并促成了一批大枣深加工项目落户新郑。每年枣乡风情游开幕前，全市各乡镇、市直各单位纷纷组织人员到北京、郑州等地，推介产品，广引客源，形成了人人宣传大枣，人人推销旅游的浓厚氛围。几年来，通过大力弘扬枣文化，广泛推销枣产品，有力促进了新郑大枣产业和旅游产业的联动发展。

六、辽宁省的重点产枣县

朝阳县

朝阳县位于辽宁省西部，地跨东经119°52′~120°47′，北纬40°55′~41°54′，气候属温带大陆性季风气候。地处辽蒙两省区8个县市交界，是东北通往京城的重要门户。总面积3750.7平方千米，共有28个乡镇，298个村，15万户，55.2万人。

目前全县大枣面积33万亩，平均年产鲜枣6500万千克，创产值亿元以上，是东北地区最大的鲜枣生产县。先后被国家农业部、国家林业局授予“中国大平顶枣之乡”和“全国经济林建设示范县”称号。

主要品种是大平顶枣和金铃圆枣、长枣。其中，大平顶枣约占总面积的60%以上。朝阳县自2002年实行大枣无公害生产以来，已有15万亩枣园被列入国家第五批农业标准化无公害示范区，并获得了无公害食品标志证书。

1995年由县政府批准成立了朝阳县经济林工作站，1998年又成立了大枣开发协会。全县现有大枣专业科技服务人员70名，其中高级职称5名，中级职称35名，初级职称30名。全县大枣产业已经形成科研、生产、营销功能齐全的三位一体的服务体系。从2001年开始，由朝阳县经济林站牵头，先后制定了《枣树丰产栽培技术》、《枣树归圃、嫁接苗木培育》、《枣树无公害丰产栽培》、《无公害食品大枣》、《绿色食品大枣栽培技术》、《绿色食品——大枣》6个地方性技术规程，推动了大枣产业向集约化经营、标准化管理和无害化生产方向转变。

近几年，朝阳县提出“大枣立县”的口号，大力发展大枣拳头产业。从2000年的1700万株，发展到7000万株。产量由2000年的800万千克增加到6500万千克，产值由2000年的2400万元增到亿元以上。

七、甘肃省的重点产枣县

临泽县

临泽县位于甘肃省河西走廊中段，东临甘州区，西接高台县，南靠祁连山与肃南裕固族自治县相接，北隔合黎山与内蒙古阿拉善右旗相连，东经99°51′~100°30′，北纬38°57′~39°42′，总土地面积416.7万亩。属西北内陆干旱荒漠气候区，年均气温7.7℃，≥10℃的活动积温3092.4℃，无霜期152天，年均降水量117.1毫米，大气干燥度4.9度。全县辖2乡5镇，77个行政村，总人口14.6万，其中农业人口12.7万。

枣树是临泽县古老的乡土经济林树种，已有1500多年的栽培历史，大面积栽培已达百年之久。2001年，临泽县被国家林业局命名为“中国枣乡”。至2007年底，全县枣园面积发展到13.21万亩，结果面积8.3万亩，年产量(干枣)达1.67万吨，产值4600多万元，占全县农业总产值的4.35%。全县农民人均红枣收益360元左右，占全县农民纯收入的8.52%，枣主产区农民人均红枣收益高达2400元以上。

枣树在临泽县的各乡镇均有分布，其中以沙河、鸭暖、新华、倪家营4个乡(镇)的35个村为集中分布区。品种有临泽小枣、临泽大枣、梨枣、骏枣、双瓣枣等，其中以临泽小枣为主，占栽培面积的96%以上。栽培模式主要有枣粮间作、枣园、林网栽植、房前屋后等，以枣粮间作为主，约占总栽培面积的60%。虫害以桃小食心虫、枣瘿蚊、枣绮夜蛾等为主，其中以桃小食心虫危害最为严重，全县发生面积约2.56万亩，虫果率2.6%。每年所产红枣约85%以干枣原枣形式出售。近年来，形成了一批枣深加工企业，如西域食品公司、昭武酒业食品公司、京沙酿造公司、荣鑫公司等，开发出了饮料、保健品、食品三大系列的13个品牌的加工产品，年加工原枣1000余吨，但不足红枣年产量的10%。

经临泽县人民政府授权委托，沙河镇红枣协会于2007年4月向国家工商行政管理总局申请注册了“临泽小枣”证明商标。临泽县技术监督局于2008年5月向国家质检总局申请，获得了国家地理标志产品保护。

八、宁夏的主要产枣县

(一)海原县

海原县地处宁夏回族自治区中部干旱带，东连同心、固原县，南接西吉县，西邻甘肃省会宁、靖远县，北靠中卫城区。历年平均气温3.6~8.6℃，极端最低气温-24℃，≥10℃的有效积温2329.3~2662.3℃，无霜期125~169天，年均降水量268.4~450毫米，年均日照时数2716小时。

1. 枣产业现状

截至2007年底，全县枣树种植面积3.3万亩，其中结果面积3000亩，涉及关桥、徐套、兴仁、西安、兴隆等乡镇，其中关桥乡1.8万亩。枣区人口17.6万人，其中枣农人口3.4万人。2005年产量20吨，2006年产量60吨，2007年产量125吨、产值18.75万元，占枣农收入的0.3%，占枣产区农业总产值的0.05%。主要品种为同心圆枣和中宁圆枣，主要用于鲜食。栽培方式属山地栽植，结合硒砂瓜产业，采用枣瓜间作模式，种植密度(株行距)为3米×8米，亩栽28株。主要病虫害有枣食心虫、枣尺蠖等，危害程度较轻。

2. 存在问题

一是干旱；二是群众认识不高，粗放经营；三是产量较低，还不能形成栽植、加工、销售一体化市场体系。

3. 发展展望

到2012年，全县规划新发展枣树11万亩，使全县枣树基地面积达15万亩左右，产量达30000吨左右，产值达6000万元，全县农民人均受益150元。

(二)中宁县

中宁县位于宁夏回族自治区中部，东经105°26′~106°7′，北纬37°9′~37°50′之间，地处黄土高原的北部边缘，平均海拔1300~1500米，属典型的大陆性季风气候区，平均气温9.2℃，平均降水量180毫米，均日照2883.12小时，无霜期平均165天。

枣是中宁继枸杞之后发展起来的又一地方优势特色产品。近年来，全县大力推广枣树高效密植栽培、间作栽培、节水栽培、庭院栽培、地埂栽培“五大栽培模式”，初步形成了黄河以北18千米长、5千米宽的中宁圆枣高效密植栽培生产带，黄河以南沿山地中宁圆枣间作栽培生产带、喊叫水乡喊叫水大枣节水栽培生产带的三带建设格局。2007年全县枣种植面积达9.3万亩，建成万亩示范片2个，千亩示范片8个，种植农户达3.2万户，产量达到1300万千克。建成微型节能冷库64座，深加工企业发展到2家，农民人均红枣收入达到

120元。目前，枣苗繁殖方式主要以归圃育苗、嫁接育苗为主。2006年发布了《中宁圆枣》技术规范。2007年中宁圆枣正式通过自治区良种林木审定委员会审定。目前，中宁圆枣80%以上鲜枣形式销往广州、上海、重庆、成都、贵州、遵义等地。

存在的主要问题，一是标准化生产管理水平不高，新技术推广难度较大；二是缺乏有规模的深加工龙头企业，产业化层次较低。规划目标为：进一步优化区域布局，提高基地建设档次和水平，到2010年发展到20万亩；二是积极培植龙头企业，重点扶持红枣深加工龙头企业和物流配送中心，树立品牌意识，使中宁圆枣成为宁夏继中宁枸杞之后的第二张名片。

九、天津市的重点产枣县

静海县

静海县地处渤海之滨，东邻大港区，西与河北省文安、大城县接壤，南与河北省青县、黄骅交界，北与西青区、霸州市毗邻。全县辖18个乡镇，386个行政村，总土地面积212万亩，人口52万，其中农业人口40万。静海县地处太行山与黄河水系冲积平原，海拔2.4~7.0米，地下水埋藏深度为1~2米，土壤以典型潮土为主。属温带大陆性季风气候，无霜期为198天，年降水量为557毫米。

静海县枣树分布在所辖的18个乡镇，枣区人口约15万人。其中以唐官屯、西翟庄、中旺3个镇为重点栽植区，面积近8万亩，其次是蔡公庄、陈官屯、大丰堆、王口、静海镇、梁头、沿庄7个镇，面积都在万亩左右。主要品种为金丝小枣，约17万亩，其中2万亩高接改接成了金丝新4号；其次为冬枣约2.5万亩、金丝无核1.5万亩；其余为阳信大枣、马牙枣、雪枣等，面积约1.5万亩。目前全县枣树种植面积约22.5万亩，其中结果枣树7.5万亩，年产量2005年3500万千克，2006年4000万千克，2007年4500万千克，年销售收入约18 900万元，约占全县农业总产值的6.7%，主产区农民枣收入占其总收入的20.2%。

静海枣树生产分两种形式，原先发展的金丝小枣是以枣粮间作为主，近年发展的以纯枣园为主，特别是密植的冬枣园(每亩80~110株)多建成观光采摘园。枣区主要的病虫害为绿盲蝽、枣锈病等。存在的主要问题是加工相对滞后。目前，全县枣园均进行了无公害产地及产品认证。主产区成立了10余个农民合作组织和专业协会。

十、新疆建设兵团的主要产枣师

(一)农十四师

十四师地处塔克拉玛干大沙漠边缘，总面积224.35万亩，总人口3.27万人，所辖4个团场，分别在和田地区的皮山县、墨玉县、策勒县境内。垦区属典型温带大陆干旱性气候，年均降水量30毫米左右，蒸发量3000毫米左右，全年日照时数2470~3000小时，年均气温11.6℃，无霜冻期170~201天。全年多大风扬沙天气，浮尘天气多达200余天。

2007年，全师枣种植面积11.1万亩，其中结果面积4.5万亩。2005年枣产量2682吨，2006年2775吨，2007年5224吨。主栽品种为骏枣，占总面积的90%。栽培方式主要采用矮化密植。主要病虫害为红蜘蛛，危害程度轻。

2005年9月，成立了新疆和田昆仑山枣业有限责任公司。该公司是新疆建设兵团农十四师旗下的由国有资产经营公司、新疆亚鑫国际商贸有限公司等10家股东组建成的国有控股企业，主营红枣的科研、生产、加工和销售。公司下设冷藏、制干、包装、加工、运输、销售等六大中心，总资产6亿元，其中一期高科技红枣工业园区投资3000万元。公司经营有“昆仑山”牌昆仑贡枣、昆仑玉枣、昆仑寿枣、昆仑仙枣、昆仑圣枣、昆仑御枣等10多个产品，销往北京、上海、广州、深圳等国内20多个省份。在国外，与代理商合作，出口至美国、新加坡、马来西亚、韩国、日本等国。公司有3600亩昆仑山红枣通过中国有机转换产品认证，10万亩和田玉枣通过中国绿色食品认证并通过美国FDA认证。公司在香港、内地同时注册了“和田玉”商标，拥有进出口权，通过了ISO9001：2000质量管理体系认证，HACCP危害分析与关键控制点体系认证，开通运行了“西部水果网”。2007年，被兵团列为第三批农业产业化兵团重点龙头企业。

到“十一五”末，全师红枣面积将达到20万亩，总产6万吨，产值3亿。

（二）农一师

农一师位于天山中段南麓阿拉尔市，塔里木盆地西北边缘，地处阿克苏地区阿克苏市、阿瓦提县、温宿县境内，北纬40°20′~41°02′30″，东经80°30′~82°00′。主要为阿克苏河、塔里木河、叶尔羌河的冲积平原。年均气温10.8℃，极端最高气温39.8℃，最低气温-28.4℃，≥10℃年积温达4000℃以上，日照时数平均约2953.0小时，平均无霜期209天。灌溉水源主要引自阿克苏河和塔里木河，已建有多浪、胜利、上游三大平原水库。土壤主要类型有盐潮土、灌耕草甸土、灌耕盐土、灌耕风沙土等。

枣区人口28万人，枣收入占枣农收入的99.9%，枣产业产值11 722万元，占农业总产值的4%。枣树分布在1~3团、7~16团、3个农场、3个处共17个团场(处)，万亩以上的团场有1团、10团、8团、南口农场、水利水电工程处等单位。2007年栽培面积13.2万亩，结果面积3万亩，近3年产量为2005年2000吨、2006年4500吨、2007年8174吨。主要品种为骏枣(2.5万亩，折合鲜枣1.1万吨，占70%)，灰枣(0.79万亩，折合鲜枣500吨，占5%)，赞皇大枣(0.71万亩，折合鲜枣4500吨)。栽培方式为大田密植栽培。主要病虫害有红蜘蛛、枣瘿蚊等。本地鲜销0.5%，内地(河北、山西、河南)，干销99.5%。

存在的主要问题是大面积的矮化密植需要人工较大，急需配套的林果业机械；贮藏、加工产业较少。

（三）农二师

农二师所属农业团场和工矿企业分布于巴州境内的广大地区，北抵天山东段，南靠阿尔金山，农业垦区位于东经85°24′~88°30′和北纬39°30′~42°20′，海拔高度820~1100米。北部属焉耆盆地，南部濒临塔里木盆地东北缘。年平均日照时数2603~2832.8小时，其中焉耆盆地年平均日照时数3049~3162小时，塔里木盆地部(库尔勒—尉犁—米兰)年均日照时数2977~3120小时。塔里木地区多晴少雨，空气透明度大，日照时间长，光热资源丰富，无霜期平均265~270天，活动积温4300~4780℃。农二师枣种植区所属农场都分布在风沙最前沿和重盐碱地带，属典型的大陆荒漠气候，干热少雨多风，植被稀少风沙活动强烈。年八级以上大风5~8次，年降雨量23.3~75.1毫米，蒸发量2408.4~2671毫米。土地盐碱重，水质差，地下水矿化度达30克/升左右。

枣区人现有人口82650人，枣收入占枣农全部收入的比例为12.2%，枣产业总产值及占农业总产值比例为2.2%。枣树主要分布在塔里木沙漠边缘，其中种植规模在万亩以上的团场有34团、36团，种植面积分别为1.8万亩、3.1万亩。2005、2006、2007年红枣总面积分别为2.3万亩、6.1万亩、8.2万亩，产量分别为1126吨、1944吨、3506吨。主要品种为灰枣，主要用于制干。栽培采用密植，亩110株。采用滴灌进行灌溉。主要病虫害有枣瘿蚊、红蜘蛛，危害程度较轻。鲜销较少，销售到内地的红枣通常进行分级包装。通过乌洽会、昆洽会等展览会，建立"楼兰"红枣品牌，通过当地红枣经纪人、内地客户到本地采购、网上销售等渠道销售，销往河南、河北、北京、广东等地。农二师农业科学研究所成立于1953年，现有科研人员15人，专门从事有关枣的研究、开发和服务工作。

(四)农十三师

农十三师位于新疆东部的哈密地区，全师8个团场，主要分布在哈密地区哈密市、巴里坤县、伊吾县境内，总人口7.8万人，师机关在哈密市大营房，规划面积9987平方千米，占哈密地区总面积的7%。属中温带大陆性干旱气候，年平均气温9.8℃，年极端最高气温38~43.9℃，年极端最低气温-32℃，≥10℃的活动积温平均4073~4300℃，年均日照时数3357小时，年均无霜期170天，年降水量38.3毫米，蒸发量3029毫米。地下水资源较丰富。土壤类别主要为棕漠土，其次为风沙土、草甸土和盐土、沼泽土等。

农十三师的哈密大枣主要分布在山南7个团场。截至2007年，总面积4万余亩，分别是红星一场6400亩，红星二场6500亩，红星四场4000亩，黄田农场10000亩，火箭农场7900亩，红山农场开发区3700亩，柳树泉农场3300亩。其中结果面积总计为14 423亩。2005~2007年的产量分别为1500吨，2000吨，3500吨。2007年平均亩产245千克/亩，产量为3500吨，产值约为1980万元，占农业生产总产值的比例为4%左右。直接从事枣生产的人口约为0.4万人，枣收入占枣农收入的95%左右。

枣品种主要为哈密大枣。主要以鲜食为主，省内销售。垦区内哈密大枣全部通过绿色认证。主要采用大田常规栽培，无间作，株行距为2米×4米，平均密度为80株/亩，常规管理。主要病虫害为红蜘蛛，普遍发生。

存在的问题是坐果率低，产量和品质二者矛盾突出。计划到2012年，发展大枣面积至10万亩，形成以哈密大枣为主其他品种辅的品种格局。

附　录

■ 一、中国枣产业大事记
■ 二、1973~2006 年全国及各省（自治区、直辖市）枣产量统计
■ 三、主要产枣省份枣产业基本情况调查表（2007）
■ 四、主要产枣县（市）枣产业基本情况调查表（2007）
■ 五、国家林业局命名的中国枣之乡

附录一　中国枣产业大事记

2400 万年前，枣树已生长于我国北方(据叶片化石推测)。

7000 年前，我国先民已开始采集利用枣果。20 世纪 70 年代在河南密县莪沟北岗新石器时代遗址发掘出碳化枣核和干枣，^{14}C 测定结果表明，距今已有 7240 ±80 年的历史。

3000 年前，开始有枣树栽培的文字记载。成书于公元前 10 世纪商朝末期的《诗经·豳风篇》中载有“八月剥枣，十月获稻”的诗句。

2600 年前，开始有枣品种的记载。成书于公元前 600 年周朝(春秋时期)的《尔雅》一书中，载有“洗，大枣，今河东(现在的山西运城附近)猗氏出大枣子如鸡卵”，全书共记载有枣品种多达 11 个。

2500 年前，开始将枣与李、杏、桃、栗一起并称为五果(我国古代北方最重要的果品和中草药)。成书于东周(战国时期)的《黄帝内经》之《灵枢经五味》中提到“五果：枣甘、李酸、栗咸、杏苦、桃辛。

2000 年前，在汉朝时枣树栽培已经遍及我国南北各地(综合古文献推断)。

533 ~534 年，北魏末年贾思勰所著《齐民要术》的发行标志着枣树传统栽培技术和利用方式的基本体系已经形成，其中许多栽培技术一直沿用至今。

600 年，开始出现政府通过下达法令，在指定的地区强行发展枣树(见成书于公元 6 世纪的《魏书·食货志》)。

1300 年，我国第一部枣树专著《打枣谱》(作者柳贯)问世，记载枣品种多达 73 个。

1949 年，新中国成立后，我国枣产业取得了前所未有的发展，现代化枣业的雏形初步建立起来。

1979 年，经国家农业部批准，在山西太谷山西省农业科学院果树研究所内，建立了国家作物种质资源太谷枣圃，这是我国第一批建立的 15 个国家级果树种质资源圃之一，2005 年再次受农业部委托建立了国家第一批重点野外科学观测试验站之一的太谷枣葡萄国家野外科学观测研究站。目前，枣资源圃占地 10 公顷，共保存枣种质资源 530 份，是目前我国也是全世界种质保存数量最多的枣种质资源圃。首任负责人张志善，现任负责人李登科。

1986 年，经河北省教育厅批准，河北农业大学中国枣研究中心成立，标志着我国第一个面向全国的专门从事研究枣树的科研机构的诞生。

1990 年，以北京亚运会期间临猗梨枣在社会上叫响为标志，鲜食枣在历史上第一次形成规模化商品栽培，随后冬枣的开发掀起了大规模发展鲜食枣的第二个高潮。目前鲜食枣已成为枣产业中最活跃、最有效益的领域。

1992 年，“太行山大枣丰产栽培技术开发”项目获得国家星火二等奖，主要完成单位为河北农业大学，主要完成人王永蕙、周吉柱、刘孟军。这是我国枣树界获得的最高级别的国家星火奖。

1993 年，《中国果树志·枣卷》作为《中国果树志》的第一卷，由中国林业出版社正式出版(主编曲泽洲、王永蕙)，收集记载枣树品种 700 个、酸枣类型 30 个，标志着历史上首次基本摸清了全国的枣树种质资源。

1996 年，中国沧州红枣交易市场开始创建，在国家发展改革委员会等支持下，现已建成占地 202 亩、总建筑面积 71015 平方米、封闭式交易大棚 28000 平方米、设有信息网络和检疫检测两大系统的全国最大的红枣专业批发市场，年交易量达7.5亿千克，总交易额达30亿元。市场位于河北省沧州市西30千米处的纪晓岚故里崔尔庄。

2000年1月，中国枣网(http：//www.zao.com.cn)问世，现已发展为我国最主要的枣产业专业网站，并进入农业部信息中心、中国互联网协会、中国电子商务协会共同主持评选的“2006中国农业网站100强”。总经理刘玉峰。

2000年3月，国家林业局命名第一批中国枣之乡，共9个，分别为河北沧县、河北献县、河北阜平县、山西临县、山西稷山县、山东乐陵市、山东宁阳县、河南内黄县、河南新郑市。以后又分别于2001年9月、2004年12月和2006年6月命名了三批。迄今共命名了4批，26个县(市)(详见附录六)。

2000年9月，国家林业局、国家经济林协会主办了规模空前的全国红枣交易会(山东乐陵)，推出了一大批优质枣产品，并分别授予了金、银、铜奖。

2001年，中国园艺学会干果分会由中国园艺学会正式批准成立。首届理事长郗荣庭、现任理事长刘孟军。该分会每两年组织一次全国干果科研与生产学术研讨会，重点研讨交流枣、核桃、板栗、柿、仁用杏等干果，成立大会在河北农业大学举行。在2007年第五届全国干果科研与生产学术研讨会暨阿克苏枣产业发展高层论坛上，参会人员1000多人，影响巨大。

2006年3月，我国第一个枣类专业搜索引擎——枣搜(http：//www.zaosou.net)开通。

2006年6月，《中国枣业报》创刊，由山东滨州的裕华集团资助，设有枣业快讯、科研攻关、名优品种等栏目，面向国内枣业界同行及关心枣业发展的各界人士免费赠阅。

2006年9月2日，由河南好想你枣业、中国园艺协会、中国枣网共同主办的“中华枣文化博览中心”揭牌仪式在河南新郑奥星公司举行，这是我国第一家大型的枣文化展示博物馆。

2006年，“枣疯病控制理论与技术”获得国家科技进步二等奖，完成单位为河北农业大学，主要完成人刘孟军、周俊义、赵锦、郑来宽。这是我国枣树界获得的最高水平的国家科技成果奖励。

2006年10月，国际园艺学会正式批准举办第一届国际枣属植物研讨会。河北农业大学刘孟军教授在2006年8月于韩国首尔举行的第27届国际园艺大会期间，向国际园艺学会提出举办申请。2006年10月得到正式批准，由河北农业大学承办，刘孟军教授被任命为大会组委会主席。

2007年4月14日，中国经济林协会枣产业工作组在河北保定成立，主任委员刘孟军。

2007年4月14日，在国家林业局造林司组织下，全国枣产业发展协作组在河北保定成立。秘书长李达、刘孟军；首届轮值主席单位为宁夏灵武市人民政府；专家组组长河北农业大学刘孟军教授，成员陈锦屏、张志善、周俊义、宋宏伟、曹尚银、王贵禧。

2007年，中国果品流通协会枣分会在河北省沧州市成立。会长张振忠。

2007年，河北、山东、山西、陕西等我国主要产枣省份，由于在枣成熟期遭遇连阴雨导致重大裂果浆烂损失，河北沧州等许多重点产区的枣果浆烂损失高达80%以上，全国直接经济损失50亿元以上。

附录二 1973~2006 年全国及各省(自治区、直辖市)枣产量统计(吨)

Appendix 1 Chinese jujube production of different provinces of China between 1973 and 2006(t)

	1973	1974	1975	1976	1977	1978	1979	1980	1981
全国 China	395765	388350	372050	316700	284600	348900	338900	371600	397800
北京 Beijing	3550	2900	3000	850	300	1500	250	2150	2350
天津 Tianjin	2100	2700	2800	1550	1350	1550	750	1550	1950
河北 Hebei	144600	123000	153100	123100	64900	92850	94850	124400	127200
山西 Shanxi	36370	37300	39350	16950	18850	36200	27700	28100	44050
辽宁 Liaoning	950	800	1050	300	350				
上海 Shanghai									
江苏 Jiangsu	1270	1800	1150	1100	1400	2300	2500	2350	2700
浙江 Zhejiang	1610	1600	1600				4350	3550	3750
安徽 Anhui	9700	14100	6600	5800	5650	77009750	5050	8150	
福建 Fujian									
江西 Jiangxi									
山东 Shandong	92950	100300	88600	96050	108950	109750	104850	114800	109750
河南 Henan	60140	61600	40500	49250	46000	54500	60700	51650	52800
湖北 Hubei	2865	4950	3750	1450	1850	3850	5050	2150	3050
湖南 Hunan	2910	4650	4000	3150	3500	4400	4450	5950	570
广西 Guangxi	1715	1000	1400	950	1400	1950	1800	1900	1800
重庆 Chongqing									
四川 Sichuan									
贵州 Guizhou	330	300	300	650	250	300	350	200	450
云南 Yunnan	300	100	150	300	200	200	400	250	150
陕西 Shaanxi	26940	23450	16600	12450	25100	25450	16450	20700	27400
甘肃 Gansu	4795	4700	5650	1950	3800	4800	2800	5200	4800
宁夏 Ningxia	2670	3100	2450	850	750	1600	1900	1650	1750
新疆 Xinjiang									

附录二　1973～2006 全国及各省（自治区、直辖市）枣产量统计（吨）（续一）

Appendix 1　Chinese jujube production of different provinces of China between 1973 and 2006(t)（continued）

	1982	1983	1984	1985	1986	1987	1988	1989	1990
全国 China	426100	387300	439150	432037	545298	571508	520072	454446	423222
北京 Beijing	1250	2300	2350	1822	1837	1440	1439	1197	881
天津 Tianjin	2350	3150	4150	4181	3679	3525	4354	3940	3622
河北 Hebei	124550	137650	181500	132108	193475	191403	165033	136385	122889
山西 Shanxi	52900	25550	41750	64864	71611	76036	64696	56869	68269
辽宁 Liaoning									
上海 Shanghai									
江苏 Jiangsu	1900	2450	2700	2327	1698	1318	1872	3121	1877
浙江 Zhejiang	1800	1500	2750	3012	3828	4124	4128	3176	4241
安徽 Anhui	6300	4800	6000	4571	6663	5623	7353	4141	6669
福建 Fujian									
江西 Jiangxi		1750	2050	2979	2973	3299	3621	2566	3113
山东 Shandong	123200	121200	101550	85675	95902	123933	130371	120764	91809
河南 Henan	67350	52800	47300	78125	98217	81920	74485	60057	53524
湖北 Hubei	3200	3150	4050	4128	6594	7914	4968	4585	3578
湖南 Hunan	5000	6850	8750	10680	10633	9452	9750	10507	8755
广西 Guangxi	1800	1900	2450	3568	3151	3657	4178	4533	4093
重庆 Chongqing									
四川 Sichuan									
贵州 Guizhou	300	150	500	657	650	776	867	1236	1443
云南 Yunnan150	150	150	295	495	489	652	1706	407	
陕西 Shaanxi	27200	17100	25050	24415	34456	44769	31016	30695	33956
甘肃 Gansu	4900	3300	4500	6626	7333	9033	8844	7801	12379
宁夏 Ningxia	1950	1550	1600	1032	1359	1468	992	908	588
新疆 Xinjiang				972	744	1329	1453	1259	1129

附录二　1973～2006全国及各省(自治区、直辖市)枣产量统计(吨)(续二)

Appendix 1　Chinese jujube production of different provinces of China between 1973 and 2006(t)(continued)

	1991	1992	1993	1994	1995	1996	1997	1998	1999
全国 China	449392	488183	522878	650196	782069	778534	936058	1103613	1103373
北京 Beijing	891	1271	1580	1382	1099	462	667	745	1265
天津 Tianjin	3341	3644	4369	5161	5217	4365	5976	7680	10203
河北 Hebei	129761	135273	151734	213736	212812	215382	284032	359256	353051
山西 Shanxi	61704	73097	68869	95318	100597	54475	130103	107229	79057
辽宁 Liaoning		2815	3988	3951	1734	4020	6024	7679	5777
上海 Shanghai									
江苏 Jiangsu	2903	2533	887	1172	1759	1261	1373	1641	2411
浙江 Zhejiang	4863	4179	3652	4301	3634	4486	5439	4822	4541
安徽 Anhui	3388	3935	4228	4197	5164	4975	5908	4244	4547
福建 Fujian									
江西 Jiangxi	4213	4363	5029	6219	7801	8015	7928	7310	6759
山东 Shandong	121391	129077	128109	131683	241309	262217	240186	320042	337027
河南 Henan	46847	64023	78094	103605	101793	117622	128822	148413	166541
湖北 Hubei	3908	4599	5441	6648	11776	11720	16356	17252	16483
湖南 Hunan	10184	7548	8899	8002	7918	9254	10658	12149	12746
广西 Guangxi	5885	6164	9713	10066	12754	14442	17537	19245	16314
重庆 Chongqing							406	570	586
四川 Sichuan		874	1028	1145	1386	1158	1693	1707	1250
贵州 Guizhou	1466	1014	1253	1323	1087	1050	970	1080	1021
云南 Yunnan	374	457	490	455	571	573	1082	606	1032
陕西 Shannxi	32637	32160	35321	39769	46905	43319	48947	56785	52354
甘肃 Gansu	12868	8159	7543	8871	12842	15230	14699	17207	20097
宁夏 Ningxia	1336	1103	857	1182	1319	1407	2933	3244	4153
新疆 Xinjiang	1432	1895	1794	2010	2592	3101	4319	4707	6158

附录二　1973～2006 全国及各省(自治区、直辖市)枣产量统计(吨)(续三)

Appendix 1　Chinese jujube produvtion of different provinces of China between 1973 and 2006(t)(continued)

	2000	2001	2002	2003	2004	2005	2006	合计 Total	历年平均 Average	统计年数 Years of Stat.
全国 China	1306036	1308633	1573698	1718689	2011217	2488506	3052860	27687733	814345	34
北京 Beijing	2038	3076	2985	3656	4349	6950	6522	70304	2068	34
天津 Tianjin	8905	21698	17126	15678	13560	24691	30574	231439	6807	34
河北 Hebei	441657	419954	488031	551313	666445	807577	909161	8772168	258005	34
山西 Shanxi	113332	67313	138275	90592	152780	196858	314302	2651316	77980	34
辽宁 Liaoning	14283	11375	15033	19588	52167	71883	90168	313935	15697	20
上海 Shanghai	284	430	260	366	597	1038	1689	4664	666	7
江苏 Jiangsu	2546	5387	6987	7129	7744	9978	9758	101302	2979	34
浙江 Zhejiang	5771	6561	6341	6975				110584	3949	28
安徽 Anhui	5864	5393	7038	7503	14646	20166	16366	242182	7123	34
福建 Fujian		208	132	329	133	85	52	939	157	6
江西 Jiangxi	5821	5310	5500	5225	5574	5467	5423	118308	4930	24
山东 Shandong	353640	383384	403654	548159	533978	687372	852446	7594078	223355	34
河南 Henan	177839	209757	225017	230614	246510	268091	301301	3705807	108994	34
湖北 Hubei	16587	13549	18362	22004	26252	20182	21553	303804	8935	34
湖南 Hunan	13171	14847	16028	18925	20480	21567	24167	335630	9871	34
广西 Guangxi	16765	20885	22401	23861	24895	22892	23615	310679	9138	34
重庆 Chongqing	655	1031	19440	11697	10817	1696	1706	48604	4860	10
四川 Sichuan	1979	3317	4846	5912	6513	8261	8163	49232	3282	15
贵州 Guizhou	952	1423	1602	1599	1628	1822	1792	30791	906	34
云南 Yunnan	1134	2261	1475	1836	3076	4062	5072	31100	915	34
陕西 Shaanxi	79218	58364	93491	75252	131213	188232	280928	1758092	51709	34
甘肃 Gansu	31236	37646	60654	46396	58602	75450	81528	612239	18007	34
宁夏 Ningxia	5228	6438	6888	10053	13418	15566	20104	123396	3629	34
新疆 Xinjiang	7131	9026	12132	14027	15840	28620	46470	168140	7643	22

附录三(1)　主要产枣省份枣产业基本情况调查表(河北省 2007 年)

品种名称	面积（万亩）	结果面积（万亩）	折合鲜枣产量(吨)	用途	价格（元/千克）	品种来源	存在问题
金丝小枣	173.12	144.40	395629	制干、鲜食	7(干)	本地	易裂
行唐大枣	126.7	71.92	191050	制干(70%)、加工(27%)、鲜食(3%)	制干 5~10,鲜食 4~6,加工(蜜枣)6	本地	易裂
冬枣	56.36	43.81	64972	鲜食	4	本地	
赞皇大枣	48	32	129400	制干(2.8%)、鲜食(0.1%)、加工(97.1%)	制干 20,鲜食 6,加工 1.2(青枣)	本地	易裂
其他	39.54	60.46	129264				
合计	443.72	352.59	910315				

近年来新审定、鉴定的品种及其发展情况	月光、星光、金丝丰、金丝蜜、无核丰、无核红、无核 3 号、早脆王、献王枣、金魁王、早熟梨枣、黄骅冬枣、冀冬 6 号,赞晶、赞玉、赞宝,行唐大圆枣、行唐长枣、行唐墩子枣
育苗方式及所占比例	酸枣苗嫁接占 95% 以上
栽培密度和间作情况	多为 4 米×5 米枣园;间作园 4 米×10 米,间作物大豆、花生等
主要病虫害及其危害程度	枣疯病、裂果病、枣缩果病、枣锈病、轮纹烂果病,危害程度较重;绿盲蝽、桃小食心虫、红蜘蛛;黏虫、枣步曲、枣粉蚧,危害程度一般
无公害、绿色、有机栽培认证情况(品种、面积)	无公害认证 285 万亩,赞皇大枣绿色食品认证 3 万亩、有机认证 150 亩
鲜枣贮藏量/鲜枣产量	沧州 2/7,保定 1/80
枣果鲜销、制干、加工的比例	沧州 16:80:4,保定 1:7:10

加工品种类	产量(吨)	单价(元/千克)	备注
果脯(蜜枣)	102500	2.5~6	
枣酒	11400	10	
枣汁	1500	20	
其他	61500		
合计	176900		

产枣区人口	约 300 万

附录三(2)　主要产枣省份枣产业基本情况调查表(山西省2007年)

品种名称	面积（万亩）	结果面积（万亩）	折合鲜枣产量(吨)	用途	价格（元/千克）	品种来源	存在问题
木枣	271	203.25	325200	制干、加工	8	本地	
板枣	24	18	19800	制干、加工	20	本地	
梨枣	36	21	48300	鲜食、制干、加工	10	本地	
壶瓶枣	43	32.25	74750	鲜食、制干、加工	15	本地	
骏枣	10	6	12000	鲜食、制干、加工	15	本地	
其他	116	70	126000	鲜食、制干、加工	8		
合计	500	375	606050				

近年来新审定、鉴定的品种及其发展情况	骏枣1号、壶瓶枣1号、金昌1号等
育苗方式及所占比例	酸枣苗嫁接占95%以上
栽培密度和间作情况	2米×3米或3米×4米,2米×8米(间作)
无公害、绿色、有机栽培认证情况(品种、面积)	太谷县壶瓶枣、郎枣、梨枣3品种获原产地认证,面积1万公顷
鲜枣贮藏量/鲜枣产量	0.5亿千克,1.5亿千克
枣果鲜销、制干、加工的比例	1:5:4

加工品种类	产量(吨)	单价(元/千克)	备注
蜜枣	60000	14	
酒枣	50000	12	
枣脯	2000	16	
红枣汁	5000	5	
其他	60000		
合计	177000		

产枣区人口	800万

附录三(3)　主要产枣省份枣产业基本情况调查表(山东省 2007 年)

品种名称	面积（万亩）	结果面积（万亩）	折合鲜枣产量(吨)	用途	价格（元/千克）	品种来源	存在问题
金丝小枣	101	96	300000	制干、鲜食、加工	6.0(干)	本地	需提纯复选
圆铃枣	26	25	60000	制干、鲜食、加工	5.0~80(干)	本地	
长红枣	24	23	40000	制干、鲜食、加工	10(干)	本地	
冬枣	117	100	400000	鲜食	10(鲜)	本地	
其他	0.84	0.5	20000				
合计	268.84	244.5	820000				

近年来新审定、鉴定的品种及其发展情况	金丝3号、金丝4号、金丝魁王、园魁、脆酸枣等
育苗方式及所占比例	二级育苗占90%,其他10%
栽培密度和间作情况	枣园一般33~111株/亩,间作10~15株/亩左右
主要病虫害及其危害情况	枣食心虫、枣疯病、枣锈病、枣瘿蚊、绿盲蝽等
无公害、绿色、有机栽培认证情况(品种、面积等)	全省无公害、绿色、有机认证面积共计120万亩
鲜枣贮藏量/鲜枣产量	1/3
枣果鲜销、制干、加工的比例	因品种不同比例不一

加工品种类	产量(吨)	单元(元/千克	备注
金丝小枣	21000	10~20	加工品种不同,价格不一
圆铃枣	6000	5~80	同上
长红枣	4000	5~30	同上

合计	
产枣区人口	200多万
枣产业产值及占农业总产值比例	10%~55%
枣收入占枣农收入的白分比	20%~84%
各类枣产品主要销往的省市及其数量和价格	上海、北京、天津、各省会城市及广东、福建、浙江和东北等地
各类枣产品主要销往的国家及其数量和价格	美国、日本、新加坡及欧洲和东南亚等国
市场建设情况和销售渠道	各枣区建有批发销售市场,在部分省市设有专卖网点
与枣产业有关的农民经济专业合作组织情况	各枣区分别建有枣协会、枣联谊会、枣合作社等专业组织
枣产业相关研究开发服务机构(名称、时间人数等)	山东省果树研究所(1955年、15人),省林科院经济林研究所(1980年、10人)

附录三(4)　主要产枣省份枣产业基本情况调查表(陕西省 2007 年)

品种名称	面积(万亩)	结果面积(万亩)	折合鲜枣产量(吨)	用途	价格(元/千克)	品种来源	存在问题
木枣、油枣	170	110	300000	制干、加工	2(鲜)	本地	
团圆枣	10	4	12000	制干、加工	10(干)	本地	
狗头枣	0.2	0.2	800	鲜食、制干	10(鲜),20(干)	本地	
骏枣	8	3	9000	鲜食、制干	10(鲜),20(干)	山西	
梨枣	6.91	6.78	40450	鲜食	3(鲜)	山西、山东	
条枣	12	6	18000	制干、加工	5(干)	本地	
晋枣	1.3	1.27	3500	鲜食、制干	6~16(鲜),24(干)	本地	
疙瘩枣	0.2	0.2	600	鲜食	10	本地	
木枣	0.5	0.5	750	加工		本地	
阎良相枣	1.5	1.3	16250	制干	4(鲜)	本地	
阎良脆枣	0.25	0.25	2500	鲜食	6(鲜)	本地	
冬枣	17.55	17.4	70500	鲜食	9(鲜)	山东、山西	
水枣	23.5	23.5	30000	加工	1.5(干)	本地	较好
其他	9.92	4.9	16300	鲜食、制干	2(鲜),6(干)	本地、山西、河南	一般
合计	261.83	179.3	520650				
近年来新审定、鉴定的品种及其发展情况	团圆枣、狗头枣、骏枣、大木枣、条枣,发展情况良好;彬县晋选 3 号已鉴定,只做试验,无推广;阎良相枣、阎良脆枣,栽培面积 15 000 亩,发展形势良好						
育苗方式及所占比例	榆林、延安两市归圃育苗占 60%~80%,嫁接育苗占 20%~40%;西安、咸阳等地根蘖苗占 20%,嫁接苗或归圃苗占 80%						
栽培密度和间作情况	山地:35 株~40 株/亩,幼树时期间作低秆作物;平地:密植园 80~110 株/亩,纯枣园 40~50 株/亩,枣粮间作 46.5%						
主要病虫害及其危害程度	病害:炭疽病、枣锈病、枣疯病、腐烂病、缩果病等;害虫:桃小食心虫、象甲、红蜘蛛、枣尺蠖、枣黏虫、枣瘿蚊、绿盲蝽等。危害程度较轻,个别年份严重						
无公害、绿色、有机栽培认证情况(品种、面积等)	有机栽培认证:佳县油枣,种植面积 3 万亩;无公害认证:延川团圆枣种植面积 8000 亩,条枣种植面积 7000 亩;无公害认证:阎良脆枣,种植面积 500 亩,梨枣,种植面积 2000 亩						
鲜枣贮藏量/鲜枣产量	贮藏量 500 吨;产量 520 650 吨						
枣果鲜销、制干、加工的比例	3:6:1						

（续）

加工品种类	产量(吨)	单价(元/千克)	备注
蜜枣	30750	5.5	
枣酱	1	20	瓶装
枣酒	0.8	30	瓶装
枣汁	1.2	15	瓶装
干制滩枣	5		
休闲类枣品	3		
鲜装枣	25000	8	
其他	4.6		枣粉、枣片等
合计	55765.6		
产枣区人口	179.28 万		
枣产业产值及占农业总产值比例		11.84 亿元，占农业总产值的10.5%	
枣收入占枣农收入的百分比		7.9%~50%	
各类枣产品主要销往的省区及其数量和价格	主要销往本地、浙江、温州、上海、广州、杭州、北京、香港、澳门等全国各地		
各类枣产品主要销往的国家及其数量和价格	日本、俄罗斯、马来西亚、泰国、加拿大、韩国、美国等		
市场建设情况和销售渠道	成立红枣专业协会,销售网点和专营市场		
与枣产业有关的农民经济专业合作组织情况	全省共成立枣产业协会、专业合作社等合作组织42个		
枣产业相关研究开发服务机构(名称、时间、人数等)	延川县枣业局,成立于1999年,13人;延川县红枣技术推广站,成立于1994年,25人;大荔红枣研究所,成立于2000年,8人;泾渭枣树研究所,成立于1996年,共有6人		
生产上存在的主要问题	加工滞后,品种混杂,管理技术落后,病虫危害,造成部分地方落果严重。规模相对较小,发展速度较慢		

附录三(5)　主要产枣省份枣产业基本情况调查表(河南省 2007 年)

品种名称	面积(万亩)	结果面积(万亩)	折合鲜枣产量(吨)	用途	价格(元/千克)	品种来源	存在问题
扁核酸	52.64	51.36	152970	制干、鲜食、加工	2(鲜)	内黄县	
灰枣	31.37	17.82	65156	制干	24(干)	新郑市	
鸡心枣	3.69	2.95	3365	制干	12(干)	新郑市	
灵宝大枣	12.16	6.82	24014	制干	10(干)	灵宝市	
广洋大枣	2.39	1.34	3792	制干、鲜食	2(鲜)	镇平	
桐柏大枣	1.08	0.75	6714	鲜食	3(鲜)	桐柏	
豫枣2号	0.50	0.30	22	制干、鲜食、加工	5(鲜),15(干)	淇县	产量低
金丝小枣	2.00	1.00	400	加工	8(干)	河北赞皇	枣疯病严重
梨枣	0.65	0.57	1840	鲜食	5(鲜)	山东、河北	抗病虫能力差
冬枣	3.33	2.46	3133	鲜食	6(鲜)	山东、山西	
其他	12.43	6.47	16562	鲜食	8(干)		
合 计	122.24	91.83	277968				

近年来新审定、鉴定的品种及其发展情况	从2000年以来,河南省林木良种审定委员会组织审定的有豫枣1号、豫枣2号、新郑红1号、新郑红2号、新郑红6号、灵宝大枣、新郑灰枣、广洋大枣、扁核酸等品种,这些品种多是从当地主栽枣树中选育出来,在当地表现良好
育苗方式及所占比例	根蘖苗、嫁接苗各占60%、40%
栽培密度和间作情况	5米×6米~15米×20米,传统大枣主产区大部分有间作,间作的农作物主要有小麦、大枣、花生等
主要病虫害及其危害程度	主要病虫害有枣步曲、枣介壳虫、枣壁虱、枣食心虫、枣缩果病、枣疯病等,每年防治及时,没有发生大的危害。但是在引种的枣品种上,由于相应的栽培技术及苗木检疫不及时,部分地区危害严重
无公害、绿色、有机栽培认证情况(品种、面积)	无公害认证扁核酸7.3万亩;2002年7月,新郑灰枣、新郑鸡心枣被国家绿色食品发展中心认定为绿色食品,面积10万亩
鲜枣贮藏量/鲜枣产量	鲜食产量约12000吨
枣果鲜销、制干、加工的比例	15%、50%、35%

(续)

加工品种类	产量(吨)	单价(元/千克)	备注
枣茶	2000	10	
枣酒	50	100	
蜜枣	15000	6	
焦枣	10	20	
枣精	10	100	
枣片	2000	50	
枣粉	800	80	
枣饮料	10000	10	枣酒、枣醋饮料、枣与其他复合饮料
其 他	14000	20	蜜枣、皮枣、香心焦枣
合 计	43870		

产枣区人口	115 万
枣产业产值及占农业总产值比例	枣产业年产值在 30 亿元左右,占枣区农业产值的 25% 左右
枣收入占枣农收入的百分比	55%
各类枣产品主要销往的省、市及其数量和价格	销售遍及全国每个省及郑州、北京、上海、深圳、武汉、长沙、杭州、福州等全国 56 个大中城市,销售枣产品 1.8 万吨
各类枣产品主要销往的国家及其数量和价格	新郑大枣、内黄扁核酸及灵宝大枣及其制品远销产品远销日本、韩国、新加坡、加拿大等 20 多个国家和地区,年直接和间接出口红枣产品 1.2 万吨,平均价格每千克 30 元
市场建设情况和销售渠道	在新郑市的市区和枣区有大枣交易市场,在全国 56 个大中城市开设新郑大枣连锁销售店达 1000 多家,销售渠道畅通
与枣产业有关的农民经济专业合作组织情况	新郑红枣管理协会成立于 1999 年,全市 8 个乡镇拥有会员 1000 多人,从事大枣销售和管理,协会年销售大枣 1000 多万千克,管理大枣面积 6.5 万亩。内黄县建有 10 余个红枣交易市场
枣产业相关研究开发服务机构(名称、时间、人数等)	新郑市枣树科学研究所是全国第一家枣树专门枣树研究、开发和服务机构,为新郑市正科级单位,1986 年成立,科技人员 25 人
生产上存在的主要问题	新郑枣产业存在的问题是红枣基地规模偏小,土地面积有限;加工品种档次不高,需不断开发,科技普及的程度不够,仍需不断深化
当地枣产业大事记	2000 年,新郑市、内黄县被国家林业局命名为名特优经济林红枣之乡,2002 年 5 月新郑大枣、新郑小枣、新郑灰枣、新郑鸡心枣被国家质量监督检验检疫总局认定颁发原产地标记注册证。新郑灰枣、鸡心枣经国家工商行政管理局商标局注册为证明商标。2002 年 7 月,新郑灰枣、新郑鸡心枣被国家绿色食品发展中心认定为绿色食品。2004 年,新郑市被国家林业局评为名特优经济林建设先进县市,2006 年,新郑市被国家林业局评为名特优经济林建设示范县市。内黄县连续举办了 6 届大枣文化节

附录三(6)　主要产枣省份枣产业基本情况调查表(辽宁省2007年)

品种名称	面积(万亩)	结果面积(万亩)	折合鲜枣产量(吨)	用途	价格(元/千克)	品种来源	存在问题
大平顶	46.68	41.36	62435	鲜食	2	本地	储存期短
金铃圆枣	2	1.5	1050	鲜食	8	本地	
金铃长枣	1	0.5	850	鲜食	8	本地	
金铃枣	0.45	0.3	1000	制干	4	本地	
三兴枣	0.2	0.1	250	鲜食	2	本地	
蜜王枣	0.35	0.3	800	鲜食	4	本地	
骏枣	0.1	0.05	40	鲜食	4	本地	
铃枣	0.1	0.08	50	鲜食	4	本地	
赞皇大枣	2	1.5	15000	鲜食	4	河北	
其他	0.19	0.14	200	鲜食	4	本地	
合计	53.07	45.83	81675				

近年来新审定、鉴定的品种及其发展情况	金铃圆枣、金铃长枣,发展前景良好
育苗方式及所占比例	根蘖、嫁接、苗圃
栽培密度和间作情况	栽培密度3米×4米、2米×6米、2米×5米、2米×4米、2米×3米等,部分间作
主要病虫害及其危害程度	红蜘蛛、步曲、锈病、桃小食心虫、粉蚧、刺蛾、黏虫、枣疯病等,在部分地区危害中等。枣疯病防治难度大,防治效果差,危害十分严重
无公害、绿色、有机栽培认证情况	
鲜枣贮藏量/鲜枣产量	1:20
枣果鲜销、制干、加工的比例	80%、10%、10%

加工种类	产量(吨)	单价(元/千克)	备注
枣汁	100	5	
制干	625	6	
合计	725		
产枣区人口(万人)	192		

枣产业产值及占农业总产量比例	2%
枣收入占枣农收入的百分比	30%
各类枣产品主要销往的省、市及其数量和价格	主要销往沈阳、大连,部分销往黑龙江省、吉林省、广东省
市场建设情况和销售渠道	枣批发市场正在不断完善
与枣产业有关的农民经济专业合作组织情况	枣专业合作社、大枣协会正在兴起。目前只有少数地区有枣协会
枣产业相关研究开发服务机构(名称、时间、人数等)	研究开发大枣保鲜深加工机构

附录三(7)　主要产枣省份枣产业基本情况调查表(甘肃省2007年)

品种名称	面积（万亩）	结果面积（万亩）	折合鲜枣产量(吨)	用途	价格（元/千克）	品种来源	存在问题
临泽小枣	12.9	8.1	1.67	制干	2.8(干)	本地	
宁县金枣	4.3	3.4	0.63	鲜食	8(鲜)	本地	
灰枣	14.4	11.1	3.21	制干、鲜食	4(干)	郑州	
其他	18	10.2	2.32				
合计	49.6	32.8	7.83				

近年来新审定、鉴定的品种及其发展情况	民勤圆枣
育苗方式及所占比例	大田育苗、组培育苗
栽植密度和间作情况	枣粮间作，30~82株/亩，间作物主要为玉米、小麦及其他经济作物30~82株/亩
主要病虫害及其危害程度	桃小食心虫、枣瘿蚊、枣绮夜蛾、枣龟蜡蚧、枣叶壁虱、枣锈病、危害轻
无公害、绿色、有机栽培认证情况	九龙金枣(晋枣)、"灵台大枣"已经通过绿色产品认证
鲜枣贮藏量/鲜枣产量	
枣果鲜销、制干、加工的比例	6:3:1

加工品种类	产量(吨)	单价（元/千克）		
红枣枸杞汁	2400	4.5		
红枣熏醋	1000	5.6		
干枣(晋枣)	30	30		
蜜枣	30	10		

产枣区人口	62万
枣产业产值及占农业总产值比例	1.04亿元,0.8%
枣收入占枣农收入的百分比	18%
各类枣产品主要销往的省、市及其数量和价格	临泽小枣主要销往兰州、上海、南京等城市,年销售量2000吨左右;宁县干枣、蜜枣销往兰州、西安、银川等城市，10元/千克;灵台灰枣主要销往县内及邻近的华亭、长武、泾川等县5万吨,每吨5000元
市场建设情况和销售渠道	主要有临泽县昭武红枣市场,产品主要有个体商贩销售
与枣产业有关的农民经济专业合作组织情况	临泽县红枣协会
生产上存在的主要问题	发展盲目性大、单产低、品种单一、经营管理粗放、技术含量低、科研工作和产品开发滞后等

附录三(8) 主要产枣省份枣产业基本情况调查表(北京市2007年)

品种名称	面积(万亩)	结果面积(万亩)	折合鲜枣产量(吨)	用途(制干、鲜食、加工)	价格(元/千克)	品种来源	存在问题
冬枣	4.1935	2.9309	4457.15	鲜食	10～25	河北、山东、引进	
尜尜枣	1.44	1.06	1750.7	鲜食	10～16	本地	
马牙枣	0.8645	0.7145	142	鲜食	8～12	本地	
菱枣	0.7	0.6	420	鲜食	8～20	本地	
金丝小枣	0.516	0.416	285.9	鲜食	5～10	本地、引进	
脆枣	0.39	0.21	630	鲜食	16(鲜)	平谷	
郎家园枣	0.3	0.25	15.6	鲜食	16	自有	
苏子峪蜜枣	0.28	0.08	216.2	鲜食、制干	12(鲜)	平谷	
西峰山小枣	0.2	0.2	14.5	鲜食	8(鲜)	本地	
红螺脆枣	0.2	0.1	300	鲜食	40～60(鲜)	本地	
壶瓶枣	0.19	0	0	鲜食		涿鹿、太古	
北车营小枣	0.15	0.15	75	鲜食、制干	5～8	本地	
梨枣	0.1118	0.1053	348.975	鲜食	4～10	引进	
长辛店白枣	0.1	0.1	5	鲜食	10	长辛店镇	
悠悠枣	0.1	0	0	鲜食		涿鹿、太古	
小枣	0.04	0.04	300	鲜食	6(鲜)	原产	
家枣	0.025	0.025	245.1	鲜食	4(鲜)	本地	
贡枣	0.02	0.02	112.6	鲜食	8	引进	
水晶枣	0.02	0.02	300	鲜食	7		
骏枣	0.01	0.01	100	鲜食	6(鲜)	山西	
胎里红	0.007	0.007	28	鲜食	10		
无核小枣	0.006	0.006	4	鲜食	16		
脆优枣	0.005	0.005	50	鲜食	30		
白脆枣	0.0035	0.0035	32.5	鲜食	20～7.5		
早脆蜜	0.0024	0.0024	9	鲜食	30		
京枣	0.002	0.002	25	鲜食	10		
龙须枣	0.002	0.002	8	鲜食	10		
鲜脆王	0.002	0.001	5	鲜食	4		
葫芦枣	0.0014	0.0014	11	鲜食	30		
优优枣	0.0005	0.0005	6.9	鲜食	10		
京-39	0.0004	0.0004	1.5	鲜食	30		
其他	1.119	0.874	1079.6	鲜食	2～10	本地、引进	
合计	11.002	7.9369	10979.225				

（续）

近年来新审定、鉴定的品种及其发展情况	老虎眼酸枣，目前正在苗木繁殖阶段；长辛店白枣，已发展1000亩。
育苗方式及所占比例	高接、嫁接
栽培密度和间作情况	2~3米×2~5米
主要病虫害及其危害程度	枣疯病、枣锈病、红蜘蛛，危害偏重；枣尺蠖、桃小食心虫、枣瘿蚊、绿盲蝽、缩果病、介壳虫、黄刺蛾等，危害较轻
无公害、绿色、有机栽培认证情况（品种、面积等）	无公害认证12050亩；绿色认证3000亩；有机认证11028亩
鲜枣贮藏量/鲜枣产量	125吨/10979.23吨
枣果鲜销、制干、加工的比例	全部鲜销
产枣区人口	14.3万
枣产业产值及占农业总产值比例	不详
枣收入占枣农收入的百分比	高的占80%，低的占10%
各类枣产品主要销往的省、市及其数量和价格	全部北京销售，价格4~60元/千克不等
各类枣产品主要销往的国家及其数量和价格	中国
市场建设情况和销售渠道	采摘、团购、批发及零售
与枣产业有关的农民经济专业合作组织情况	有22个与枣产业有关的协会或农民合作组织
枣产业相关研究开发服务机构（名称、时间、人数等）	无
生产上存在的主要问题	资金短缺，技术力量薄弱；病虫害近年有加重趋势；枣疯病较为严重；鲜枣的保鲜贮藏措施少，没有专门的加工企业等
当地枣产业大事记	2006年9月15日至10月15日期间，北京市果树产业协会、北京果树学会、北京市百万市民观光果园采摘活动组委会、北京市怀柔区林业局、北京市怀柔区桥梓镇人民政府联合在桥梓镇举办了2008北京奥运推荐果品（枣专场）评比暨怀柔区桥梓镇首届大枣节，在评选中，丰台的长辛店白枣和怀柔的马牙枣被评为一等奖，荣获了“中华名果”的称号。

附录三(9)　主要产枣省份枣产业基本情况调查表(湖南省 2007 年)

品种名称	面积(万亩)	结果面积(万亩)	折合鲜枣产量(吨)	用途	价格(元/千克)	品种来源	存在问题
鸡蛋枣	3.85	3.23	22310	鲜食、加工	4.0(鲜)	本地	抗病一般
牛奶枣	1.38	0.91	6290	加工	2.4(鲜)	本地	
其他	9.7	9.02	62600	制干、鲜食	3.6(干)	本地	
合计	15.4	13.2	91200				

近年来新审定、鉴定的品种及其发展情况	
育苗方式及所占比例	嫁接苗,占 95%
栽培密度和间作情况	栽培密度一般为 2 米×3 米,间作矮秆植物如:花生、大豆等
主要病虫害及其危害情况	枣疯病危害程度 20%,枣锈病危害程度 15%,桃小食心虫、红蜘蛛等危害程度 10%
无公害、绿色、有机栽培认证情况(品种、面积等)	鸡蛋枣 2 万亩,牛奶枣 0.6 万亩,其他枣 3.4 万亩
鲜枣贮藏量/鲜枣产量	20%
枣果鲜销、制干、加工的比例	31:56:13

加工品种类	产量(吨)	单价(元/千克)	备注
风味枣	3500	11	
当归阿胶枣	2160	14	
其他	647	8	
合计	6307		

各类枣产品主要销往的省、市及其数量和价格	浙江义乌、重庆、云南昆明、广东中山和深圳、四川成都
市场建设情况和销售渠道	在本省超市销售,在浙江、重庆、四川成都、云南昆明、广东深圳有代理商代销
与枣产业有关的农民经济专业合作组织情况	2001 年 6 月,成立溆浦县枣子协会,2007 年 3 月,成立了溆浦县枣子产业专业合作组织
枣产业相关研究开发服务机构	溆浦县枣子研究所,2000 年 3 月成立,有 8 名科技人员
生产上存在的主要问题	枣疯病防治难度大;产品加工包装亟待改进;科学兴枣意识需增强
当地枣产业大事记	2001 年 4 月 9 日,时任国务院总理朱镕基视察了溆浦县枣子产业建设;2003 年 7 月,湖南卫视《乡村发现》栏目对溆浦县枣子产业进行了宣传报道;2006 年 8 月 23 日央视七频道《每日农经》栏目报道了溆浦县人民政府举办的首届中国农产品挑战吉尼斯—溆浦鸡蛋枣优质果擂台赛

附录三(10)　主要产枣省份枣产业基本情况调查表(四川省 2007 年)

品种名称	面积(万亩)	结果面积(万亩)	折合鲜枣产量(吨)	用途	价格(元/千克)	品种来源	存在问题
合计	18	3	16000	鲜食	8(鲜)	本地	贮藏难
近年来新审定、鉴定的品种及其发展情况	调元枣						
育苗方式及所占比例	分蘖苗 30%、嫁接苗 70%						
栽培密度和间作情况	70 株/亩,间作面积约 70%						
主要病虫害及其危害程度	病害:主要有锈病、枣花叶病、枣褐斑病、炭疽病、枣缩果病、枣裂果病、枣疯病等; 虫害:主要是蚜虫、红蜘蛛、黏虫、枣大灰象甲、枣食心虫、枣褐蝽等; 没有发生大范围的病虫害;虽极个别地方时有病虫害发生,但都得到了及时有效的防治。						
无公害、绿色、有机栽培认证情况(品种、面积等)	罗江县调元枣经四川省林业厅品种审定委员会审定通过,编制了无公害栽培技术规程,2005 年 10 月在四川省商标事务所登记注册,面积 1 万亩; 三台县崭山米枣编制无公害食品标准,绵阳市地方标准《无公害食品 崭山米枣》(DB510700/T28—2007)和绵阳市地方标准《无公害食品生产技术规程 崭山米枣》(DB510700/T29—2007)						
鲜枣贮藏量/鲜枣产量	1000 吨/16000 吨						
产枣区人口							
枣产业产值及占农业总产值比例	40%						
枣收入占枣农收入的百分比	主产区占 50%						
各类枣产品主要销往的省、市及其数量和价格	成都市及本地 8 元/千克						
各类枣产品主要销往的国家及其数量和价格							
市场建设情况和销售渠道	依托各类水果批发市场销售						
与枣产业有关的农民经济专业合作组织情况							

附录三(11)　主要产枣省份枣产业基本情况调查表(重庆市 2007 年)

品种名称	面积(万亩)	结果面积(万亩)	折合鲜枣产量(吨)	用途	价格(元/千克)	品种来源	存在问题
大枣	0.66	0.5	8				
武隆猪腰子	0.5	0.5	50		60(鲜)		
梨枣	1.8	1.5	5942	制干、鲜食	15(干),3(鲜)	山西临沂	挂果不稳
鸡蛋枣	0.6	0.2	30	制干、鲜食	15(干),3(鲜)	本地	易得枣疯病
义乌	0.55	0.05		10			
金丝大枣	0.6	0.5	45	鲜食		山东	
合计	4.71	2.25	6085				

近年来新审定、鉴定的品种及其发展情况	
育苗方式及所占比例	嫁接苗,占 90%。
栽培密度和间作情况	成片 110、间种 74、散生 20 株/亩
主要病虫害及其危害程度	枣疯病、丛枝病,危害程度轻
无公害、绿色、有机栽培认证情况(品种、面积等)	
鲜枣贮藏量/鲜枣产量	900 吨
枣果鲜销、制干、加工的比例	全鲜销

加工品种类	产量(吨)	单价(元/千克)	
其他			
合计			
产枣区人口	36 万		

枣产业产值及占农业总产值比例	0.04%
枣收入占枣农收入的百分比	0
各类枣产品主要销往的省、市及其数量和价格	
各类枣产品主要销往的国家及其数量和价格	
市场建设情况和销售渠道	农户自销
与枣产业有关的农民经济专业合作组织情况	
枣产业相关研究开发服务机构(名称、时间、人数等)	
生产上存在的主要问题	零星分散,未成规模发展,管理粗放,科技含量低

附录三(12)　主要产枣省份枣产业基本情况调查表(新疆维吾尔自治区2007年)

品种名称	面积(万亩)	结果面积(万亩)	折合鲜枣产量(吨)	用途	价格(元/千克)	品种来源	存在问题
哈密大枣	13.95	5	12500	7:01:02	30(干)、6(鲜)	本地收购	
赞皇枣	3.5	3.5	1600	制干	5(鲜)	河北	
灰枣	92.5093	27.405	28759.8	鲜食、制干	40(干)、15(鲜)	河南、本地	
骏枣	12.39	3.035	3249.2	鲜食、制干	15~18(半干)	山西	
伏脆密、梨枣、七月鲜	0.1031	0.03	120	鲜食	8(鲜)	山西、河北	
壶瓶枣	2.5	0.875	1450	制干、鲜食	20(鲜)	山西、陕西	
喀什葛尔长	0.4336	0.4336	1151	制干、鲜食	25(鲜)	本地	
其他	2.3	1.65	2206	制干	10~16(干)		
合计	127.686	41.9286	51036				

近年来新审定、鉴定的品种及其发展情况		若羌灰枣、若羌冬枣、若羌金丝小枣、喀什葛尔长圆枣
育苗方式及所占比例	哈密大枣	根蘖苗85%,嫁接苗15%
	阿克苏(灰枣、骏枣)	苗圃地酸枣种子播种,第二年春嫁接育苗所占比例100%
	和田策勒县(骏枣)	实生种子播种育苗后改接,比例100%
	和田洛浦县(灰枣、骏枣)	播种
	昌吉州①	用酸枣做砧木嫁接,占98%
	喀什(灰枣、骏枣、壶瓶枣、葛尔长)	播种育苗,100%
	巴州且末县(赞皇枣、灰枣)	嫁接育苗(嫁接育苗、2年出圃)100%
栽培密度和间作情况	哈密大枣	株行距3米×5米、4米×2米、44~110株/亩,普遍为枣粮枣棉、枣瓜间作模式
	阿克苏(灰枣,骏枣)	栽培密度1.5米×4米,前期以棉花为主要间作物,后期为纯枣园
	和天策勒县(骏枣)	栽培密度为67株/亩或48株/亩为主,85%以上为枣农间作或枣经间作形式
	和田洛浦县(灰枣、骏枣)	3米×5米,3米×6米,枣粮间作
	昌吉州	株行距1米×2米,无间作,采用平茬越冬栽培方式
	喀什(灰枣、骏枣、壶瓶枣、葛尔长)	1.5米×4米、2米×3米、2米×5米、3米×4米等密度,建园式为主
	巴州且末县(赞皇枣、灰枣)	5.3米×2米、4.5米×15米、3米×2米 间作棉花、小麦
	巴州若羌(灰枣)	2米×4米,间作:棉花、小麦

①昌吉州为昌吉回族自治州的简称,下同

（续）

主要病虫害及其危害程度	哈密大枣	红蜘蛛、枣星粉蚧、黑绒鳃金龟等，危害程度较轻
	阿克苏（灰枣，骏枣）	枣瘿蚊、红蜘蛛、介壳虫、春尺蠖、缩果病，轻度危害
	和田策勒县（骏枣）	红枣大球蚧，危害程度为中度
	和田洛浦县（灰枣、骏枣）	红枣大球蚧
	喀什（灰枣、骏枣、壶瓶枣、葛尔长）	蚧类害虫、危害程度总体为轻度
	巴州且末县（赞皇枣、灰枣）	枣大球蚧、螨类，危害程度轻，占总面积的0.5%以下
	巴州若羌（灰枣）	梨园蚧、枣粉蚧、枣壁虱、红蜘蛛、甲虫，危害程度轻
无公害、绿色、有机栽培认证情况（品种、面积等）	哈密大枣	2006年经自治区质量监督局认定为无公害绿色产品
	阿克苏（灰枣、骏枣）	实验林场3000亩灰枣通过国家有机产品生产基地认证
	和田策勒县（骏枣）	无
	和田洛浦县（灰枣、骏枣）	于2004年被自治区农科院认定为绿色无公害产品基地，成功注册了"沙林牌红枣"
	喀什（灰枣、骏枣、壶瓶枣、葛尔长）	无公害认证面积达3万余亩
	巴州且末县（赞皇枣、灰枣）	正在申请全国绿色食品原料标准化生产基地
鲜枣贮藏量/鲜枣产量（吨）	哈密大枣	12500
	阿克苏（灰枣、骏枣）	16700
	和田洛浦县	524
	和田策勒县（其他）	726
	昌吉州	3年后盛果期800千克以上
	喀什（灰枣、骏枣、壶瓶枣、葛尔长）	9452
	巴州且末县（赞皇枣、灰枣）	2200
	巴州若羌（灰枣）	10540
枣果鲜销、制干、加工的比例	哈密大枣	10%、70%、20%
	阿克苏（灰枣、骏枣）	0、100%、0（本地基本都是半干枣销售）
	和田洛浦县	100%鲜销
	和田策勒县（其他）	鲜销10%、制干90%
	昌吉州	100%鲜销
	喀什（灰枣、骏枣、壶瓶枣）	鲜销90%，10%制干加工
	巴州且末县（赞皇枣、灰枣）	鲜销5%、制干95%、加工0%
	巴州若羌（灰枣）	鲜销加工比例10%，制干90%

（续）

加工品种	产量（吨）	单价（元/千克）	备注
五堡大枣	2500	6	
天枣素系列		16~10000	
原生态枣系列		30~120	
天山大枣		30~75	
产枣区人口（万人）	哈密地区哈密市	9	
	阿克苏	94.9	
	和田策勒县	8.86	
	和田洛浦县	0.6237	
	昌吉州	0.016	
	喀什地区	137.05	
	巴州若羌县	1.3	
	巴州且末县	6.2	
	合计	257.9497	
枣产业产值及占农业总产值比例（万元）	哈密地区哈密市	7500.00	8.50%
	阿克苏	10000.00	1.00%
	和田策勒县	1270.00	2.80%
	和田洛浦县	264.00	15.00%
	喀什地区	7869.00	
	巴州若羌县	9020.00	31.46%
	巴州且末县	1300	3.30%
	合计	37223.00	
枣收入占枣农收入的百分比（%）	哈密地区哈密市	11.00	
	阿克苏	2.00	
	和田策勒县	8.80	
	和田洛浦县	39.00	
	喀什地区	0.93	
	巴州若羌县	63.00	
	巴州且末县	9.02	
各类枣产品主要销往的省、市及其数量和价格	哈密地区哈密市	全国各地销售，干枣销售量2900吨，单价35元/千克	
	阿克苏	加工后全国各大市场，骏枣半干15元/千克，灰枣半干20元/千克	
	和天策勒县	疆内及周边省区	
	喀什地区	主要在疆内销售	
	昌吉州	主要在疆内销售	
	巴州若羌县	深圳、浙江、广东、北京、辽宁大连、新疆，50元/千克	
	巴州且末县	河南、河北	

（续）

各类枣产品主要销往的国家及其数量和价格		
市场建设情况和销售渠道	哈密地区哈密市	全市有1个瓜果批发市场,三个农茂购物市场
	阿克苏	新疆阿克苏地区南疆果品交易市场正在筹建中,目前,阿克苏地区红枣销售主要靠借船出海
	和田策勒县	以原产品(初级制干)销售为主,民间自发销售
	喀什地区	主要由农民经纪人销售
	昌吉州	民间自发销售
	巴州若羌县	干鲜果批发市场正在建设
	巴州且末县	尚无专门的市场,销售主要靠自由经纪人收购
与枣产业有关的农民经济专业合作组织情况	哈密地区哈密市	1997年7月成立了哈密大枣协会
	阿克苏地区	建有地、县、乡、村四级红枣协会,以品种为主的农民专业合作社正在筹建中
	喀什地区	个别县成立了专业合作组织
	巴州若羌县	大漠枣业合作社,50余户组成
	巴州且末县	全县已成立红枣协会3个(以乡为单位)
枣产业相关研究开发服务机构(名称、时间、人数等)	哈密地区哈密市	1997年4月成立了哈密地区打造中心、2007年7月成立了哈密市林果业技术推广站,核定编制25人
	阿克苏	"阿克苏红枣研究中心",2005年12月7日在园林科所的基础上成立,共拥有36名专业技术人员,其中高级工程师8人,工程师12人
	和田洛浦县	2004年9月成立红枣管理协会
	昌吉州	昌吉之洲园艺场、香浓美枣业有限责任公司
	巴州若羌县	2001年10月成立若羌县红枣科技服务中心,12人
	巴州且末县	2005年12月成立且末县红枣科技推广中心,12人
生产上存在的主要问题	哈密大枣	1. 幼龄果树面积较大,综合效益尚不明显,产业化程度低;2. 科技服务队伍力量较弱,技术服务能力不足;3. 后期管理措施不力
	阿克苏	品种单一、结构单一,专业技术人员严重不足、科研水平滞后于生长发展水平,农民素质较低、标准化生产意识较差、经营管理模式单一,冻害严重,后续产业不配套,市场开拓能力弱
	和田策勒县	丰产技术和有害生物防治技术缺乏
	昌吉州	枣产业规模小、适生优良品种少
	喀什地区	投入不足,技术落实不到位
	巴州若羌县	水资源不足;资金紧缺
	巴州且末县	技术推广普及不全面,农民生产积极性不高

附录三(13)　主要产枣省份枣产业基本情况调查表(新疆生产建设兵团 2007 年)

品种名称	面积(万亩)	结果面积(万亩)	折合鲜枣产量(吨)	用途	价格(元/千克)	品种来源	存在问题
灰枣、骏枣	38.68	8.31	17945.5	制干	10.2	河南山西	
哈密大枣	3.86	1.7	3437.5	制干	11.3	本地	
合计	42.75	10.12	21482.1	制干	7.75		

近年来新审定、鉴定的品种及其发展情况	无
育苗方式及所占比例	除哈密大枣外,全部为酸枣直播建园.
栽培密度和间作情况	2 米×3 米,棉花
主要病虫害及其危害程度	枣壁虱中等,枣树介壳虫、枣瘿蚊少量
无公害、绿色、有机栽培认证情况(品种、面积等)	灰枣、骏枣、哈密大枣达到绿色产品标准,其他为无公害产品。
鲜枣贮藏量/鲜枣产量	无
枣果鲜销、制干、加工的比例	全部为制干

加工品种类	产量(吨)	单价(元/千克)	备注

产枣区人口	85 万(不含自治区)
枣产业产值及占农业总产值比例(%)	少量
枣收入占枣农收入的百分比(%)	少量
各类枣产品主要销往的省、市及其数量和价格	产品均由河南、山西、河北等地商贩收购,主要在国内销售
各类枣产品主要销往的国家及其数量和价格	少数销到东南亚
市场建设情况和销售渠道	农十四师成立了"和田昆仑山枣业有限公司",并在北京、上海、深圳、南京、西安、杭州、长沙、哈尔滨等建立了分支机构和销售网点。由于产品量小,其他单位以农民自行销售为主
与枣产业有关的农民经济专业合作组织情况	部分师团由工会、林业局牵头成立了果品协会
枣产业相关研究开发服务机构	新疆农垦科学院林业园艺研究所,1991 年成立,20 人
生产上存在的主要问题	1. 品种选择、区域布局还不尽合理,发展规模与苗木供应不协调,造成品种混杂,成活率不高;2. 栽培管理粗放,栽培技术措施跟上红枣快速、规模发展的需要,实施集约化管理的面积仅占总面积的 30% 左右,总体生产水平不高,产量低效益差
当地枣产业大事记	无

附录四(1)　主要产枣县(市)枣产业基本情况调查表(河北省保定市 2007 年)

品种名称	面积(万亩)	结果面积(万亩)	折合鲜枣产量(吨)	用途	价格(元/千克)	品种来源	存在问题
婆枣	54.2	30.42	101100	制干、加工	2(鲜)	本地	易裂果
冬枣	0.14	0.12	1400	鲜食	3~6	引进	产量低
其他							
合计	54.34	30.56	102500				

近年来新审定、鉴定的品种及其发展情况	
育苗方式及所占比例	播种嫁接,所占比例 100%
栽培密度和间作情况	30~50 株/亩,间作花生、豆类
主要病虫害及其危害程度	黏虫、桃小食心虫、红蜘蛛、绿盲蝽、枣步曲、枣粉蚧、枣缩果病、枣疯病、裂果病、枣锈病,危害程度一般
无公害、绿色、有机栽培认证情况(品种、面积等)	婆枣无公害认证面积 28.77 万亩
鲜枣贮藏量/鲜枣产量	1/80
枣果鲜销、制干、加工的比例	1:7:10

加工品种类	产量(吨)	单价(元/千克)	备注
果脯(蜜枣)	28000	6	
枣酒	6300	10	
其他	15000	8	枣茶、枣饮料、枣醋、酥枣、酒枣等
合计	49300		

产枣区人口	38 万
枣产业产值及占农业总产值比例	3.5 亿,占农业总产值 25%
枣收入占枣农收入的百分比	50%
各类枣产品主要销往的省、市及其数量和价格	销往北京、天津、河北、山西、辽宁、吉林、黑龙江、广东、安徽、上海、内蒙古、湖北、湖南、四川,销售量 7 万吨,5~10 元/千克,其他加工品 6000 吨左右,平均价格 5~10 元/千克。
各类枣产品主要销往的国家及其数量和价格	加拿大、澳大利亚、新加坡、日本、泰国、美国、马来西亚,销售量 0.3 万吨,40 元/千克
市场建设情况和销售渠道	北京、天津等各大城市都有企业的销售点
与枣产业有关的农民经济专业合作组织情况	阜平大枣产业协会、军城红枣协会、曲阳优质果品产业协会等组织
枣产业相关研究开发服务机构(名称、时间、人数等)	阜平大枣专家工作站,2004 年,15 人
生产上存在的主要问题	一是枣裂果、枣缩果、烂果、枣疯等病害没有有效防治手段;二是缺少龙头企业带动;三是受自然灾害影响大等
当地枣产业大事记	1998 年阜平建立保定市枣树研究所,2006 年阜平开始建设 10 万亩无公害红枣示范区,同年开始引进大枣烘干技术

附录四(2)　主要产枣县(市)枣产业基本情况调查表(河北省保定市阜平县2007年)

品种名称	面积（万亩）	结果面积（万亩）	折合鲜枣产量(吨)	用途	价格（元/千克）	品种来源	存在问题
婆枣	28.4	15	7万	制干、加工	2(鲜)	本地	易裂果
其他							
合计	28.4	15	7万				

近年来新审定、鉴定的品种及其发展情况	无
育苗方式及所占比例	播种嫁接,所占比例100%
栽培密度和间作情况	30~40株/亩,间作花生、豆类
主要病虫害及其危害程度	黏虫、桃小、红蜘蛛、绿盲蝽、枣步曲、枣粉蚧、枣缩果病、枣疯病、裂果病、枣锈病。危害程度一般
无公害、绿色、有机栽培认证情况(品种、面积等)	无公害认证,婆枣,面积13.6万亩
鲜枣贮藏量/鲜枣产量	
枣果鲜销、制干、加工的比例	5/35/60

加工品种类	产量(吨)	单价(元/千克)	备注
果脯	2.5万	6	
枣酒	0.5万	10	
其他	1.5万	10	枣茶、枣饮料、枣醋、酥枣、酒枣等
合计	4.5万		

产枣区人口	13万
枣产业产值及占农业总产值比例	2.8亿~3.5亿,占农业总产值30%
枣收入占枣农收入的百分比	50%
各类枣产品主要销往的省、市及其数量和价格	北京、天津、河北、山西、辽宁、吉林、黑龙江、广东、安徽、上海、内蒙古、湖北、湖南、四川,销售量6.5万吨,5~10元/千克
各类枣产品主要销往的国家及其数量和价格	加拿大、澳大利亚、新加坡、日本、泰国、美国、马来西亚,销售量0.3万吨,40元/千克
市场建设情况和销售渠道	北京、天津等各大城市都有企业的销售点
与枣产业有关的农民经济专业合作组织情况	大枣产业协会
枣产业相关研究开发服务机构(名称、时间、人数等)	大枣专家工作站,2004年,15人
生产上存在的主要问题	枣裂果、枣缩果、烂果等病害
当地枣产业大事记	1988年成立红枣开发管理局、1998年建立保定市枣树研究所

附录四(3)　主要产枣县(市)枣产业基本情况调查表(河北省保定市唐县 2007 年)

品种名称	面积(万亩)	结果面积(万亩)	折合鲜枣产量(吨)	用途	价格(元/千克)	品种来源	存在问题
婆枣	14.8	10.2	10950	制干	25(干)	本地	枣疯病、枣缩果病，发生率高
其他							
合计							

近年来新审定、鉴定的品种及其发展情况	
育苗方式及所占比例	嫁接育苗
栽培密度和间作情况	56 株/亩，间作豆类、谷类农作物
主要病虫害及其危害程度	枣桃小食心虫、枣锈病、枣疯病、枣缩果病，其中枣缩果病、枣疯病危害严重
无公害、绿色、有机栽培认证情况(品种、面积等)	婆枣，无公害认证面积 14 万亩
鲜枣贮藏量/鲜枣产量	
枣果鲜销、制干、加工的比例	1:7:2

加工品种类	产量(吨)	单价(元/千克)	备注
枣酒	730	20	
其他			
合计			

产枣区人口	16 万
枣产业产值及占农业总产值比例	1750 万元 占农业总产值 6%
枣收入占枣农收入的百分比	40%
各类枣产品主要销往的省、市及其数量和价格	制干枣 2000 余吨，销往广东、浙江、江苏、北京、天津、东北一带。在北京超市售价 80 元/千克，在本县红枣专卖店售价 40 元/千克
各类枣产品主要销往的国家及其数量和价格	日本、中国香港
市场建设情况和销售渠道	本县有 3 个红枣销售市场，7 个专卖店，北京多家大超市设有专柜，各地设有代销点、代办处
与枣产业有关的农民经济专业合作组织情况	军城红枣协会
枣产业相关研究开发服务机构(名称、时间、人数等)	
生产上存在的主要问题	枣疯病、枣缩果病不能得到有效控制
当地枣产业大事记	2004 年唐县人民政府出台了《2004～2008 年唐县红枣产业发展规划》和《唐县红枣产业发展指导意见》

附录四(4)　主要产枣县(市)枣产业基本情况调查表(河北省保定市曲阳县2007年)

品种名称	面积(万亩)	结果面积(万亩)	折合鲜枣产量(吨)	用途(制干、鲜食、加工)	价格(元/千克)	品种来源	存在问题
婆枣	110000	70000	20152	制干为主	2(鲜)	本地	不抗缩果病、遇雨易裂果

近年来新审定、鉴定的品种及其发展情况	无
育苗方式及所占比例	归圃育苗:嫁接育苗为2:3
栽培密度和间作情况	4米×3米;间作豆类、谷物、花生等
主要病虫害及其危害程度	缩果病、枣锈病、桃小食心虫:普遍发生。枣疯病5%~10%
无公害、绿色、有机栽培认证情况(品种、面积等)	110000亩全部环评认定,11700亩无公害产地认证
鲜枣贮藏量/鲜枣产量	0吨/1007吨
枣果鲜销、制干、加工的比例	0.05:0.8:0.15

加工品种类	产量(吨)	单价(元/千克)	备注
蜜枣	2015	6	
枣酒	300	4	
合计	2315		

产枣区人口	8.2万
枣产业产值及占农业总产值比例	5000万元、13.7%
枣收入占枣农收入的百分比	65%
各类枣产品主要销往的省、市及其数量和价格	干枣3000吨,主要销往北京、石家庄、保定等地,价格3~40元/千克;蜜枣2300吨,主要销往南方城市,价格5~10元/千克;枣酒主要销在当地,价格3~10元/千克
各类枣产品主要销往的国家及其数量和价格	国内销售
市场建设情况和销售渠道	乡级农贸市场18个,自产自销
与枣产业有关的农民经济专业合作组织情况	有小型加工销售龙头企业3个
枣产业相关研究开发服务机构(名称、时间、人数等)	曲阳县林业局优质果品产业协会,建于1991年,现有会员500余人,专业技术人员26人
生产上存在的主要问题	一是管理水平有待进一步提高,投入不足;二是比较效益低,采矿、打工等行业冲击大,影响枣农生产积极性;三是缺乏龙头企业带动,加工能力有限,抵御自然灾害能力低
当地枣产业大事记	2008年被保定市委、市政府授予"果品产业先进县"称号

附录四(5)　主要产枣县(市)枣产业基本情况调查表(河北省沧州市2007年)

品种名称	面积(万亩)	结果面积(万亩)	折合鲜枣产量(吨)	用途	价格(元/千克)	品种来源	存在问题
金丝小枣	150.4	124.5	355000	制干、鲜食	7(干)	当地	优良,后期阴雨易裂果
冬枣	39	30.9	55000	鲜食、加工	4(鲜)	当地	优良
其他	5.8	7.1	15000	加工	2(鲜)	当地	优良
合计	195.2	162.5	425000				

近年来新审定、鉴定的品种及其发展情况	金丝丰、金丝蜜、无核丰、无核红、无核3号、早脆王、献王枣、金魁王、早熟梨枣、黄骅冬枣、冀冬6号
育苗方式及所占比例	苗圃嫁接100%
栽培密度和间作情况	栽培株行距多为4米×5米枣园,4米×10米间作园,间作物大豆、花生等
主要病虫害及其危害程度	枣锈病、轮纹烂果病、绿盲蝽、桃小食心虫、红蜘蛛
无公害、绿色、有机栽培认证情况(品种、面积等)	无公害认证160万亩
鲜枣贮藏量/鲜枣产量	21000吨/70000吨
枣果鲜销、制干、加工的比例	16%:80%:4%

加工品种类	产量(吨)	单价(元/千克)	备注
蜜枣	15000	4	
枣汁	1500	20	
其他	46500	10	
合计	63000		

产枣区人口	100万
枣产业产值及占农业总产值比例	6.7%
枣收入占枣农收入的百分比	50%
各类枣产品主要销往的省、市及其数量和价格	干制小枣销往广东、福建、湖南占60%,价格6~8元/千克
蜜枣主要销往黑龙江、吉林等占50%,价格6~10元/千克	
各类枣产品主要销往的国家及其数量和价格	马来西亚、印度尼西亚、泰国、韩国、日本等总产量的5%,价格8元/千克
市场建设情况和销售渠道	崔尔庄红枣市场
与枣产业有关的农民经济专业合作组织情况	登记注册规模较大的合作组织30个
枣产业相关研究开发服务机构(名称、时间、人数等)	林科所 成立于1958年,有25人;枣网成立于2000年,有10人
生产上存在的主要问题	品种良种化需进一步提高
当地枣产业大事记	小枣宣传周、黄骅冬枣节

附录四(6)　主要产枣县(市)枣产业基本情况调查表(河北省沧州市献县2007年)

品种名称	面积(万亩)	结果面积(万亩)	折合鲜枣产量(吨)	用途	价格(元/千克)	品种来源	存在问题
金丝小枣	40	28	13.8	制干、鲜食加工	4(干)	本地	后期遇雨裂果
冬枣	9.3	2	1.2	鲜食加工	8(干)	引进	难坐果
献王枣	1	0.2	0.2	制干	8(干)	本地	
合计	50.3	30.2	15.2				

近年来新审定、鉴定的品种及其发展情况	2005年审定、鉴定"献王枣"现已发展1万亩
育苗方式及所占比例	归圃育苗、嫁接育苗比例为3:7
栽培密度和间作情况	株行距2~4米×3~10米,间作小麦、谷子、花生、豆子等
主要病虫害及危害程度	绿盲蝽危害严重,红白蜘蛛一般,枣锈病一般,浆烂果较严重
无公害、绿色、有机栽培认证情况(品种、面积等)	无公害产地认定39.6099万亩,产品2.71万亩
鲜枣贮藏量/鲜枣产量	1.52/15.2
枣果鲜销、制干、加工比例	1.5:8.7:5

加工品种类	产量(吨)	单价(元/千克)	备注
蜜枣	20000	6元/千克	
水洗枣	20000	8元/千克	
枣片	5000	15元/千克	
其他	5000	8元/千克	

产枣区人口	21万
枣产业产值及占农业总产值比例	8亿元 35%
枣农业占枣农收入的百分比	70%
各类枣产品主要销往的省区及数量和价格	上海、台湾、江苏、广州、天津、北京等,13.7万吨,4元/千克。
各类枣产品主要销往的国定(地区)及其数量和价格	新加坡、韩国、俄罗斯、东南亚等,1.5万吨,10元/千克
市场建设情况和销售渠道	北方红枣交易市场占地60亩,3000经济人
与枣产业有关的农民经济专业合作组织情况	献县红枣产业协会1个,下涉分会12个,专业合作社4个
枣产业相关研究开发服务机构(名称、时间、人数等)	绿源冬枣产业技术开发中心(2000年,10人),红枣技术推广站(1983年,6人)
生产上存在的主要问题	采后烂果问题,品种良莠不齐
当地枣产业大事记	1991年申办"献县小枣节",2002年9月"梦想剧场",2007年"农业财政资金整合项目"

附录四(7)　主要产枣县(市)枣产业基本情况调查表(河北省沧州市盐山县2007年)

品种名称	面积(万亩)	结果面积(万亩)	折合鲜枣产量(吨)	用途	价格(元/千克)	品种来源	存在问题
金丝小枣	219000	113100	17377	制干加工	5(干)		裂果较重
冬枣	3780	600	6	鲜食	7(鲜)		
其他	4000	50	4	观赏、鲜食	2~5元不等		
合计	226780	114200	17387				

近年来新审定鉴定的品种及其发展情况	
育苗方式及所占比例	
栽培密度和间作情况	1片树林以3米×5米为多,间作15株/亩
主要病虫害及其危害程度	桃小食心虫、红蜘蛛、黄刺蛾等,裂果、缩果、锈病等
无公害、绿色、有机栽培认证情况(品种、面积等)	认证品种是金丝小枣、冬枣,面积为7.2333万亩
鲜枣贮藏量/鲜枣产量	
枣果鲜销、制干、加工的比例	

加工品种类	产量(吨)	单价(元/千克)	备注
金丝小枣	17377	5	按2007年现行价
其他	10	4	按2007年现行价
合计	17387		

产枣区人口	12.2万
枣产业产值及占农业总产值比例	10%
枣收入占枣农收入的百分比	71%
各类枣产品主要销往的省、市及其数量和价格	主要京津,个别南方地区
各类枣产品主要销往的国家及其数量和价格	
市场建设情况和销售渠道	
与枣产业有关的农民经济专业合作组织情况	河北沧州常庄红枣品综合服务中心
枣产业相关研究开发服务机构(名称、时间意、人数等)	沧州恩际生物制品有限公司,2003年9月成立,干部职工450人
生产上存在的主要问题	形不成规模、管理粗放、枣深加工增值措施落后
当地枣产业大事记	1991年盐山十届人大二次会议把枣树定为"县树";2004年由河北盐山县庄红枣品综合服务中心申请注册了"常庄红"商标;2003年9月成立了沧州恩际生物制品有限公司

附录四(8)　主要产枣县(市)枣产业基本情况调查表(河北省沧州市沧县2007年)

品种名称	面积(万亩)	结果面积(万亩)	折合鲜枣产量(吨)	用途	价格(元/千克)	品种来源	存在问题
金丝小枣	465340	400000	200000	制干、加工	5.0(干)	当地	易裂
冬枣	20000	19000	28500	鲜食	2.3(鲜)	黄骅	
早脆王	2000	2000	2000	鲜食	3.3(鲜)	当地	
婆枣	14000	14000	14000	加工	1.3(鲜)	当地	
绵枣	14000	14000	14000	加工	1.3(鲜)	当地	
合计	515340	449000	258500				

近年来新审定、鉴定的品种及其发展情况	金丝丰、金丝蜜、无核红、早脆王
育苗方式及所占比例	嫁接,占100%
栽培密度和间作情况	3米×5米或3米×4米,枣园化生产
主要病虫害及其危害程度	绿盲蝽重度发生,桃小食心虫轻度发生,枣浆烂病大发生,枣锈病中偏重发生
无公害、绿色、有机栽培认证情况(品种、面积等)	无公害金丝小枣3000亩,绿色A级金丝小枣5000亩,有机金丝小枣2000亩
鲜枣贮藏量/鲜枣产量	3:10
枣果鲜销、制干、加工的比例	0.64:8.77:0.59

加工品种类	产量(吨)	单价(元/千克)	备注
蜜 枣	28000	11.0	
阿胶枣	54000	10.0	

产枣区人口	294339人
枣产业产值及占农业总产值比例	40%
枣收入占枣农收入的百分比	80%
各类枣产品主要销往的省、市及其数量和价格	地点:广州、长沙、乌溪、常州 数量:15万吨,价格:10元/千克
各类枣产品主要销往的国家及其数量和价格	地点:马来西亚、新加坡、东南亚、韩国、日本 数量:5万吨,价格:20元/千克
市场建设情况和销售渠道	市场建设完善,产品竞争力增强。销售渠道:自己推销;外地客商购买;网上销售
与枣产业有关的农民经济	
专业合作组织情况	我县有18个红枣协会和专业合作组织,实现了统一品牌,统一管理,统一销售
枣产业相关研究开发服务机构(名称、时间、人数等)	1. 沧县红枣科技园,1987年3月成立,40余人。2. 沧县红枣产业协会,2003年8月成立,229人
生产上存在的主要问题	品种单一;片面追求产量,忽视枣果质量

附录四(9)　主要产枣县(市)枣产业基本情况调查表(河北省黄骅市 2007 年)

品种名称	面积(万亩)	结果面积(万亩)	折合鲜枣产量(吨)	用途	价格(元/千克)	品种来源	存在问题
冬枣	30	20	40000	鲜食	8～10(鲜)	当地	
其他							
合计	30	20	40000				

近年来新审定、鉴定的品种及其发展情况	
育苗方式及所占比例	
栽培密度和间作情况	
主要病虫害及其危害程度	
无公害、绿色、有机栽培认证情况(品种、面积等)	无公害认证 20 万亩
鲜枣贮藏量/鲜枣产量	21000 吨/70000 吨
枣果鲜销、制干、加工的比例	10%

加工品种类	产量(吨)	单价(元/千克)	备注
脆冬枣	500	60	

产枣区人口	
枣产业产值及占农业总产值比例	35%
枣收入占枣农收入的百分比	12.7%
各类枣产品主要销往的省、市及其数量和价格	北京、天津、石家庄、上海、广州、福建、西安等市
各类枣产品主要销往的国家及其数量和价格	
市场建设情况和销售渠道	
与枣产业有关的农民经济专业合作组织情况	黄骅冬枣协会
枣产业相关研究开发服务机构(名称、时间、人数等)	河北省冬枣研究所
生产上存在的主要问题	

附录四(10)　主要产枣县(市)枣产业基本情况调查表(河北省沧州市青县 2007 年)

品种名称	面积(万亩)	结果面积(万亩)	折合鲜枣产量(吨)	用途	价格(元/千克)	品种来源	存在问题
金丝小枣	172100	157100	78550	制干、鲜食	2.0(鲜)	本地	易裂
冬枣	10500	10000	4500	鲜食	6.0	本地	难管理
无核小枣	9500	8000	3000	制干	10.0	本地	易落枣
其他	8500	8500	8500	鲜食、加工	1.0	本地	
合计	200600	183600	94550				

近年来新审定、鉴定的品种及其发展情况	无核丰,已发展了 5000~7000 亩
育苗方式及所占比例	归圃育苗,占 70%
栽培密度和间作情况	栽植密度 3 米×4 米、3 米×5 米、4 米×6 米、3 米×8~10 米
主要病虫害及其危害程度	绿盲蝽、枣瘿蚊、桃小食心虫、枣锈病、危害程度一般
无公害、绿色、有机栽培认证情况(品种、面积等)	无公害栽培认证面积 14 万亩(金丝小枣、无核枣、冬枣)
鲜枣贮藏量/鲜枣产量	4500 吨
枣果鲜销、制干、加工的比例	2:06:02

加工品种类	产量(吨)	单价(元/千克)	备注
婆枣、大枣	8500	1	
其他			
合计			

产枣区人口	200000
枣产业产值及占农业总产值比例	5%~10%
枣收入占枣农收入的百分比	40%~80%(主要产枣区)
各类枣产品主要销往的省、市及其数量和价格	主要靠外来收购
各类枣产品主要销往的国家及其数量和价格	
市场建设情况和销售渠道	无大型枣销售市场,销售渠道靠外购
与枣产业有关的农民经济专业合作组织情况	相对薄弱
枣产业相关研究开发服务机构(名称、时间、人数等)	
生产上存在的主要问题	枣生产过程一家一户,缺乏统一管理

附录四(11)　主要产枣县(市)枣产业基本情况调查表(河北省石家庄市 2007 年)

品种名称	面积(万亩)	结果面积(万亩)	折合鲜枣产量(吨)	用途	价格(元/千克)	品种来源	存在问题
赞皇大枣	48	32	129400	制干 2.8%,鲜食 0.1%,加工 97.1%	20(干),6(鲜),1.2(加工)	本地	
行唐大枣	72.5	41.5	89950	制干 70%,鲜食 3%,加工 27%	5~10(干),4~6(鲜),6(加工)	本地	
冬枣	1.08	0.75	2360	鲜食	6~12(鲜)	沧州	
梨枣	0.02	0.02	260	鲜食	5~10(鲜)	山西	
合计	121.6	74.27	221970				

近年来新审定、鉴定的品种及其发展情况	赞晶、赞玉、赞宝,行唐大圆枣、行唐长枣、行唐墩子枣
育苗方式及所占比例	播种酸枣仁嫁接育苗占 99%,根蘖育苗 1%
栽培密度和间作情况	株行距 2~3 米×3~4 米,间作花生、红薯等或纯园
主要病虫害及其危害程度	虫害有龟蜡蚧、枣粉蚧、红蜘蛛、绿盲蝽、桃小食心虫;病害枣锈病、裂果、缩果病、枣疯病,黑斑病、炭疽病。
无公害、绿色、有机栽培认证情况(品种、面积等)	完成无公害产地认定 73 万亩,主要为赞皇大枣、行唐大枣;赞皇大枣绿色食品认证 3 万亩、有机认证 150 亩。
鲜枣贮藏量/鲜枣产量	0
枣果鲜销、制干、加工的比例	3:45:52

加工品种类	产量(吨)	单价(元/千克)	备注
蜜枣	55000	2.5~6	
枣果茶	0.5	8	
红枣酒	5100	10	
合计	60100.5		

产枣区人口	20.5 万
枣产业产值及占农业总产值比例	5%
枣收入占枣农收入的百分比	70%
各类枣产品主要销往的省、市及其数量和价格	鲜枣主要销往石家庄市及周边,销量为 5000 吨,单价 6~10 元/千克,制干枣 30000 吨、单价 10~20 元/千克;蜜枣 55000 吨,单价 2.5~6 元/千克
各类枣产品主要销往的国家及其数量和价格	行唐干枣主要出口日本、韩国、新加坡等国家 3000 吨
市场建设情况和销售渠道	行唐口头红枣商埠、行唐县红枣一条街,赞皇产区青枣收购市场 10 处
与枣产业有关的农民经济专业合作组织情况	行唐县佳农大枣专业合作社、有赞皇县大枣协会、绿康枣业专业合作社、荣康枣业专业合作社等
枣产业相关研究开发服务机构	2004 年行唐县成立了行唐县大枣产业管理局,共有从事大枣技术培训和信息服务的专业人员 80 名。赞皇大河道大枣研究所
生产上存在的主要问题	缩果病、裂果病、枣疯病生产上防治难
当地枣产业大事记	2003、2004 年赞皇、行唐分别被国家林业局命名为中国赞皇/行唐大枣之乡;2004~2005 年市政府扶持 1000 万元完成酸枣嫁接 1 亿株;2004~2006 年市政府支持 500 万元建枣烘房 1000 间

附录四(12)　主要产枣县(市)枣产业基本情况调查表(河北省石家庄市赞皇县2007年)

品种名称	面积(万亩)	结果面积(万亩)	折合鲜枣产量(吨)	用途	价格(元/千克)	品种来源	存在问题
赞皇大枣	44万	29万	70000	加工	1.2	本地	良好
赞皇大枣	0.5万	0.5万	3000	鲜食	6	本地	良好
赞皇大枣	0.5万	0.5万	1800	制干	20	本地	良好
其他							
合计	45万	30万	74800				

近年来新审定、鉴定的品种及其发展情况	新审定的品种有赞晶、赞玉、赞宝
育苗方式及所占比例	播种酸枣仁嫁接育苗、根蘖苗,比例99.5:0.5
栽培密度和间作情况	株行距3米×4米、2米×3米,间作花生、红薯或纯园
主要病虫害及其危害程度	龟蜡蚧、枣粉蚧、红蜘蛛点片发生,危害较重,绿盲蝽、枣桃小普遍发生,盲蝽危害重,枣桃小食心虫轻;枣锈病、裂果、缩果病、枣疯病,黑斑病、炭疽病等病害发生均较普遍,有的年份发生较重
无公害、绿色、有机栽培认证情况(品种、面积等)	枣区全部进行了无公害产地环境认证,绿色认证3万亩,有机认证150亩
鲜枣贮藏量/鲜枣产量	
枣果鲜销、制干、加工的比例	0.05:0.05:99

加工品种类	产量(吨)	单价(元/千克)	备注
蜜枣	30000	2.5~5	
其他			
合计	300000		

产枣区人口	15万
枣产业产值及占农业总产值比例	35%
枣收入占枣农收入的百分比	60%
各类枣产品主要销往的省、市及其数量和价格	蜜枣主要销往广东、浙江、上海、广西、江苏、湖南、湖北等
各类枣产品主要销往的国家及其数量和价格	国内
市场建设情况和销售渠道	直接批发至销售地
与枣产业有关的农民经济专业合作组织情况	有赞皇县大枣协会、绿康枣业专业合作社、荣康枣业专业合作社等
枣产业相关研究开发服务机构(名称、时间、人数等)	大河道大枣研究所
生产上存在的主要问题	裂果、缩果病的预防

附录四(13)　主要产枣县(市)枣产业基本情况调查表(河北省石家庄市行唐县2007年)

品种名称	面积(万亩)	结果面积(万亩)	折合鲜枣产量(吨)	用途	价格(元/千克)	品种来源	存在问题
行唐大圆枣	30	25	37500	制干、鲜食、加工	4.5	当地	易裂果
行唐长枣	10	5	7500	制干、鲜食、加工	4.6	当地	易裂果
行唐墩子枣	10	5	7500	制干、鲜食、加工	4.6	当地	易裂果
其他	10	5	7500	制干、鲜食、加工	4	当地及外调	
合计	60	40	60000	制干、鲜食、加工	4		

近年来新审定、鉴定的品种及其发展情况	行唐长枣、行唐墩子枣、行唐大圆枣
育苗方式及所占比例	嫁接占95%
栽培密度和间作情况	40株/666.7平方米间作式栽培
主要病虫害及其危害程度	枣黏虫、枣桃小、盲蝽、枣锈病,枣缩果病,危害程度较轻
无公害、绿色、有机栽培认证情况(品种、面积等)	无公害栽培认证面积共10万亩,品种为行唐长枣、行唐墩子枣、行唐大圆枣
鲜枣贮藏量/鲜枣产量	0
枣果鲜销、制干、加工的比例	5:70:25

加工品种类	产量	单价(元/千克)	备注
蜜枣	10000	6	
枣果茶	0.5	8	
红枣酒	5100	10	
产枣区人口	46300		

枣产业产值及占农业总产值比例	11.3%
枣收入占枣农收入的百分比	80%
各类枣产品主要销往的省、市及其数量和价格	鲜枣主要往石家庄市,销售量为3000吨,单价6元/千克,制干枣20000吨、单价10元/千克,蜜枣15000吨,单价6元/千克;主要销往京、津、港、澳等30多个省区
各类枣产品主要销往的国家及其数量和价格	制干枣3000吨主要销往日本、韩国、新加坡、澳大利亚等20多个国家
市场建设情况和销售渠道	口头红枣商埠、县城南马路红枣一条街两大红枣批发零售市场
与枣产业有关的农民经济专业合作组织情况	行唐县佳农大枣专业合作社
枣产业相关研究开发服务机构(名称、时间、人数等)	2004年行唐县成立了行唐县大枣产业管理局,共有从事大枣技术培训和信息服务的专业人员80名
生产上存在的主要问题	枣裂果
当地枣产业大事记	2004年12月被国家林业局命名为中国行唐大枣之乡

附录四(14)　主要产枣县(市)枣产业基本情况调查表(河北省邯郸市2007年)

品种名称	面积(万亩)	结果面积(万亩)	折合鲜枣产量(吨)	用途	价格(元/千克)	品种来源	存在问题
冬枣、赞皇大枣、桐柏大枣等	6.2595	4.506	1.5195	鲜食	4(鲜)	黄骅	坐果率低

近年来新审定、鉴定的品种及其发展情况	黄骅冬枣
育苗方式及所占比例	实生苗嫁接、酸枣改接大枣
栽培密度和间作情况	3米×4米
主要病虫害及其危害程度	绿盲蝽危害较为严重
无公害、绿色、有机栽培认证情况(品种、面积等)	通过无公害冬枣基地认定4.5万亩
鲜枣贮藏量/鲜枣产量	1.5195万吨
枣果鲜销、制干、加工的比例	

加工品种类	产量(吨)	单价(元/千克)	备注
其他			
合计			

产枣区人口	50万
枣产业产值及占农业总产值比例	10%
枣收入占枣农收入的百分比	20%
各类枣产品主要销往的省、市及其数量和价格	内销
各类枣产品主要销往的国家及其数量和价格	内销
市场建设情况和销售渠道	邯郸县科贸城果品批发市场
与枣产业有关的农民经济专业合作组织情况	邯郸县甘丹冬枣专业合作社
枣产业相关研究开发服务机构(名称、时间、人数等)	广平县富硒冬枣研究所
生产上存在的主要问题	枣贮藏加工滞后
当地枣产业大事记	2007年成立了邯郸县甘丹冬枣专业合作社,注册了“甘丹”牌商标

附录四(15) 主要产枣县(市)枣产业基本情况调查表(河北省邢台市2007年)

品种名称	面积(万亩)	结果面积(万亩)	折合鲜枣产量(吨)	用途	价格(元/千克)	品种来源	存在问题
大串杆枣	9	7.5	24000	鲜食、制干、加工	1.2(鲜)10(干)	临城	抗缩果病差
婆枣	8.5	6.15	41000	鲜食、制干	1.6(鲜)10(干)	新河	
紫枣	3.7	3.5	17500	制干	10(干)	南宫广宗	晾晒易发霉
其他	8.5	4.5	22500	鲜食	20(鲜)		坐果率低
合计	29.7	21.65	105000				

近年来新审定、鉴定的品种及其发展情况	
育苗方式及所占比例	嫁接育苗100%
栽培密度和间作情况	3米×4米(密度),枣粮间作(作物有花生、红薯、大豆等)
主要病虫害及其危害程度	主要病虫害有:枣缩果病、枣步曲、桃小食心虫、枣瘿蚊等,缩果病危害程度较大。其他病虫害中度危害
无公害、绿色、有机栽培认证情况	19.5万亩通过无公害果品基地认定
鲜枣贮藏量/鲜枣产量	1/1000
枣果鲜销、制干、加工的比例	55:40:5

加工品种类	产量(吨)	单价(元/千克)	备注
蜜枣	4500	8	
合计	4500		

产枣区人口	18万
枣产业产值及占农业总产值比例	1%
枣收入占枣农收入的百分比	35%
各类枣产品主要销往的省、市及其数量和价格	石家庄、广州、湖北等,2000万千克,3.6元/千克。北京、上海、浙江、福建、浙江宁波、山东等,数量30 000吨,1.6元/千克。江苏、浙江、广东、云南昆明等,200万千克,10元/千克
各类枣产品主要销往的国家及其数量和价格	
市场建设情况和销售渠道	新河白林红枣市场1个,自销
与枣产业有关的农民经济专业合作组织情况	大枣协会3个,相关分会8个;会员1.5万人,涉及到500多个村
枣产业相关研究开发服务机构(名称、时间、人数等)	
生产上存在的主要问题	缩果病发生严重,缺乏统一管理
当地枣产业大事记	2000年,新河、临城的红枣在山东乐陵全国红枣交易会上均被评为银奖;2001年临城县被河北省林业局认定为河北省优质红枣生产基地县

附录四(16) 主要产枣县(市)枣产业基本情况调查表(河北省邢台市临城县2007年)

品种名称	面积(万亩)	结果面积(万亩)	折合鲜枣产量(吨)	用途	价格(元/千克)	品种来源	存在问题
大串杆枣	90000	75000	24000	兼用	1.2(鲜)10(干)	临城	不抗缩果病
其他	10000	3000	1000	鲜食	2(鲜)	山东、山西、黄骅	坐果率偏低
合计	100000	78000	25000				

近年来新审定、鉴定的品种及其发展情况	
育苗方式及所占比例	嫁接育苗
栽培密度和间作情况	50株/亩,以间作花生为主。
主要病虫害及其危害程度	主要病虫害有:枣缩果病、枣步曲、桃小食心虫、枣瘿蚊、绿盲蝽等,这两年缩果病、绿盲蝽是危害程度最大的
无公害、绿色、有机栽培认证情况(品种、面积等)	10万亩大枣全部通过了无公害果品基地认定
鲜枣贮藏量/鲜枣产量	10%
枣果鲜销、制干、加工的比例	6:2:2

加工品种类	产量(吨)	单价(元/千克)	备注
蜜枣	4500	3.6	
制干	6000	10	
合计	10500		

产枣区人口	12万
枣产业产值及占农业总产值比例	产值5000万元,占农业总产值的28%。
枣收入占枣农收入的百分比	50%
各类枣产品主要销往的省、市及其数量和价格	石家庄、广东广州、湖北等,2000万千克,3.6元/千克。
各类枣产品主要销往的国家及其数量和价格	
市场建设情况和销售渠道	
与枣产业有关的农民经济专业合作组织情况	大枣协会1个,相关分会8个
枣产业相关研究开发服务机构(名称、时间、人数等)	
生产上存在的主要问题	缩果病发生严重
当地枣产业大事记	2000年9月在山东乐陵全国红枣交易会上,临城大串干枣被评为银奖;2001年被河北省林业局命名为优质红枣生产基地县;2005年11月临城县被中国果菜产业发展论坛组委会认定为中国红枣产业龙头县

附录四(17) 主要产枣县(市)枣产业基本情况调查表(河北省邢台市新河县2007年)

品种名称	面积(万亩)	结果面积(万亩)	折合鲜枣产量(吨)	用途(制干、鲜食、加工)	价格(元/千克)	品种来源	存在问题
婆枣	85000	61500	41000	鲜食、制干	1.6元(鲜), 10元(干)	本地	表现良好、缺乏统一管理
其他							
合计	85000	61500	41000				

近年来新审定、鉴定的品种及其发展情况	
育苗方式及所占比例	
栽培密度和间作情况	3米×4米,枣粮间作(作物有花生、山药、大豆等)
主要病虫害及其危害程度	缩果病、枣尺蠖,危害程度为中度危害
无公害、绿色、有机栽培认证情况(品种、面积等)	婆枣8.5万亩
鲜枣贮藏量/鲜枣产量	1:1000
枣果鲜销、制干、加工的比例	9:1:0

加工品种类	产量(吨)	单价(元/千克)	备注
其他			
合计			

产枣区人口	18400人
枣产业产值及占农业总产值比例	2%
枣收入占枣农收入的百分比	40%
各类枣产品主要销往的省、市及其数量和价格	主要是北京、上海、浙江、福建、浙江宁波、山东,数量30000吨,价格1.6元/千克
各类枣产品主要销往的国家及其数量和价格	
市场建设情况和销售渠道	白林红枣市场1个,自销
与枣产业有关的农民经济专业合作组织情况	红枣协会1个,会员760人,涉及到23个村,4600户
枣产业相关研究开发服务机构(名称、时间、人数等)	
生产上存在的主要问题	缺乏统一管理
当地枣产业大事记	2000年9月乐陵全国红枣会上评为优质产品奖; 2006年11月在第二届中国(国际)枣产业发展高层论坛上被评为银奖

附录四(18)　主要产枣县(市)枣产业基本情况调查表(山东省沾化县2007年)

品种名称	面积(万亩)	结果面积(万亩)	折合鲜枣产量(吨)	用途	价格(元/千克)	品种来源	存在问题
冬枣	35.2	34.6	300000	鲜食、加工	6(鲜)	本地	
小枣	3.6	3.6	5000	制干、加工	8(干)	本地	
其他							
合计	38.8	38.2	305000				

近年来新审定、鉴定的品种及发展情况	
育苗方式及所占比例	酸枣育苗嫁接、金丝小枣根蘖苗嫁接
栽培密度和间作情况	2米×3米,110株/亩
主要病虫害及其危害程度	绿盲蝽、红蜘蛛、枣锈病等
无公害、绿色、有机栽培认证情况(品种、面积等)	无公害沾化冬枣基地30万亩、绿色沾化冬枣基地3万亩
鲜枣贮藏量/鲜枣产量	11万吨/30.5万吨
枣果鲜销、制干、加工的比例	88.9:0.6:10.5

加工品种	产量(吨)	单价(元/千克)	备注
果脯	56000	20元/千克	
干果	4000	8元/千克	
合计	60000		

产枣区人口	38万
枣业产值及占农业总产值比例	55.23%
枣收入占枣农收入的百分比	83.36%
各类枣产品主要销往的省、市及其数量和价格	北京、上海、天津、重庆、各省会城市等全国100多个城市
各类枣产品主要销往的国家及其数量和价格	美国、日本、欧洲、澳大利亚、东南亚等
市场建设情况和销售渠道	大型冬枣批发市场4个、中型冬枣批发市场15个、小型冬枣批发市场120个、在全国建立冬枣专卖网点600多个
与枣产业有关的农民经济专业合作组织情况	2001年3月,成立沾化县冬枣协会,8000人
枣产业相关开发服务机构(名称、时间、人数等)	沾化县林业局,沾化县冬枣研究所,沾化县冬枣病虫害研究中心
生产上存在的主要问题	果品深加工程度欠缺,缺少有竞争力、有特色的加工产品
当地枣产业大事记	2001年9月,沾化县被国家林业局命名为中国冬枣之乡; 2002年6月,经国家质检总局批准,沾化冬枣成为山东省第一个国家原产地域保护产品; 2007年,国家林业局授予沾化县为全国经济林产业示范现县

附录四(19) 主要产枣县(市)枣产业基本情况调查表(山东省乐陵市2007年)

品种名称	面积(万亩)	结果面积(万亩)	折合鲜枣产量(吨)	用途	价格(元/千克)	品种来源	存在问题
金丝小枣	88.5	46.5	3.376	制干、鲜食	6.0(干)	本地	分化较重
无核	3	1	0.056	制干	12.0(干)	本地	
圆铃	10	7	0.52	制干、加工	5.5(干)	本地	
其他	0.5	0.5	0.048				
合计	102	55	4				

近年来新审定、鉴定的品种及其发展情况	1996年经山东省科委鉴定了乐陵金丝1号、乐陵金丝2号、乐陵金丝3号、乐陵无核1号、乐陵无核2号,在乐陵市国营苗圃建有100亩优良品系采穗圃,在全市通过嫁接改良发展乐陵金丝1号、2号、3号15万亩,乐陵无核1号、2号2万亩
育苗方式及所占比例	嫁接40%,根蘖(归圃)60%
栽培密度和间作情况	20~50株/亩,间作小麦、棉花、大豆、香菜
主要病虫害及其危害程度	绿盲蝽象、枣锈病危害重,枣黑腐病(轮纹病)危害中等偏重,锈壁虱、红蜘蛛危害中等;枣粘虫桃小食心虫、枣尺蠖危害轻
无公害、绿色、有机栽培认证情况(品种、面积等)	2004年9月获国家标准化委员会国家级全国农业标准化示范项目,乐陵金丝小枣标准化示范区(70万亩)
鲜枣贮藏量/鲜枣产量	30%
枣果鲜销、制干、加工的比例	鲜销5%,制干60%,加工35%

加工品种类	产量(吨)	单价(元/千克)	备注
阿胶蜜枣	2万	10	
红枣莲子羹	0.5万	18	
其 他	1万		
合 计	3.5万		占小枣产量的35%

产枣区人口	20万
枣产业产值及占农业总产值比例	35%
枣收入占枣农收入的百分比	26%
各类枣产品主要销往的省、市及其数量和价格	福建、浙江、广东、上海等省市,销量4.4万吨
各类枣产品主要销往的国家及其数量和价格	美国、俄罗斯、日本、新加坡等30多个国家和地区,销量5.6万吨,创汇3000万美元
市场建设情况和销售渠道	建有大型红枣专业市场4个,其中最大一个在朱集镇,自镇驻地朱集街至王著名村长达6千米,客商收购和网上销售

（续）

与枣产业有关的农民经济专业合作组织情况	云红富硒枣生产销售协会:2006 年 10 月,1000 人 李小安村富硒金丝小枣生产协会:2006 年 12 月,200 人 林家村富硒金丝小枣生产协会:2006 年 12 月,150 人 五里解村富硒金丝小枣生产协会:2006 年 12 月,150 人 八里庄村富硒金丝小枣生产协会:2006 年 12 月,200 人 五里田村富硒金丝小枣生产协会:2006 年 12 月,70 人 任苏村富硒金丝小枣生产协会:2006 年 12 月,100 人 谭家村富硒金丝小枣生产协会:2006 年 12 月,120 人 前王皮村富硒金丝小枣生产协会:2006 年 12 月,100 人 高孟起 1 队富硒金丝小枣生产协会:2006 年 12 月,50 人 高孟起 2 队富硒金丝小枣生产协会:2006 年 12 月,40 人 赵木匠村富硒金丝小枣生产协会:2006 年 12 月,130 人 南夏村富硒金丝小枣生产协会:2006 年 12 月,200 人
枣产业相关研究开发服务机构(名称、时间、人数等)	乐陵市枣树生产办公室:1997 年,10 人 乐陵市枣产业化办公室:2006 年 6 月,5 人
生产上存在的主要问题	绿盲蝽连续 3 年发生比较严重,间断近 10 年的枣锈病近 3 年发生又有上升的趋势。因枣的价格低,部分枣农对枣树生产的投入不足
当地枣产业大事记	1995 年 11 月,省农业厅新优果品评选中,乐陵金丝小枣和无核小枣被评为特优果品; 1995 年 10 月,第二届中国农业博览会上,乐陵金丝小枣获得铜奖; 1996 年 12 月,省农业厅优质果品鉴评中,乐陵金丝小枣获得金奖; 1997 年 11 月,省林业厅、省经济林协会经济林名特优果品鉴评中,乐陵金丝小枣、无核小枣获得金奖; 1997 年 12 月,金丝无核小枣良种繁育获德州市科技进步一等奖; 2000 年 9 月,金丝小枣、无核小枣及其加工产品在在国家林业局、中国经济林协会主办的全国红枣交易会上获 12 个金奖、24 个银奖、9 个铜奖; 2001 年,被国家林业局评为国家经济林示范市; 2006 年,被国家林业局评为全国经济林示范建设先进县市; 2006 年 10 月,无核 1 号在德州市林业局、德州市绿化委优质果品评选中,获得银奖; 2007 年,乐陵富硒小枣在中国国际林业产业博览会上荣获金奖; 2007 年,汇源集团落户乐陵,投资枣产品加工

附录四(20)　主要产枣县(市)枣产业基本情况调查表(山东省无棣县 2007 年)

品种名称	面积（万亩）	结果面积（万亩）	折合鲜枣产量(吨)	用途	价格（元/千克）	品种来源	存在问题
金丝小枣	41	41	10.75	制干、加工	6(干)	本地	
冬枣	35	35	7.75	鲜食	6(鲜)		
其他							
合计	76	76	18.5				

近年来新审定、鉴定的品种及其发展情况	无
育苗方式及所占比例	根蘖育苗
栽培密度和间作情况	枣园密度 3 米×4 米；间作株行距 3 米×15 米
主要病虫害及其危害程度	绿盲蝽、红蜘蛛、枣锈病；其危害程度逐年较重
无公害、绿色、有机栽培认证情况（品种、面积等）	无公害：冬枣 10 万亩、金丝小枣 10 万亩；绿色食品：冬枣 3000 亩、金丝小枣 3000 亩
鲜枣储藏量／鲜枣产量	10.15 万吨，18.5 万吨
枣果鲜销、制干、加工比例	45:50:5

加工品种类	产量(吨)	单价(元／千克)	备注
果脯	4000	20	
其他	2000	15	
合计	6000		

产枣区人口	38 万
枣产业产值及占农业总产值比例	30%
枣收入占枣农收入的百分比	30%
各类枣产品主要销往的省、市及其数量和价格	天津、上海、浙江、北京及本省，外省年销售 4000 万千克，平均价格每千克 8 元
各类枣产品主要销往的国家及其数量和价格	无
市场建设情况和销售渠道	本县境内有 2 处集散市场，枣农自产自销
与枣产业有关的农民经济专业合作组织情况	全县建有 2 处枣业合作社，主要合作内容为农资统购、病虫害统一防治
枣产业相关研究开发服务机构（名称、时间、人数等）	无棣县枣业生产管理办公室于 2007 年 10 月成立，编制 13 人
生产上存在的主要问题	枣业标准化进程缓慢
当地枣产业大事记	实施“枣业二次创业”，实现了“两均两化”目标

附录四(21)　主要产枣县(市)枣产业基本情况调查表(山东省宁阳县 2007 年)

品种名称	面积(万亩)	结果面积(万亩)	折合鲜枣产量(吨)	用途	价格(元/千克)	品种来源	存在问题
长红	7	5.5	6800	鲜食、制干	10(鲜)	本地	
圆铃	2	1.5	1100	制干	40~80(干)	本地	
酸铃	9	9	9100	加工	0.8(鲜)	本地	价格低
合计	18	16	17000				

近年来新审定、鉴定的品种及其发展情况	选育优良单株 20 余个,已高接观察,并少量育苗
育苗方式及所占比例	嫁接 10%,根蘖(归圃)90%
栽培密度和间作情况	间作花生、地瓜等 4~5 米×15~30 米,部分密植园 3~4 米×4~6 米
主要病虫害及其危害情况	枣瘿蚊、枣尺蠖、枣粘虫、枣锈病、枣疯病;危害一般
无公害、绿色、有机栽培评价认证情况(品种、面积等)	2005 年 7 月宁阳大枣通过山东省无公害农产品产地认证,2006 年 9 月"神童山"牌大枣通过农业部无公害农产品认证,5 万亩
鲜枣贮藏量/鲜枣产量	100 万千克/680 万千克
枣果鲜销、制干、加工的比例	100 万千克/190 万千克/1300 万千克

加工品种类	产量(吨)	单价(元/千克)	备注
金丝枣酒	5000	10	酸铃品种
酒枣	2000	10	长红品种
合计	7000		

产枣区人口	20 万
枣产业产值及占农业总产值比例	8000 万元,15%
枣收入占枣农收入的百分比	50%
各类枣产品主要销往的省市及其数量和价格	上海、南京、福建、北京、长春、大连等,40~100 元/千克
各类枣产品主要销往的国家及其数量和价格	香港、新加坡、日本、朝鲜等国家和地区,100~200 元/千克
市场建设情况和销售渠道	全县果品专业批发市场 4 处,批发及销售
与枣产业有关的农民经济专业合作组织情况	葛石大枣专业合作社,1996 年成立,共有 485 户社员
枣产业相关研究开发服务机构(名称、时间、人数等)	无
生产上存在的主要问题	良种(圆铃枣)比例小,枣树见效慢

附录四(22)　主要产枣县(市)枣产业基本情况调查表(河南省内黄县2007年)

品种名称	面积(万亩)	结果面积(万亩)	折合鲜枣产量(吨)	用途	价格(元/千克)	品种来源	存在问题
扁核酸	46	45	120000	制干、鲜食、加工	2(鲜)	内黄县	
合计	46	45	120000	制干、鲜食、加工	2(鲜)		

近年来新审定、鉴定的品种及其发展情况	
育苗方式及所占比例	根蘖苗100%
栽培密度和间作情况	15~20株/亩,农枣间作
主要病虫害及其危害程度	绿盲蝽、枣瘿蚊、枣步曲、黄斑病等,危害程度中等
无公害、绿色、有机栽培认证情况(品种、面积)	无公害认证,内黄大枣(扁核酸),7.3万亩
鲜枣贮藏量/鲜枣产量	50吨
枣果鲜销、制干、加工的比例	鲜销5%、加工20%、制干75%

加工品种	产量(吨)	单价(元/千克)	备注
枣茶	2000	10	
枣酒	50	100	
蜜枣	15000	6	
焦枣	10	20	
其他	12000		
合计	29060		

产枣区人口	40万
枣产业产值及占农业总产值比例(%)	枣产业产值3.5亿,占农业总产值的8.5%
各类枣产品主要销往的省、市及其数量和价格	主要销往山东、山西、浙江、湖北、湖南、江苏、上海等地
各类枣产品主要销往的国家及其数量和价格	新加坡、日本、马来西亚、韩国等国
市场建设情况和销售渠道	建有10余个红枣交易市场
与枣产业有关的农民经济专业合作组织情况	有县、乡红枣协会
枣产业相关研究开发服务机构(名称、时间、人数等)	县林业局、县红枣开发办公室、县林业科学研究所(共100余人)
生产上存在的主要问题	价格下降、管理积极性下降、病虫害较重
当地枣产业大事记	连续举办了6届红枣文化节

附录四(23)　主要产枣县(市)枣产业基本情况调查表(河南省新郑市2007年)

品种名称	面积(万亩)	结果面积(万亩)	折合鲜枣产量(吨)	用途	价格(元/千克)	品种来源	存在问题
灰枣	18.7	10	30000	制干	8(干)	本地	
鸡心枣	2.2	2	2000	制干	10(干)	本地	
合 计	22	12.2	32200				

近年来新审定、鉴定的品种及其发展情况	2007年新郑市枣树科学研究所选育的新郑红2号、新郑红6号枣通过河南省林业厅新品种审定
育苗方式及所占比例	归圃育苗,占80%
栽培密度和间作情况	老枣园亩栽33株,新枣园56株,主要间作小麦、花生等
主要病虫害及其危害程度	枣步曲、枣介壳虫、枣壁虱、枣食心虫、枣缩果病等
无公害、绿色、有机栽培认证情况(品种、面积)	2002年7月,新郑灰枣、新郑鸡心枣被国家绿色食品发展中心认定为绿色食品,面积10万亩
鲜枣贮藏量/鲜枣产量	年产鲜枣32200吨,99%用于干制,其余近200吨为采摘鲜食,鲜枣没有贮藏
枣果鲜销、制干、加工的比例	枣产量的99%用于干制。每年大枣产量的80%由枣加工企业收购,大部分进行分级包装销售,其余进行深加工

加工品种	产量(吨)	单价(元/千克)	备 注
枣精	10	100	
枣片	2000	50	
枣粉	800	80	
枣饮料	10000	10	枣酒、枣醋饮料、枣与其他复合饮料
其他	2000	20	蜜枣、皮枣、香心焦枣

产枣区人口	枣区人口28万
枣产业产值及占农业总产值比例(%)	2007年农业总产值10亿元,枣区枣产业产值3亿元,占农业总产值的30%以上,重点产区孟庄镇则达60%以上
各类枣产品主要销往的省、市及其数量和价格	销售遍及全国每个省及郑州、北京、上海、深圳、武汉、长沙、杭州、福州等全国56个大中城市,销售枣产品1.8万吨
各类枣产品主要销往的国家及其数量和价格	远销日本、韩国、新加坡、加拿大等20多个国家和地区,年直接和间接出口红枣产品0.6万吨,平均价格每千克25元
市场建设情况和销售渠道	在新郑市的市区和枣区有大枣交易市场,在全国56个大中城市开设新郑大枣连锁销售店达1000多家
与枣产业有关的农民经济专业合作组织情况	新郑红枣管理协会成立于1999年,有会员1000多人,从事销售和管理,年销售大枣1000多万千克,管理大枣6.5万亩
枣产业相关研究开发服务机构(名称、时间、人数)	新郑市枣树科学研究所为新郑市正科级单位,1986年成立,科技人员25人
生产上存在的主要问题	枣基地规模偏小,土地面积有限;加工品种档次不高,需不断开发;科技普及的程度不够
当地枣产业大事记	1999年,被国家林业局命名为名特优经济林红枣之乡;2002年新郑大枣、新郑小枣、新郑灰枣、新郑鸡心枣获得原产地标记注册证,新郑灰枣、鸡心枣注册为证明商标;2002年,新郑灰枣、新郑鸡心枣被国家绿色食品发展中心认定为绿色食品

附录四(24)　主要产枣县(市)枣产业基本情况调查表(陕西省高陵县 2007 年)

品种名称	面积（万亩）	结果面积（万亩）	折合鲜枣产量(吨)	用途	价格（元/千克）	品种来源	存在问题
梨枣	25600	24500	19700	鲜食	2.4（鲜），10（贮藏后）	山东、山西	
其他							
合计	25600	24500	19700	鲜食			

近年来新审定、鉴定的品种及其发展情况	
育苗方式及所占比例	100%嫁接育苗
栽培密度和间作情况	密植(密度 2 米×3 米),大田纯枣园
主要病虫害及其危害程度	枣瘿蚊、枣锈病,轻度危害
无公害、绿色、有机栽培认证情况(品种、面积等)	通远镇华邑村 2000 亩梨枣基地通过无公害认定
鲜枣贮藏量/鲜枣产量	2500/19700
枣果鲜销、制干、加工的比例	100%鲜销

加工品种类	产量(吨)	单价(元/千克)	备注
其他			
合计			

产枣区人口	21.4 万人
枣产业产值及占农业总产值比例	枣产业产值 6628 万元,所占比例 5.7%
枣收入占枣农收入的百分比	7.9%
各类枣产品主要销往的省、市及其数量和价格	浙江、江苏、河南、辽宁、四川、新疆等 10 余省(自治区、直辖市),2.4 元/千克,0.9 万吨
各类枣产品主要销往的国家及其数量和价格	
市场建设情况和销售渠道	本地销售通过政府引导,召开梨枣销售新闻发布会,销往各大超市及果品批发市,外地销售通过梨枣协会联系各地销售网点
与枣产业有关的农民经济专业合作组织情况	高陵县华邑村梨枣协会,2000 年成立
枣产业相关研究开发服务机构(名称、时间、人数等)	泾渭枣树研究所,1996 年成立,共有 6 人
生产上存在的主要问题	一是规模较小,发展速度较慢;二是贮藏能力有限
当地枣产业大事记	1993 年,县委、县政府决定在全县发展梨枣产业;1998 年 4 月 16 日,通远梨枣发展有限责任公司挂牌营业;2000 年底,高陵县华邑村梨枣协会宣告成立;2004 年 9 月 15 日,县委、县政府召开高陵县梨枣销售新闻发布会(2005、2006、2007 年各召开一次),对高陵梨枣销售有很大的促进作用

附录四(25)　主要产枣县(市)枣产业基本情况调查表(陕西省彬县2007年)

品种名称	面积（万亩）	结果面积（万亩）	折合鲜枣产量(吨)	用途	价格（元/千克）	品种来源	存在问题
晋枣	10000	10000	3000	鲜食、制干	16(鲜),30(干)	当地	
疙瘩枣	2000	2000	600	鲜食	10(鲜)	当地	
其他							
合计	12000	12000	3600	鲜食、制干	16(鲜),30(干)	当地	

近年来新审定、鉴定的品种及其发展情况	晋选3号已鉴定,发展无推广,只做试验
育苗方式及所占比例	根蘖苗60%,嫁接苗40%
栽培密度和间作情况	80~110株/亩,粮枣间作
主要病虫害及其危害程度	枣尺蠖、枣黏虫、桃小食心虫、枣瘿蚊、食芽象甲、枣锈病、枣疯病,危害程度:食叶、吸汁、蛀果、食根
无公害、绿色、有机栽培认证情况(品种、面积等)	
鲜枣贮藏量/鲜枣产量	鲜枣产量3600吨
枣果鲜销、制干、加工的比例	鲜销70%、制干30%

加工品种类	产量(吨)	单价(元/千克)	备注
其他			
合计			

产枣区人口	125000
枣产业产值及占农业总产值比例	0.03%
枣收入占枣农收入的百分比	10%
各类枣产品主要销往的省、市及其数量和价格	陕西及南方大部分省、市。数量700吨、价格16元/千克
各类枣产品主要销往的国家及其数量和价格	
市场建设情况和销售渠道	市场销售
与枣产业有关的农民经济专业合作组织情况	
枣产业相关研究开发服务机构(名称、时间、人数等)	义门润杨农业开发综合公司,时间:2007年,人数:30人
生产上存在的主要问题	规模小

附录四(26) 主要产枣县(市)枣产业基本情况调查表(陕西省长武县2007年)

品种名称	面积（万亩）	结果面积（万亩）	折合鲜枣产量(吨)	用途	价格（元/千克）	品种来源	存在问题
晋枣	3000	2700	500	鲜食、制干	6(鲜),24(干)	当地	
其他							
合计							

近年来新审定、鉴定的品种及其发展情况	无
育苗方式及所占比例	大田育苗100%
栽培密度和间作情况	粮枣间作80%,密植20%
主要病虫害及其危害程度	枣瘿蚊、枣疯病,占30%
无公害、绿色、有机栽培认证情况(品种、面积等)	无
鲜枣贮藏量/鲜枣产量	鲜枣产量500吨
枣果鲜销、制干、加工的比例	鲜销20%,制干80%

加工品种类	产量(吨)	单价(元/千克)	备注
其他			
合计			

产枣区人口	17万
枣产业产值及占农业总产值比例	0.2%
枣收入占枣农收入的百分比	10%
各类枣产品主要销往的省、市及其数量和价格	主要为本县销售
各类枣产品主要销往的国家及其数量和价格	
市场建设情况和销售渠道	
与枣产业有关的农民经济专业合作组织情况	
枣产业相关研究开发服务机构(名称、时间、人数等)	
生产上存在的主要问题	

附录四(27) 主要产枣县(市)枣产业基本情况调查表(陕西省泾阳县2007年)

品种名称	面积（万亩）	结果面积（万亩）	折合鲜枣产量(吨)	用途	价格（元/千克）	品种来源	存在问题
红枣	5000	5000	750	加工	0.8~1	当地	
梨枣	2000	2000	300	鲜食	1.6~3	嫁接	
其他							
合计	7000	7000	1050				

近年来新审定、鉴定的品种及其发展情况	无
育苗方式及所占比例	嫁接苗100%
栽培密度和间作情况	40株/亩,无间作
主要病虫害及其危害程度	裂果和腐烂病,雨季较重
无公害、绿色、有机栽培认证情况(品种、面积等)	无
鲜枣贮藏量/鲜枣产量	鲜枣产量1050吨
枣果鲜销、制干、加工的比例	鲜食28%,加工72%

加工品种类	产量(吨)	单价(元/千克)	备注
蜜枣	750	6	
其他			
合计			

产枣区人口	31000
枣产业产值及占农业总产值比例	0.3%
枣收入占枣农收入的百分比	10%
各类枣产品主要销往的省、市及其数量和价格	加工产品主要销往本地和全国各大中城市, 12元/千克,750吨
各类枣产品主要销往的国家及其数量和价格	无
市场建设情况和销售渠道	枣农枣商自主联系与通过专业合作社联系销售
与枣产业有关的农民经济专业合作组织情况	太平镇杏枣专业合作社
枣产业相关研究开发服务机构(名称、时间、人数等)	2007年,成立太平镇杏枣专业合作社,700余人
生产上存在的主要问题	病虫害防治

附录四(28)　主要产枣县(市)枣产业基本情况调查表(陕西省佳县2007年)

品种名称	面积(万亩)	结果面积(万亩)	折合鲜枣产量(吨)	用途	价格(元/千克)	品种来源	存在问题
红枣	50	40	10	制干	2元,(鲜)	本地	不抗裂果
其他							
合计	50	40	10				

近年来新审定、鉴定的品种及其发展情况	俊枣、梨枣
育苗方式及所占比例	
栽培密度和间作情况	
主要病虫害及其危害程度	
无公害、绿色、有机栽培认证情况(品种、面积等)	有机栽培认证3万亩
鲜枣贮藏量/鲜枣产量	
枣果鲜销、制干、加工的比例	1:1:9

加工品种类	产量(吨)	单价(元/千克)	备注
礼品枣	1000	20	
空心枣	500	25	
枣醋	500	25	
合计			

产枣区人口	
枣产业产值及占农业总产值比例	60%
枣收入占枣农收入的百分比	40%
各类枣产品主要销往的省、市及其数量和价格	北京、上海
各类枣产品主要销往的国家及其数量和价格	
市场建设情况和销售渠道	
与枣产业有关的农民经济专业合作组织情况	
枣产业相关研究开发服务机构(名称、时间、人数等)	
生产上存在的主要问题	

附录四(29)　主要产枣县(市)枣产业基本情况调查表(陕西省清涧县2007年)

品种名称	面积(万亩)	结果面积(万亩)	折合鲜枣产量(吨)	用途	价格(元/千克)	品种来源	存在问题
红枣	58	40	11.8	制干、鲜食	2(鲜)	本地	不抗裂果
其他							
合计	58	40	11.8				

近年来新审定、鉴定的品种及其发展情况	俊枣、梨枣
育苗方式及所占比例	
栽培密度和间作情况	
主要病虫害及其危害程度	枣飞象、枣天蛾、枣龟蜡蚧,危害一般
无公害、绿色、有机栽培认证情况(品种、面积等)	转型期3万亩
鲜枣贮藏量/鲜枣产量	
枣果鲜销、制干、加工的比例	

加工品种类	产量(吨)	单价(元/千克)	备注
其他			
合计			
产枣区人口			

枣产业产值及占农业总产值比例	50%
枣收入占枣农收入的百分比	50%
各类枣产品主要销往的省、市及其数量和价格	河北、天津、北京、上海等地
各类枣产品主要销往的国家及其数量和价格	
市场建设情况和销售渠道	
与枣产业有关的农民经济专业合作组织情况	
枣产业相关研究开发服务机构(名称、时间、人数等)	
生产上存在的主要问题	

附录四(30)　主要产枣县(市)枣产业基本情况调查表(陕西省大荔县2007年)

品种名称	面积（万亩）	结果面积（万亩）	折合鲜枣产量(吨)	用途	价格（元/千克）	品种来源	存在问题
水枣	23万	23万	3万	加工	1.4(干)	本地	较好,粗放管理
梨枣	4万	4万	2万	鲜食	2.4(鲜)	山西引进	抗病性差
冬枣	15万	15万	5万	鲜食	12(鲜)	山东引进	优
其他							
合计	42万	42万	10万				

近年来新审定、鉴定的品种及其发展情况	新蜂蜜罐1号,发展面积200亩
育苗方式及所占比例	嫁接育苗80%,归圃育苗20%
栽培密度和间作情况	密植3米×2米,间作6米×10米
主要病虫害及其危害程度	绿盲蝽,枣缩果,炭疽病,程度一般
无公害、绿色、有机栽培认证情况(品种、面积等)	2007年取得10万亩冬枣绿色基地认证
鲜枣贮藏量/鲜枣产量	1.5万吨/7万吨
枣果鲜销、制干、加工的比例	7:0:3

加工品种类	产量(吨)	单价(元/千克)	备注
蜜枣	3万	5	
其他	0.5	10	
合计			

产枣区人口	24万
枣产业产值及占农业总产值比例	30%
枣收入占枣农收入的百分比	50%
各类枣产品主要销往的省、市及其数量和价格	浙江(温州)、上海、广州、杭州、北京
各类枣产品主要销往的国家及其数量和价格	日本、俄罗斯、泰国
市场建设情况和销售渠道	3个红枣专业市场,外销
与枣产业有关的农民经济专业合作组织情况	成立了3个红枣专业合作社
枣产业相关研究开发服务机构(名称、时间、人数等)	红枣研究所,2000年8月,8人
生产上存在的主要问题	病虫防治,冬枣落果
当地枣产业大事记	2001年被国家林业局命名为“中国枣乡”,2004年获得标准示范县

附录四(31)　主要产枣县(市)枣产业基本情况调查表(陕西省西安市阎良区2007年)

品种名称	面积(万亩)	结果面积(万亩)	折合鲜枣产量(吨)	用途	价格(元/千克)	品种来源	存在问题
阎良相枣	15000	13000	16250	制干	4.00(鲜)	当地	
阎良脆枣	2500	2500	2500	鲜食	6.00(鲜)	当地	
沾化冬枣	500	500	500	鲜食	7.00(鲜)	引进	一般
其他							
合计	18000	18000	19250				

近年来新审定、鉴定的品种及其发展情况	新审定品种2个,阎良相枣、阎良脆枣。栽培面积15000亩,发展形势良好
育苗方式及所占比例	归圃育苗和嫁接育苗,占98%以上
栽培密度和间作情况	4米×2米~10米×4米,间作物为小麦、红薯、蔬菜等。
主要病虫害及其危害程度	绿盲蝽、红蜘蛛、枣黏虫、缩果病、炭疽病等,每年危害较重
无公害、绿色、有机栽培认证情况(品种、面积等)	阎良脆枣无公害认证,面积500亩
鲜枣贮藏量/鲜枣产量	4∶1左右
枣果鲜销、制干、加工的比例	主要是鲜销、制干,比例为3∶8左右

加工品种类	产量(吨)	单价(元/千克)	备注
无			
其他			
合计			

产枣区人口	72430人
枣产业产值及占农业总产值比例	枣产业产值8350万元,占12%
枣收入占枣农收入的百分比	46%
各类枣产品主要销往的省、市及其数量和价格	鲜枣主要销往南方各省,数量1800吨左右,平均价格每千克12元左右;制干产品主要当地销售,价格28元/千克
各类枣产品主要销往的国家及其数量和价格	国内销售
市场建设情况和销售渠道	市场建设情况和销售渠道通畅
与枣产业有关的农民经济专业合作组织情况	成立合作社会3家。枣树产业合作社1家,枣树产销合作社1家,果业合作社1家
枣产业相关研究开发服务机构(名称、时间、人数等)	无
生产上存在的主要问题	技术相对落后,近年病虫害发生严重

附录四(32)　主要产枣县(市)枣产业基本情况调查表(陕西省延安市延川县2007年)

品种名称	面积(万亩)	结果面积(万亩)	折合鲜枣产量(吨)	用途	价格(元/千克)	品种来源	存在问题
团圆枣	10	4	12000	制干、加工	10干	本地	良
狗头枣	0.2	0.2	800	鲜食、制干	10(鲜),20(干)	本地	优
骏枣	8	3	9000	鲜食、制干	10(鲜),20(干)	山西	优
梨枣	0.1	0.1	300	鲜食	6(鲜)	山西	优
条枣	12	6	18000	制干、加工	5(干)	本地	良
合计	33.2	15	43320				

近年来新审定、鉴定的品种及其发展情况	团圆枣、狗头枣、骏枣、大木枣、条枣,发展情况良好
育苗方式及所占比例	归圃育苗、嫁接育苗比例,8:2
栽培密度和间作情况	常规栽植:山地3米×4米,平地2米×3米,间作低于作物
主要病虫害及其危害程度	炭疽病、枣绣病,桃小食心虫、象甲、红蜘蛛,影响轻微
无公害、绿色、有机栽培认证情况(品种、面积等)	无公害团圆枣认证8000亩;条枣7000亩
鲜枣贮藏量/鲜枣产量	贮藏量500吨,产量42200吨
枣果鲜销、制干、加工的比例	3:6:1

加工品种类	产量(吨)	单价(元/千克)	备注
枣酱	1	20	瓶装
枣酒	0.8	30	瓶装
枣汁	1.2	15	瓶装
其他	3.6		枣粉、枣片等
合计	6		

产枣区人口	14.5万
枣产业产值及占农业总产值比例	22%
枣收入占枣农收入的百分比	21%
各类枣产品主要销往的省、市及其数量和价格	广州、四川、上海、北京、西安等地,200余吨,平均价20元/千克
各类枣产品主要销往的国家及其数量和价格	俄罗斯、加拿大、韩国、美国等国,20余吨,平均价30元/千克
市场建设情况和销售渠道	营销企业35个,销售网点68个,专营市场1个
与枣产业有关的农民经济专业合作组织情况	枣农协会26个,农民经济专业合作组织2个
枣产业相关研究开发服务机构(名称、时间、人数等)	延川县枣业局,成立于1999年,13人 延川县红枣技术推广站,成立于1994年,25人
生产上存在的主要问题	品种混杂、阴雨霉烂、加工滞后、管理技术落后
当地枣产业大事记	1982年给朝鲜引种300株狗头枣苗。2001年被国家林业局命名为"中国红枣之乡"。2006年3月,"狗头枣、团圆枣、骏枣、大木枣、条枣"通过国家质检总局地理标志认证

附录四(33)　主要产枣县(市)枣产业基本情况调查表(甘肃省临泽县 2007)

品种名称	面积(万亩)	结果面积(万亩)	折合鲜枣产量(吨)	用途	价格(元/千克)	品种来源	存在问题
临泽小枣	128900	81200	制干	16340	2.8	本地	
临泽大枣	3200	2000	制干	400	3.4	本地	
合 计	132100	83200		16740			

近年来新审定、坚定的品种及发展情况	无
栽培方式及所占比例	枣粮间作,60%
栽培密度及间作情况	30~82 株/亩,间作物主要为玉米、小麦及其他经济作物
主要病虫害及危害程度	枣树虫害以桃小食心虫、枣瘿蚊、枣绮夜蛾等为主,其中以桃小食心虫为危害最为严重,全县发生面积约 2.56 万亩,虫果率 2.6%
无公害、绿色及有机世平认证情况	无
鲜枣储藏情况	无
加工品种、产量(吨)	红枣枸杞汁、红枣熏醋三大系列的 13 个品牌的加工产品,年产量 3500 吨
枣果鲜食、制干、加工比例	1:8:1

加工品种、产量(吨)	产量(吨)	单价(元/千克)	备注
红枣枸杞汁	2400	4.5	
红枣熏醋	1000	5.6	
其他	100		
合计	3500		

产枣区人口	12.7 万
枣产业产值及占农业总产值的比例	4600 万元,4.35%
枣收入占农民收入的比例	全县平均为 360 元,占 8.52%
主要枣产品销往的城市及数量、价格	兰州、上海、南京等城市,年销售量 2000 吨左右
市场建设及销售渠道	建有临泽县昭武红枣市场,产品主要有个体商贩销售
与枣产业有关的农民经济与合作组织情况	临泽县红枣协会
枣产业相关的研究开发服务机构	县林业局、林果业技术推广中心、病虫站,共 26 人
生产上存在的问题	产量较低

附录四(34)　主要产枣县(市)枣产业基本情况调查表(宁夏海原县 2007)

品种名称	面积(万亩)	结果面积(万亩)	折合鲜枣产量(吨)	用途	价格(元/千克)	品种来源	存在问题
同心圆枣	25000	无	无	鲜食、加工、制干		同心	良好
中宁圆枣	4500	无	无	鲜食、加工、制干		中宁	良好
灵武长枣	500	无	无	鲜食、加工、制干		灵武	良好
其他	3000	3000	125	鲜食	1.5(鲜)	当地	一般
合计	33000	3000	125				

近年来新审定、鉴定的品种及其发展情况	无
育苗方式及所占比例	嫁接育苗,占用苗量的 70%
栽培密度和间作情况	主要采用枣瓜间作,栽植密度 3 米 ×8 米、亩栽 28 株
主要病虫害及其危害程度	主要病虫害有枣食心虫、枣尺蠖等,危害程度较轻
无公害、绿色、有机栽培认证情况(品种、面积等)	
鲜枣贮藏量/鲜枣产量	全部用于鲜食,基本无贮藏
枣果鲜销、制干、加工的比例	全部用于鲜销

加工品种类	产量(吨)	单价(元/千克)	备注
无			

产枣区人口	17.6 万人(其中枣农 3.4 万人)
枣产业产值及占农业总产值比例	枣产值 18.75 万元,占枣产区农业总产值 0.05%
枣收入占枣农收入的百分比	占枣产区枣农收入 0.3%
各类枣产品主要销往的省、市及其数量和价格	无
市场建设情况和销售渠道	当地销售
与枣产业相关研究开发服务机制(名称、时间、人数等)	无
生产上存在的主要问题	干旱制约,管理粗放

附录四(35)　主要产枣县(市)枣产业基本情况调查表(宁夏中宁县 2007 年)

品种名称	面积(万亩)	结果面积(万亩)	折合鲜枣产量(吨)	用途	价格(元/千克)	品种来源	存在问题
中宁圆枣	9	4.5	13000	鲜食制干	2~4(鲜),10~12(干)	原产地	
同心圆枣	0.3						
灵武长枣	零星						
其 他							
合 计	9.3	4.5	13000				

近年来新审定,鉴定的品种及其发展情况	中宁圆枣 2007 年通过自治区品种审定,中宁圆枣产量占宁夏红枣产量的 40% 以上
育苗方式及所占比例	归圃苗占 70%,酸枣嫁接苗占 30%
栽培密度和间作情况	3 米×4~6 米,亩栽 55~37 株,压砂地 6 米×6 米,亩栽 18 株
主要病虫害及其危害程度	枣尺蠖、枣黏虫、枣瘿蚊、桃小食心虫
无公害、绿色、有机栽培认证情况(品种、面积等)	无公害认证面积 10 万亩
鲜枣贮藏量/鲜枣产量	
枣果鲜销、制干、加工的比例	鲜销占 80%,制干、加工占 20%

加工品种类	产量(吨)	单价(元/千克)	备 注
其 他			
合 计			

产枣区人口	21 万
枣产业产值及占农业总产值比例	红枣产业占农业总产值的 10%
枣收入占枣农收入的百分比	枣收入占枣农收入的 40%
各类枣产品主要销往的省、市及其数量和价格	广州、上海、重庆、成都、深圳、兰州等,数量占鲜枣产量的 80%,产地售价 2~2.5 元/千克
各类枣产品主要销往的国家及其数量和价格	
市场建设情况和销售渠道	有红枣批发市场 6 处,主要通过铁路、公路、冷冻运输
与枣产业有关的农民经济专业合作组织情况	中宁县果品协会和三个红枣批发市场(枣二、太平、立新)
枣产业相关研究开发服务机构(名称、时间、人数等)	
生产上存在的主要问题	标准化生产技术普及率低
当地枣产业大事记	2004 年中宁圆枣被确定为宁夏红枣主栽品种之一;2006 年中宁圆枣四项技术规程发布,同年中宁红枣标准化示范区通过国家标准委验收;2006 年中宁县委、政府出台《关于加快红枣产业发展意见》;2007 年中宁圆枣通过自治区良种委员会审定,同年向国家工商总局申报原产地证明商标

附录四(36)　主要产枣县(市)枣产业基本情况调查表(新疆建设兵团农十四师2007年)

品种名称	面积(万亩)	结果面积(万亩)	折合鲜枣产量(吨)	用途	价格(元/千克)	品种来源	存在问题
骏枣	10万	4.8万	4150	制干、加工	6.5(鲜)	山西	
赞皇大枣	0.6万	0.4万	1000	制干、加工	6.5(鲜)	河北	
冬枣	0.4万	0.2万	50	鲜食	25(鲜)	山东、河北	越冬性差
其他							
合计	11万	5.4万	5200				

近年来新审定、鉴定的品种及其发展情况	
育苗方式及所占比例	酸枣嫁接,100%
栽培密度和间作情况	111~222株/亩,枣粮、枣棉间作
主要病虫害及其危害程度	红蜘蛛,轻
无公害、绿色、有机栽培认证情况(品种、面积等)	绿色食品(红枣):10万亩;有机食品(红枣):3600亩
鲜枣贮藏量/鲜枣产量	1/100
枣果鲜销、制干、加工的比例	1:41:58

加工品种类	产量(吨)	单价(元/千克)	备注
红枣	1000	57	烘干、分选、包装
合计	1000	57	

产枣区人口	3万人
枣产业产值及占农业总产值比例	16%
枣收入占枣农收入的百分比	70%
各类枣产品主要销往的省、市及其数量和价格	北京、上海、广州、天津等20多个省(自治区、直辖市)
各类枣产品主要销往的国家及其数量和价格	美国、新加坡、韩国、日本4个国家
市场建设情况和销售渠道	建立销售网络、专业化营销商销售
与枣产业有关的农民经济专业合作组织情况	
枣产业相关研究开发服务机构(名称、时间、人数等)	
生产上存在的主要问题	产业链短,深加工滞后,外销量少
当地枣产业大事记	2005年9月成立师枣业公司。2005年12月,通过了ISO9001质量体系认证;2006年11月,通过HACCP认证;2006年12月,通过美国FDA检测;2007年5月,10万亩红枣基地通过绿色食品认证;2007年8月,通过QS认证;2007年11月,通过有机食品认证;2005年在第十二届中国杨凌农业高新技术博览会上获得金奖;2006年在“第二届中国(国际)枣产业发展高峰论坛暨枣产品博览会”上获得金奖

附录四(37)　主要产枣县(市)枣产业基本情况调查表(新疆建设兵团农一师2007年)

品种名称	面积(万亩)	结果面积(万亩)	折合鲜枣产量(吨)	用途	价格(元/千克)	品种来源	存在问题
骏枣	100000	25000	11000	制干鲜食兼用	18(半干)	山西	
灰枣	25000	7900	500	制干鲜食兼用	30(半干)	河南	低产
赞皇大枣	7100	7100	4500	制干鲜食兼用	12(半干)	本地	
其他	30000			制干鲜食兼用		本地	
合计	162100	40000	16000				

近年来新审定、鉴定的品种及其发展情况	
育苗方式及所占比例	
栽培密度和间作情况	
主要病虫害及其危害程度	红蜘蛛、枣瘿蚊,危害较轻
无公害、绿色、有机栽培认证情况(品种、面积等)	正在进行有机枣的认证工作
鲜枣贮藏量/鲜枣产量	无
枣果鲜销、制干、加工的比例	

加工品种类	产量(吨)	单价(元/千克)	备注
其他			
合计			

产枣区人口	
枣产业产值及占农业总产值比例	
枣收入占枣农收入的百分比	99.9%
各类枣产品主要销往的省、市及其数量和价格	主要销往河北、山西、河南
各类枣产品主要销往的国家及其数量和价格	无
市场建设情况和销售渠道	
与枣产业有关的农民经济专业合作组织情况	正在组建
枣产业相关研究开发服务机构(名称、时间、人数等)	
生产上存在的主要问题	

附录四(38) 主要产枣县(市)枣产业基本情况调查表(新疆建设兵团农二师2007年)

品种名称	面积(万亩)	结果面积(万亩)	折合鲜枣产量(吨)	用途	价格(元/千克)	品种来源	存在问题
灰枣	81742	11029	3506.7	制干	20(干)	河南	
其他							
合计							

近年来新审定、鉴定的品种及其发展情况	无
育苗方式及所占比例	直播育苗
栽培密度和间作情况	亩栽植110株,间作棉花
主要病虫害及其危害程度	枣瘿蚊、红蜘蛛
无公害、绿色、有机栽培认证情况(品种、面积等)	无
鲜枣贮藏量/鲜枣产量	
枣果鲜销、制干、加工的比例	全部制干

加工品种类	产量(吨)	单价(元/千克)	备注
制干	1259	20	
其他			
合计			

产枣区人口	82650
枣产业产值及占农业总产值比例	2.2%
枣收入占枣农收入的百分比	12.2%
各类枣产品主要销往的省、市及其数量和价格	河南、河北、北京、广东等地,20元/千克
各类枣产品主要销往的国家及其数量和价格	韩国、泰国、新加坡
市场建设情况和销售渠道	通过乌洽会、昆洽会展览,建立"楼兰"红枣品牌。通过当地红枣经纪人、内地客户到本地采购、网上销售等渠道销售
与枣产业有关的农民经济专业合作组织情况	2007年成立农二师果业协会
枣产业相关研究开发服务机构(名称、时间、人数等)	农二师农科所,科研人员15人,成立于1953年
生产上存在的主要问题	生产区干旱缺水,极大影响产量提高和面积扩大;深加工企业极少

附录四(39)　主要产枣县(市)枣产业基本情况调查表(新疆建设兵团农十三师2007年)

品种名称	面积（万亩）	结果面积（万亩）	折合鲜枣产量(吨)	用途	价格（元/千克）	品种来源	存在问题
哈密大枣	41430	14423	3526	鲜食	5.6	当地	坐果率低
其他							
合计							

近年来新审定、鉴定的品种及其发展情况	
育苗方式及所占比例	断根育苗，所占比例100%
栽培密度和间作情况	80株/亩，无间作
主要病虫害及其危害程度	红蜘蛛，全面积发生
无公害、绿色、有机栽培认证情况(品种、面积等)	哈密大枣，绿色栽培认证，面积41430亩
鲜枣贮藏量/鲜枣产量	
枣果鲜销、制干、加工的比例	鲜销100%

加工品种类	产量(吨)	单价(元/千克)	备注
其他			
合计			

产枣区人口	0.4万人
枣产业产值及占农业总产值比例	4%
枣收入占枣农收入的百分比	95%
各类枣产品主要销往的省、市及其数量和价格	省内销售，价格为5元/千克
各类枣产品主要销往的国家及其数量和价格	
市场建设情况和销售渠道	
与枣产业有关的农民经济专业合作组织情况	
枣产业相关研究开发服务机构(名称、时间、人数等)	
生产上存在的主要问题	坐果率低

附录四(40)　主要产枣县(市)枣产业基本情况调查表(新疆建设兵团农三师 2007 年)

品种名称	面积(万亩)	结果面积(万亩)	折合鲜枣产量(吨)	用途	价格(元/千克)	品种来源	存在问题
灰枣	51526	4363	1061	制干、鲜食、加工	18(干),6(鲜)	河南	良好
金昌 1 号	10731	1024	50	制干、鲜食	18(干),6(鲜)	河南	
良好							
其他							
合计	62257	5387	1111				

近年来新审定、鉴定的品种及其发展情况	无
育苗方式及所占比例	100% 直播
栽培密度和间作情况	1 米×2 米、1 米×3 米、2 米×3 米;枣棉间作
主要病虫害及其危害程度	红枣大球蚧(轻度)、枣瘿蚊(中度)
无公害、绿色、有机栽培认证情况(品种、面积等)	
鲜枣贮藏量/鲜枣产量	1111 吨,无贮藏
枣果鲜销、制干、加工的比例	1:3:1

加工品种类	产量(吨)	单价(元/千克)	备注
枣干	50	60	
其他			
合计	50		

产枣区人口	10 万
枣产业产值及占农业总产值比例	1308 万元;0.4%
枣收入占枣农收入的百分比	95%
各类枣产品主要销往的省、市及其数量和价格	河南新郑市,800 余吨,20 元/千克
各类枣产品主要销往的国家及其数量和价格	
市场建设情况和销售渠道	
与枣产业有关的农民经济专业合作组织情况	
枣产业相关研究开发服务机构(名称、时间、人数等)	
生产上存在的主要问题	品种不纯、冬季受冻严重、部分枣园立地条件差

附录五 国家林业局命名的中国枣之乡

批次和命名年份	被命名的县(市)	被命名的称号
第一批 2000 年 3 月	河北沧县	中国金丝小枣之乡
	河北献县	中国金丝小枣之乡
	河北阜平县	中国大枣之乡
	山西临县	中国红枣之乡
	山西稷山县	中国红枣之乡
	山东乐陵市	中国金丝小枣之乡
	山东宁阳县	中国大枣之乡
	河南内黄县	中国红枣之乡
	河南新郑市	中国红枣之乡
第二批 2001 年 9 月	河北赞皇县	中国赞皇大枣之乡
	河北黄骅市	中国冬枣之乡
	山西太谷县	中国枣乡
	山西保德县	中国枣乡
	山西永和县	中国枣乡
	山东沾化县	中国冬枣之乡
	山东无棣县	中国枣乡
	陕西大荔县	中国枣乡
	陕西佳县	中国枣乡
	陕西延川县	中国枣乡
	甘肃临泽县	中国枣乡
第三批 2004 年 12 月	天津静海县	中国金丝小枣之乡
	河北行唐县	中国行唐大枣之乡
	河北盐山县	中国红枣之乡
	山东茌平县	中国圆铃大枣之乡
	山东庆云县	中国金丝小枣之乡
第四批 2006 年 6 月	宁夏灵武市	中国灵武长枣之乡

主要参考文献

曲泽洲，王永蕙主编．1993. 中国果树志·枣卷．北京：中国林业出版社．

刘孟军．2002. 枣优质丰产栽培技术彩色图说．北京：中国农业出版社．

刘孟军主编．2004. 枣树生产技术手册．北京：中国农业出版社．

张志善．2003. 枣树良种引种手册．北京：金盾出版社．

周俊义，刘孟军．2007. 枣优良品种及无公害栽培技术．中国农业出版社．

Mengjun Liu. 2006. Chinese jujube：botany and horticulture. Horticultural Review. 33：229 －298.